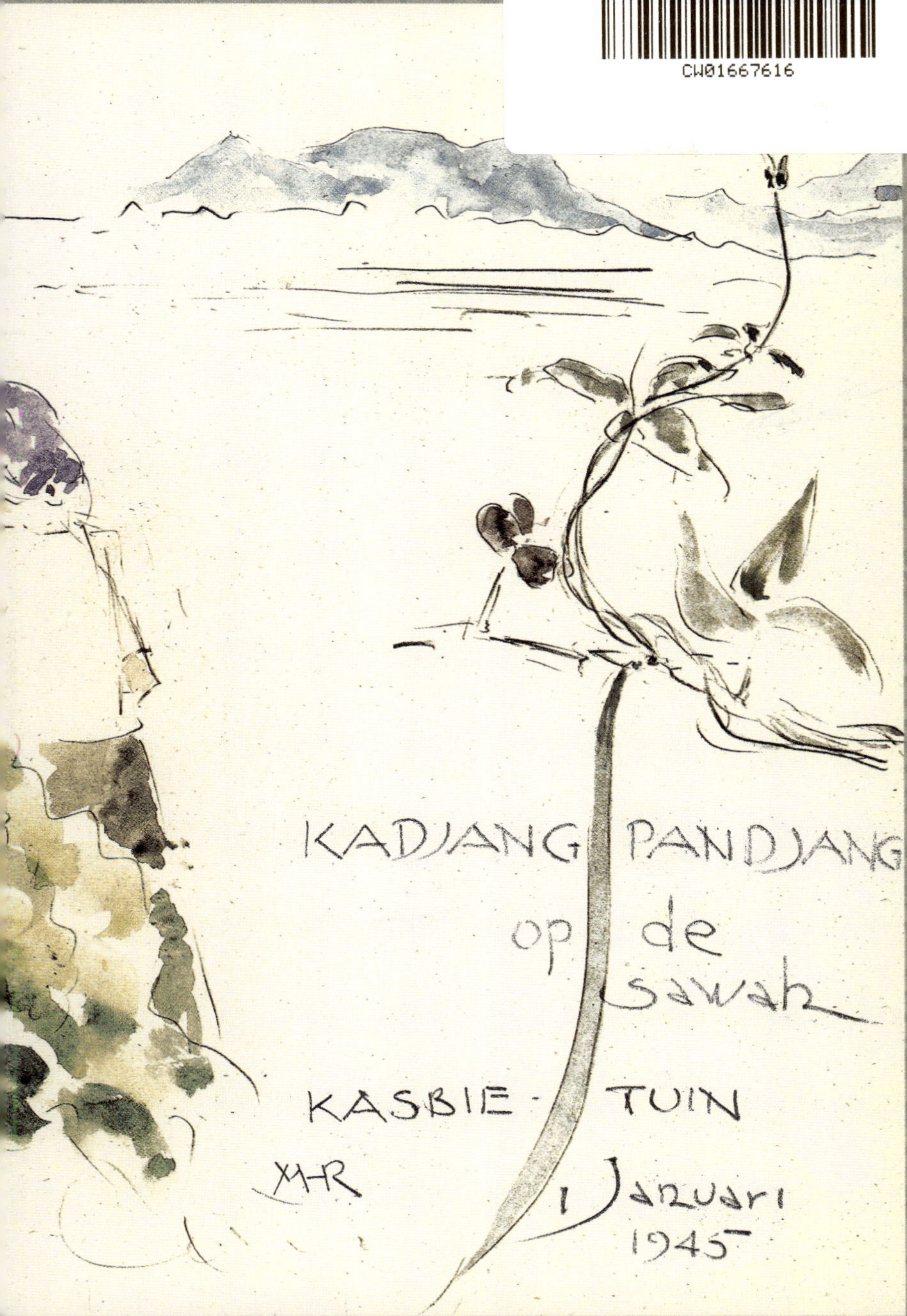
KADJANG PANDJANG
op de
sawah
KASBIE · TUIN
MHR
1 Januari
1945

De kampschilders

Van Jan Brokken verschenen eerder:

Schrijven
De provincie
De zee van vroeger
Zaza en de president
De moordenaar van Ouagadougou & Een basiliek in het regenwoud
Met musici
De regenvogel
Het eiland van Jean Rhys
Vulkanen vanaf zee
Spiegels
De blinde passagiers
De droevige kampioen
Nog een nacht
Jungle Rudy
Voel maar
Zoals Frankrijk was
Mijn kleine waanzin
Waarom elf Antillianen knielden voor het hart van Chopin
De wil en de weg
Het hoe
In het huis van de dichter
Feininger voorbij
Zeedrift
Baltische zielen
De vergelding
Blok, de boekhandelaar van mijn vader
Verre metgezellen
De Kozakkentuin
De gloed van Sint-Petersburg
De rechtvaardigen
Zeedrift (verzamelde verhalen)
Stedevaart
De tuinen van Buitenzorg

Jan Brokken

De kampschilders

Uitgeverij Atlas Contact
Amsterdam / Antwerpen

Om verwarring te voorkomen zijn plaatsnamen weergegeven naar de huidige Indonesische spelling. Paré-Paré is dus Parepare geworden, Oeboed Ubud. Alleen Celebes heb ik niet in Sulawesi veranderd, omdat de naam zo duidelijk bij de tijd past waarin dit boek speelt.

Omslagontwerp Roald Triebels, Amsterdam
Omslagillustratie W.G. Hofker, *Tom Pearson Cromwell A.D. 1944*, Collectie Teylers Museum, Haarlem. © Erven Hofker c/o Pictoright Amsterdam 2022
Foto auteur Leonardo Cendamo © Getty Images
Typografie binnenwerk Elgraphic
Kaart Margot Stoete, Kaartbeeld
Lithografie Bert van der Horst, BFC Graphics, Amersfoort
Drukkerij Wilco

ISBN 978 90 450 4592 4
D/2022/0108/732
NUR 301

www.janbrokken.nl
www.atlascontact.nl

FSC
www.fsc.org
MIX
Papier van verantwoorde herkomst
FSC® C004472

Voor Emile en Ellen

And so they are ever returning to us,
the dead.

– W.G. Sebald, *The Emigrants*

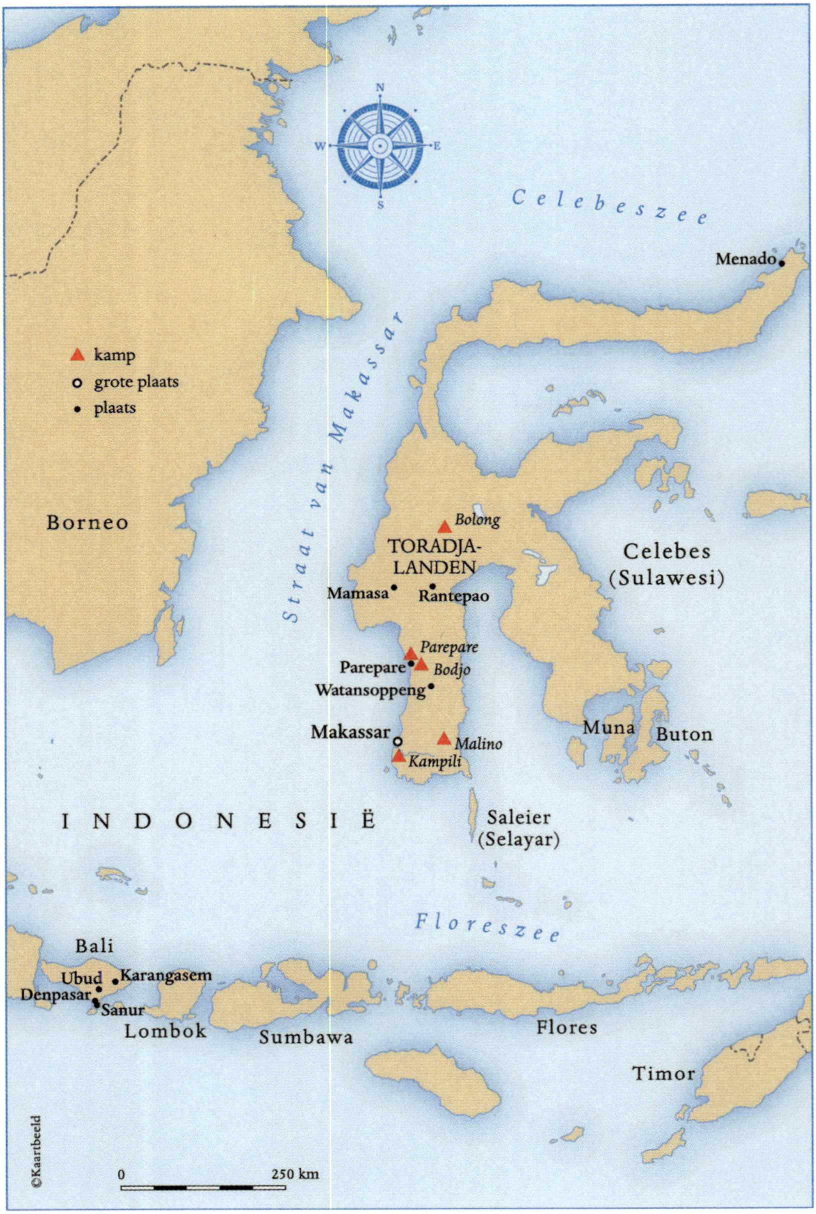
N
W
E
S
Celebeszee
Menado
kamp
grote plaats
plaats
Straat van Makassar
Borneo
Bolong
TORADJA-
LANDEN
Celebes
(Sulawesi)
Mamasa
Rantepao
Parepare
Parepare
Bodjo
Watansoppeng
Makassar
Malino
Kampili
Muna
Buton
INDONESIË
Saleier
(Selayar)
Floreszee
Bali
Ubud
Karangasem
Denpasar
Sanur
Lombok
Sumbawa
Flores
Timor
©Kaartbeeld
0
250 km

Inhoud

EERSTE DEEL

Vliegen vangen

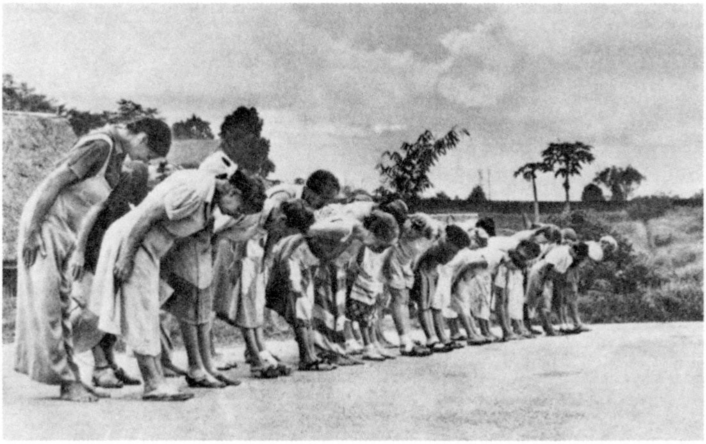

Vrouwelijke geïnterneerden in een Japans burgerkamp in Nederlands-Indië, 1944.

I

Als Olga in de moestuin werkte, grenzend aan de heg van prikkeldraad die het kamp van de rest van de wereld scheidde, prevelde ze een *kêloňg* in het Makassaars. Met afgemeten klanken die de taal precies zo kordaat maakte als ze was, zei ze zonder op te kijken: 'In weerwil van mijn vernedering, houd ik mijn gemoed in evenwicht, houd ik mij kalm en bedaard. Ofschoon men mij ook lafheid geve, mij met koelheid en onverschilligheid bejegent, ik houd mij toch staande, als had ik iets zoets ontvangen.'

Een eeuwenoude zang, zoals die was afgedrukt in de *Makassaarsche Chrestomathie*, de bloemlezing van sprookjes en legenden, waaruit ze de taal van de Makassaren had geleerd. 'Ik houd mij staande als had ik iets zoets ontvangen.' Ze proefde in die woorden de juiste remedie tegen wrok en bitterheid.

Ze had al zo lang geen Makassaars meer gesproken. Het was alsof die taal bij het verleden was gaan horen, een verleden dat zo goed als afgesloten leek. Ze bracht haar dagen door in een kamp dat op nog geen twintig kilometer van de stad Makassar lag, en niettemin was al het Makassaarse uit haar leven verdwenen. Ook dat was een reden waarom ze af en toe zo'n tekst opzei: ze wilde de taal die ze met zoveel inspanning en toewijding had leren spreken paraat houden.

De hele Makassaarse entourage was een luchtspiegeling voor haar geworden – dichtbij en onbereikbaar. Vanuit de moestuin kon ze de vage contouren van een kampong onderscheiden; de paalwoningen staken boven de sawa's uit, af en toe kringelde er boven de palmbladeren daken wat rook op, als om aan te geven dat daar wel degelijk mensen leefden die hun potje kookten boven de op hout gestookte fornuizen. Mogelijk kende ze een van de vrouwen daar. Geen Makassaar waagde zich echter dicht bij het kamp, en zijzelf zou direct door een bewaker in de kraag worden gegrepen als ze het in haar hoofd haalde onder het prikkeldraad door te kruipen. Dus was de kêloňg die ze zachtjes opzei nog het enige dunne draadje dat haar verbond met de Makassaren en het leven dat ze voor de oorlog leidde.

Op een dag hadden de woorden geen invloed meer op haar gemoed. En neuriede ze alleen nog een lied van Rachmaninov als ze een gevoel van berusting wilde oproepen, of iets wat daarop leek. De liederen had ze met het Russisch koor ingestudeerd. Vijf of zes vrouwen waren met dat koor begonnen en inmiddels zongen er vijfentwintig vrouwen in mee. Bij iedere repetitie kwamen er meer bij en tijdens de uitvoeringen zag het zwart van de mensen. Naast het Russische was er een gewoon koor dat tijdens de kerkdienst op zondag zong en met kerst en Pasen. Ook van dat koor sloeg ze geen repetitie over, maar het viel haar telkens zwaar door het repertoire dat onveranderlijk Nederlands was en zo sterk de herinnering aan Han opriep. Zo was het voor zeven van de acht vrouwen: ieder lied deed aan een feestdag denken die alweer zo lang geleden in familieverband was gevierd, met man en kinderen. Bij de Russische zangen was het anders, die appelleerden aan een wereld die geen van de gevangenen kende, op een enkeling na.

Ze zongen eerst a capella, later kwam er, met de Amerikaanse zusters van Christmaseiland, een portatief mee, een draagbaar pijporgeltje, en nog weer later, toen de bombardementen steeds dichterbij kwamen, namen de bewakers een oude piano uit Makassar mee. Het was beter dan niks, en in alle gevallen, op het orgeltje of op de piano, zorgde Olga voor begeleiding. Ze repeteerden iedere dinsdagavond in de bamboe loods die als eetzaal diende, bij het orgeltje werd een oliepitje gezet, anders zag ze de toetsen niet. De sfeer was ontspannen, vrolijk bijna, 'we leefden op die avonden,' zou ze me decennia later zeggen, en ik hoorde vrolijkheid in haar stem.

Het kwam door de muziek. Het soort muziek. Rachmaninov lag goed in het gehoor, en ze hadden een prachtige alt in het Russische koor, die iedereen meesleepte. Vreemd, door de melodieën die o zo Russisch waren, vergat Olga waar ze was. Vergat ze de drukkende hitte, het prikkeldraad, vergat ze dat ze misschien net als Lizzy of een van de andere vrouwen aan de tafel van de kampcommandant zou moeten verschijnen, vergat ze de trombose in haar benen, de angst dat haar jongens iets zou overkomen, het gebrek aan vitaminen in het voedsel dat zo groot was dat ze de haren met plukken tegelijk uit haar hoofd kon trekken, en zong ze uit volle borst 'Het is hier aangenaam' (opus 21 nr. 7) of 'Alles gaat voorbij' (opus 26 nr. 15).

In de moestuin neuriede ze ook vaak *Ona, kak polden', chorosja*, 'Ze is zo mooi als de middag'. En dan dacht ze aan hoe ze eruitzag toen ze nog maar pas in Indië was en voor het eerst van haar leven een beetje bruin werd op haar armen en wangen. Ze had zichzelf toen zo leuk gevonden, niet bleek meer als in Holland, maar zo mooi als de middag...

2

Olga leerde bridgen. Ik noem haar Olga, niet mijn moeder, want dat zou ze pas vier jaar na de oorlog worden. Olga hoorde bij een periode die me lange tijd onbekend is gebleven en die ik stukje bij beetje in kaart heb willen brengen, om te begrijpen wie degene was die me het leven schonk. Je hoeft natuurlijk niet te weten wie je moeder was vóór ze je moeder werd, maar dan ontgaat je toch veel, ook van jezelf. Toen ik eens aan mijn moeder vroeg hoe sterk ze in het kamp veranderd was, zei ze: 'Ik heb er een zorgelijke trek bij gekregen en die zorgelijke trek staat ook op jouw gezicht.'

In het kamp wist niemand 's avonds wat te doen als de kinderen sliepen. De vrouwen grepen naar de kaarten om de verveling te verdrijven, of, maar dat was vooral in het laatste oorlogsjaar, om voor even althans de spanning weg te nemen en de onderlinge achterdocht te temperen. Ofschoon niemand dat openlijk toegaf; alles speelde zich af in het wazige gebied tussen vermoeden en schijn.

Zou jij de volgende zijn? Dat was vanaf augustus 1944 steeds de vraag geweest. Jij? Of Tonny Victorine, die op een bamboe krukje tegenover je zat? Of die asblonde uit loods nummer 7? En wat moest je dan doen?

Af en toe riep de kampcommandant een vrouw bij zich. Sergeant Tadashi Yamadji, bijgenaamd 'de Bolle', was er aarzelend mee begonnen; hij deed het soms, en dan weer een tijdje niet. Tijdens het avondappel wees hij de door hem begeerde aan. Hij draaide zich om, trok zijn uniformbroek op, legde zijn hand op het gevest van zijn zwaard en verwachtte dat ze hem zou volgen. Het was meestal een jonge vrouw, blond, blauwe ogen, maar niet altijd, zodat geen enkele volwassene er echt gerust op was. Nooit een Ambonese of een Chinese, van Aziatische vrouwen had hij een niet te verklaren afkeer. Evenmin een van de missiezusters, die konden nooit aan hem voorbijgaan zonder dat hij een fluim liet neerdalen in het zand – hij had het land aan nonnen. En nog meer aan de Amerikaanse zusters van de Christian Science die van Christmaseiland naar Celebes waren overgebracht en de godganse dag 'the Lord' aanriepen, wat hem zo op de zenuwen werkte dat hij ze regelmatig in de ziekenbarak liet opnemen, want van daaruit hoorde hij ze niet.

Een Hollandse dus, op voorwaarde dat ze niet te lang was en niet te stevig in de schouders. Een Hollandse die iets broos had, iets teers... Of een Engelse, Duitse, Belgische, Russische, Tsjechische, Armeense, er zaten zóveel nationaliteiten in het kamp dat er een aparte loods voor buitenlanders was ingericht, loods nummer 8.

Olga was blond, had blauwe ogen. Echt jong was ze niet meer, tweeëndertig inmiddels, terwijl de commandant zijn gezelschap eerder zo rond de vijfentwintig zocht. Maar weer: niet altijd. Het was alsof hij het allemaal goed doordacht had om zo veel mogelijk vrouwen de stuipen op het lijf te jagen.

In zijn kantoor liet hij de uitverkorene een tijdje tegenover zich staan zodat hij haar goed kon opnemen vanuit zijn bureaustoel. Naar het scheen stak hij geen vinger uit naar de vrouw van zijn keuze. Dat durfde niemand te geloven.

Als een bakvis voor de meester verschijnen, zo moest het aanvoelen. Geduldig bekeken worden, van je kruin tot je heupen. Het kon erger, hoewel het intimiderend en vernederend was. Je kon niet weglopen, je was de gevangene van zijn blik.

Dan mee naar het woonvertrek dat naast zijn kantoor lag. De vrouw moest zich in de badkamer wassen, er lag een groot stuk zeep voor haar klaar. Om ten slotte welriekend aan tafel te verschijnen.

Althans, zo vermoedde iedereen dat het ging.

Wassen ja, vanwege de hygiëne. Yamadji was panisch voor ziektes. Het kamp was gevestigd in een voormalig sanatorium voor tbc-patiënten, zijn kantoor was de onderzoekskamer geweest van de geneesheer-directeur. De medicijnkasten tegen de wand en de onderzoekslamp van wit email herinnerden daar nog aan, alsook de wastafel waar de arts zijn handen inzeepte...

Yamadji nam drie keer per dag een schepbad en bleef op ruime afstand van verzwakte of hoestende gevangenen. Hij had een eigen kok, een Indische dame die hem alleen gekookte of gebakken gerechten voorzette en die het water voor de thee een kwartier liet borrelen op het houtfornuis zodat de bacteriën geheid dood waren. Yamadji was nog jong, al zou je dat door zijn postuur niet zeggen. Hij was gewapend, omringd door bewakers, acht Japanse en evenzovele *heiho's*, inlanders die zich hadden laten inhuren om het vuile werk voor de bezetter op te knappen. De heiho's waren nog feller dan de Japanners, qua bescherming had de commandant niets te vrezen. Als de bewakers hem uit het oog verloren, dook zijn hulpje op, een lilliputter die ze Daantje noemden en die in werkelijkheid Okazima heette. Daantje was bereid zijn leven voor de commandant te geven, ook al sloeg Yamadji hem zo vaak dat hij onder de paarse plekken zat. Yamadji gedroeg zich als de Almachtige voor wie eenieder even diep diende te buigen als voor de keizer, maar, en dat was toch nog een vorm van gerechtigheid, een ziekte kon hem vellen. Hij was er doodsbang voor. Als hij zich even niet lekker voelde, liet hij verstek gaan op het appel en schreeuwde een van zijn ondergeschikten de bevelen.

De kampleidster, mevrouw Joustra, voor de oorlog lerares Frans aan de hbs van Makassar, sprak hem vrijwel iedere dag en schatte hem tussen de zes- en de achtentwintig jaar. Als vertegenwoordiger van de gevangenen genoot zij een zeker aanzien, maar ronduit naar zijn leeftijd vragen durfde ook zij niet. Je mocht de kampcommandant sowieso nooit iets vragen, net zomin als je zijn naam hardop mocht uitspreken. Hij was degene die de vragen stelde, en wanneer je antwoordde moest je dat doen zonder hem aan te kijken – hij was de enige die kijken mocht.

Al die regels en gedragscodes waren erin geramd met bamboestok, zweep of zwaard. Yamadji maakte er zelden een uitzondering op, van de geringste verandering raakte hij van slag. Hij had precies zoveel opleiding genoten dat hij schrijven kon, maar hij had nooit een vak geleerd. Eenmaal volwassen had hij zich als vrijwilliger bij de marine gemeld; een andere manier om aan de kost te komen had zich niet voorgedaan. Hij had geen vrouw of gezin achtergelaten toen hij vanuit Japan naar het zuidwesten van Azië was gezonden. Zo vertelde mevrouw Joustra het althans. Het klonk bijna als een excuus, arme man, was alleen... Maar ze waren allemaal alleen in het kamp, zonder man althans...

Yamadji kwam uit Nagasaki, ook dat was bekend. Een hele overgang naar een stinkend moeras op Celebes, twintig kilometer ten zuidoosten van Makassar. Hij haatte de plek, hij haatte alles buiten Japan, maar ja, ze hadden niet gevraagd of hij hierheen wilde komen. Zo zagen ze dat in het kamp, *ze* ja, zij allemaal. Hij at zwijgend, en soms at hij helemaal niet en zat hij alleen te kijken hoe de vrouw die hij aangewezen had het eten naar binnen werkte. Hij sprak weliswaar Maleis, snauwde zijn bevelen in ieder geval in iets dat op Maleis moest lijken, maar hij voelde geen enkele behoefte tot een gesprek. Hij nam af en toe een slok water, en keek. Met het hoofd licht voorovergebogen keek hij toe. Hoe – besmuikt of juist schaamteloos? begerig? wellustig? of toch een tikkeltje schroomvallig? – was weer een goedbewaard geheim.

Dat hij iets van charme op zijn gezicht kon toveren, geloofde niemand. Olga vond alles afstotend aan hem: zijn handen, zijn kromme benen, zijn gedrongen nek. Ook als hij de primarius van een vermaard strijkkwartet was geweest, zou ze hem afzichtelijk hebben gevonden, met dat gezicht vol bulten en butsen en met die bloeddoorlopen ogen. Hij was een man zonder muziek met wie ze het nog geen minuut zou uithouden in één ruimte.

Het voordeel voor de vrouw die hij aan tafel noodde was dat ze een echte maaltijd kreeg in plaats van de waterige soep of de halve schep rijst die uit de gaarkeuken kwam. Het menu van die keuken bestond uit aangebrande rijstepap of tapiocapap die net stijfsel was. Aangelengd met een beetje *bajem* dat vagelijk naar spinazie smaakte. Eenmaal in de week was er een kopje suiker, eenmaal in de twee weken een rotte pisang, eenmaal in de tien maanden een ei. Geen wonder dat je dan naar iets anders snakte.

De vrijstelling van corvee was ook een pre; de vrouw die de kampcommandant bij zich riep was een tijdje vrijgesteld van arbeid in de moestuin of de rijstvelden of, nog prettiger, van het schoonhouden van de latrines. Of werd overgeplaatst naar de naaikamer, wat verreweg de beste plek was om te werken. Een enkeling onder de gevangenen zag louter die voordelen. Ze hadden allemaal dezelfde korte kaki broekrok aan in het kamp, en toch wisten een paar vrouwen die broekrok nóg iets korter te maken. Je kon het ze misschien niet kwalijk nemen, hoewel, fraai was het niet.

De kampcommandant was er in het geniep mee begonnen, alsof hij zelf wel begreep dat het niet in orde was wat hij deed. Hij snauwde een vrouw toe dat ze op het kantoor moest komen omdat ze zich niet aan het rooster had gehouden. Als ze vroeg: 'Welk rooster?', kreeg ze een klap in het gezicht. Meestal sloeg ze de ogen neer en volgde hem zwijgend, de beste manier om een man als hij, die bij iedere order de indruk had dat hij zijn autoriteit in de waagschaal legde, binnen de perken van het aanvaardbare te houden. Hij greep dan tenminste niet direct naar zijn stok. Je werd dan weliswaar als een lammetje meegevoerd naar zijn kantoor, maar als je hem van repliek diende, kwam je daar uiteindelijk ook terecht, met een paar blauwe plekken of een bloedneus, dus de uitkomst stond vast. Als hij jou op het oog had, was er simpelweg niets tegen te doen.

Toen de oorlog alweer bijna drie jaar duurde, gaf hij vaker en openlijker toe aan zijn verlangen naar gezelschap. Hij moest om de zoveel dagen iemand anders dan zijn ondergeschikten aan tafel hebben, een menselijk gezicht in plaats van dat van de korporaal, of van de hoofdbewaker, die de neus van een bokser had en de grijns van een debiel. Hij had de pest aan zijn ondergeschikten.

Een van de vrouwen, Lizzy, eerder een meisje, moest meerdere keren bij hem komen, maar meestal vroeg hij niet tweemaal naar dezelfde vrouw. Hij had een ruime keuze, dus waarom zou hij? Het maakte hem niet uit of ze moeder was of niet, anderen moesten dan maar voor haar kinderen zorgen als zij bij hem was. De kampleidster kon er weinig tegen inbrengen. De commandant zei haar dat hij zich eenzaam voelde, niets verkeerds deed en louter behoefte had aan gezelschap. Voor hem was het dan: punt uit. Hij hoefde zich op geen enkele wijze te verantwoorden; hij hoefde maar te wijzen of met zijn vingers te knippen, zijn wens was wet. Niettemin, en dat was toch zoiets als een verantwoording, bleef hij maar tegenover mevrouw Joustra herhalen dat het hem alleen om de illusie ging een normaal leven te leiden, met een vrouw aan tafel, in plaats van de korporaal of het achterlijke soldaatje.

Hij verbood de vrouwen ruchtbaarheid te geven aan het verloop van de avond. Geen woord! Anders een paar uur aan de paal, in de felle middagzon! De 'stastraf' was de ergste in het kamp, je hield er vreselijke hoofdpijnen aan over, en als je langer dan vier uur in de zon moest staan kon je er gek van worden. Het was erger dan stok- of zweepslagen, en geen van de vrouwen werd dan ook loslippig. Ze zeiden alleen dat ze niets kónden zeggen.

Wat viel er precies voor? Streelde hij de vrouwen? Sloeg hij ze? Niet zo hard als tijdens een afranseling, maar met kleine tikjes van de zweep die hij altijd aan zijn broeksriem had hangen? Tijdens het bridgen 's avonds in de barakken werd over niets anders gespeculeerd.

Dona Hooff herhaalde een bekentenis, in het diepste geheim gedaan door een uitverkorene van de commandant, ze gloeide helemaal toen ze het vertelde, 'de haren uitschudden en dan langzaam uitkleden', om roze tepels te zien en al het andere waarin blanke vrouwen van Aziatische verschilden, maar ze had het van horen zeggen en niemand geloofde het.

Een extreem soort voyeurisme, maar hóé extreem, want wat gebeurde er daarna? Oudere vrouwen meenden dat ze konden zíén of er iets was voorgevallen, een vrouw van Ambon beweerde dat ze van een afstand kon rúíken wat de commandant met zijn slachtoffer had gedaan.

Wat een onzin, vond Dien, de enige echte vriendin van Olga in het kamp. Pure apekool, geen van de vrouwen bracht een nacht in de woning van de kampcommandant door, het scheen dat de commandant bang was in zijn slaap vermoord te worden, en hij verscheen de volgende morgen keurig op tijd op het appel, de haren nog nat van het mandiën.

Olga wist niet wat ze ervan denken moest. Soms hield ze Yamadji voor veel geschreeuw en weinig wol; op andere momenten was ze als de dood voor zijn grillen. Hij leek haar iemand die steeds een stapje verderging, tot hij op een gegeven moment een grens zou overschrijden. Maar ook voor haar was het gissen.

Lizzy was de enige die uiteindelijk zwichtte voor alle vragen. Ze bezwoer haar moeder dat de commandant haar een paar keer vriendelijk had toegeknikt en verder niks. Toch wilde het er bij niemand in dat ze alleen maar braaf aan tafel had gezeten.

'De volgende keer weiger je,' had haar moeder gezegd.

'De volgende keer zal ik eten voor je meenemen,' was haar antwoord geweest.

3

Het werd allemaal nog absurder, vertelde mijn moeder me een half mensenleven later. Een macabere tarantella met het noodlot, tot op het krankzinnige af.

Op een avond, het was half elf, klonk een licht motorgeronk, zo ver weg dat het alleen iemand opviel die zich op het ergste voorbereidde en buiten stond te luisteren. Amerikaanse bommenwerpers, veronderstelde Yamadji. De kampcommandant rende naar de noodbel, luidde die ten teken van alarm en deed dat zo luid en wanhopig dat de honderden vrouwen met hun kinderen naar de schuilgangen renden.

Toen ze meer dan een uur in de *slokans* hadden gelegen en geen enkel verdacht geronk meer hadden gehoord, luidde Yamadji de *all-clear*-bel. De vrouwen keerden gniffelend naar de barakken terug. Stomme Bolle, hij had laten zien dat hij het bij het minste of geringste gevaar in zijn broek deed.

Yamadji begreep dat hij ten overstaan van de gevangenen gezichtsverlies had geleden. Wat hij als een pijnlijke nederlaag ervoer die hij alleen met een strenge order kon vergelden. De volgende dag, een zondag, gebood hij tijdens het appel dat iedere volwassene tweehonderd vliegen moest vangen en die aan het eind van de middag, tussen halfvijf en vijf uur, moest inleveren. Hij legde die straf vaker op, als hij erg boos was of als hij naar Makassar was geweest, te veel rijstwijn had gedronken en last had van een kater. Geen straf was dan te zot voor hem. Met vliegen vangen dacht hij de kans op malaria te beperken en de kans op dysenterie terug te dringen tot nul komma nul. Je moest er dan wel héél véél vangen.

Aan vliegen geen gebrek in een kamp, dicht bij een moeras. Maar uitgerekend op die zondag begon het zwaar te regenen en bleven de vliegen weg. Het veroorzaakte grote hilariteit, nergens ook maar het kleinste fruit- of bananenvliegje te bekennen. Om halfvijf kwam het water met bakken uit de hemel, alle volwassenen stonden keurig in het gelid op het centrale veld, met geen enkele dode vlieg in de hand. Sergeant Yamadji liep schreeuwend heen en weer en mepte met de bamboestok naar degenen die het niet konden nalaten besmuikt te grinniken – een van hen was Olga.

Een dag later liet hij een vrouw 'strafstaan' omdat ze haar doodzieke kind vlak voor het avondappel naar de polikliniek had gedragen en niet op het appel was verschenen. 'Als je kind dood was geweest, had je gelijk gehad,' zei Yamadji, 'maar nu was het alleen maar ziek, en was je fout.' Na een uur in de zon mocht de moeder inrukken.

Stompzinnig, lieten de vrouwen met een licht hoofdschudden blijken. Klein, benepen, vertelde hun blik. Dat maakte de kampcommandant nog bozer. Hij wees een meisje aan dat bij hem aan tafel moest verschijnen. Een meisje van twaalf met twee blonde vlechten. Ze zag er misschien iets ouder uit, had al een begin van borsten, maar door haar vlechten leek ze toch nog echt een kind.

De kampleidster protesteerde; ze zou dit na de oorlog rapporteren.

'Aan wie?' vroeg hij met de handen in de zij – zijn karakteristieke houding.

‘Aan degenen die u zullen berechten.’

Zijn verweer was onnozel.

‘Ik verlang naar een normaal gezinsleven.’

‘Daar verlangen we allemaal naar.’

Ze herhaalde dat ze hem dit zwaar zou aanrekenen. Het leek even indruk op Yamadji te maken; het volgende moment verdween hij met het meisje met de vlechten in zijn kantoor, terwijl een bewaker de heftig protesterende moeder het zwijgen oplegde door haar net zolang te slaan tot ze geen woord meer kon uitbrengen.

Weer riep Joustra hem ter verantwoording. Hij nam het dit keer rustig op en zei dat hij een van de kinderen wilde ‘aannemen’. Adopteren? Ja.

Drie avonden lang werd tijdens het bridgen nergens anders over gesproken. Niet fluisterend maar hard, schreeuwend bijna. ‘Wanneer gaat hij aan mijn kind zitten?’

Yamadji liet de hoofdbewaker en alle heiho’s de hele nacht rond de barakken patrouilleren, geweer in de aanslag. De volgende dag wees hij tijdens het avondappel een jongetje van zes aan dat samen met het meisje van twaalf aan zijn tafel moest verschijnen. Als in een echt gezin.

‘Hij stond niet ver van je broer af,’ vertelde mijn moeder me, ‘en hij was even blond.’

Vanaf dat moment sliep ze niet meer. Boris had de witblonde krullen van een engel.

4

De enige die een barrière opwierp tegen de kampcommandant was mevrouw Valderpoort. Zij speelde aanvankelijk een bescheiden rol. Was leidster van de uit Ambon overgebrachte gevangenen, drie- tot vierhonderd Europese en Indo-Europese vrouwen en kinderen, die in een apart gedeelte van Kampili waren ondergebracht. De Ambonezen hadden ernstiger onder de oorlog geleden dan de vrouwen van Celebes, ze hadden in het evacuatiekamp op Ambon al een verwoestend bombardement meegemaakt. Een naast het kamp gelegen wapendepot was geraakt, met daverende explosies en vierentwintig doden als gevolg. Ze waren al van zo goed als alles beroofd toen ze achter het prikkeldraad verdwenen maar zagen nu ook de inhoud van die ene koffer die ze hadden mogen houden in rook opgaan. Honger en dysenterie hadden nog eens drieëntwintig levens geëist.

Vijf weken na het bombardement waren de vrouwen en kinderen per schip van Ambon naar Makassar overgebracht en vandaar per vrachtauto naar Kampili, een voormalig sanatorium waar ze de leegstaande personeelswoningen kregen toegewezen. Naast die woningen verrezen twaalf barakken waarin de gevangenen uit het provisorische kamp in Malino zouden worden ondergebracht, vrijwel allemaal blanke vrouwen en kinderen uit het zuidwesten van Celebes. De verhuizing naar Kampili vond op 2, 3 en 4 mei 1943 plaats, een bijna militaire operatie, want het ging om meer dan vijftienhonderd gevangenen die in vrachtwagens vanuit de bergen naar de vlakte aan de kust moesten worden overgebracht, een afstand van negentig kilometer.

Ofschoon de Japanners geen enkel onderscheid maakten tussen de gevangenen, bleven de vrouwen en kinderen van Ambon een aparte groep in Kampili vormen met een eigen kampleidster. Mevrouw Valderpoort verdedigde ze alsof ze tot haar familie behoorden. Ik schrijf 'mevrouw Valderpoort' omdat iedereen in het kamp haar *mevrouw* Valderpoort noemde. Ik geloof dat haar voornaam Jo was, afgeleid van haar doopnaam Johanna, maar zeker ben ik daar niet van. Net zomin als van de voornaam van mevrouw Joustra, Annie, als ik het goed heb, maar niemand noemde haar zo. De kampleidsters waren mevrouwen, voor iedereen, en trouwens, alleen degenen die je heel goed kende, of heel goed leerde kennen, sprak je bij de voornaam aan in het kamp, anders was het 'mevrouw'. Ik vermoed dat de gevangenen die vormelijkheid als een laatste restje beschaving zagen in een omgeving waar alles en iedereen verwilderde.

Toen mevrouw Valderpoort het weer eens opnam voor een van de Ambonezen dreigde Yamadji haar te onthoofden. Vijf-, zes-, zevenmaal zwaaide hij met het zwaard, op een centimeter of tien boven haar hoofd, terwijl ze aan een paal was vastgebonden. 'Ben je niet bang?' Nee, dat was ze niet. Hij liep een paar keer om haar heen, zon op een betere manier om haar de stuipen op het lijf te jagen, liet de dominee komen en droeg hem op haar maten te nemen. In het vrouwenkamp waren drie Nederlandse mannen: de dominee, de pastoor en de kamparts. De dominee, die buiten de Bijbel graag iets omhanden had, maakte de doodskisten en had het daar aardig druk mee, hij had er al een stuk of twintig getimmerd.

Yamadji liet de doodskist naast mevrouw Valderpoort plaatsen, die nog altijd in de zon aan de paal stond. Lachend riep hij dat die kist te krap was voor haar, mevrouw Valderpoort was nogal robuust van postuur, maar ach, riep hij met overslaande stem, het maakte niet uit, zonder hoofd zou ze beslist al een stuk kleiner zijn, en hij kon natuurlijk ook nog haar armen afhakken zodat ze iets smaller zou worden. Vier uur lang ging hij zo door. Toen mocht mevrouw Valderpoort inrukken, op voorwaarde dat ze nooit meer een grote mond zou opzetten.

Haar man, zendeling, was in het evacuatiekamp in Ambon gestorven omdat hij niet tegen prikkeldraad kon. Hij was iedere dag op een krukje bij het prikkeldraad gaan zitten en probeerde dan de draden een stukje te verschuiven zodat hij vrij zicht had. Op een dag was hij dood gevonden, naast het krukje, bij het prikkeldraad, dat teruggeschoven was in de normale stand, de onverbiddelijk rechte.

Mevrouw Valderpoort verwenste alle Japanners naar de hel, hoe weinig christelijk dat ook was. Ze had van haar man gehouden; hij was altijd zo wijs en beminnelijk geweest, hij verdiende zo'n dood niet. Ja, ze kon het bloed van de Japanners drinken. Tegelijk reageerde ze laconiek op wat die galgentronies haar aandeden, alsof ze niets anders verwachtte van die belachelijke mannen met hun kromme benen en rare kaki petjes. Van de gevangenen in Kampili was zij de enige die op de barse vraag van de jap een antwoord durfde te geven dat minstens even sterk van volume was en even kribbig klonk. Haar leeftijd en postuur werkten mee: ze was de vijftig gepasseerd en had de gespierde bovenarmen van een dompteuse.

Nooit gaf ze blijk van enige angst. Andere vrouwen draaiden er maar wat omheen, zij zei waar het op stond. Ook na de oorlog gaf ze ongezouten haar mening. Gevraagd naar Yamadji, verklaarde ze tegenover een journalist die een eerste poging deed de geweldsexcessen tegen burgers te onderzoeken: 'Soms was hij wel geschikt en streefde hij naar vooruitgang in het kamp, hoewel de middelen daartoe erg primitief waren. Hij heeft gezorgd dat het allemaal werd opgeknapt in het kamp, dat de huisjes en loodsen zo goed mogelijk werden onderhouden, dat de gootjes voor afvoer van water schoon bleven, dat er putjes werden gegraven voor het vuil. Hij eiste dat de vrouwen dat allemaal in orde zouden maken, zodat het kamp hygiënisch zou blijven, wat inderdaad de eerste vereiste was om te overleven. Hij deed dat goed. Maar hij was ontzettend onberekenbaar en driftig. Hij speelde de één tegen de ander uit, bovendien was hij wreed. Hij had eigenlijk weinig mededogen. Als hij zin had iemand af te ranselen, dan deed hij dat. Een jong soldaatje dat allerlei boodschappen voor hem deed en dat wij spottend Daantje noemden omdat hij zo gedienstig was, sloeg hij tot het arme ventje blauw zag en niet meer kon lopen. Maar ook veel vrouwen. Die werden soms tot bloedens toe door hem afgeranseld.'

Zelfs lang na de oorlog was het nog de vraag of de kampcommandant vrouwen in hun eer aantastte. 'Ja, toch wel,' verklaarde mevrouw Valderpoort, 'er zijn dramatische dingen gebeurd.' Maar lichtte dat niet nader toe. Typerend genoeg was dat de enige keer dat ze wél een blad voor de mond nam. Of – en dat acht ik waarschijnlijker – vond de journalist het niet kies om in details te treden.

5

Veel was er nog niet over Kampili gepubliceerd toen ik mijn moeder in de jaren zeventig naar haar kampervaringen begon te vragen. Ze sprak er niet graag over, maar echt verzwijgen wilde ze het ook niet, bang misschien dat ik me dan binnen ons gezin een complete buitenstaander zou voelen. Echt eentje 'van na de oorlog'.

Af en toe verscheen er iets over Kampili in een krantenartikel dat volgens mijn moeder 'uit zijn verband was gerukt'. De verzamelde dagboeken en impressies van het kampleven zouden pas twintig jaar later verschijnen, onder de titel *Hoe het ons verging...* In het voorwoord reduceerde samensteller Tineke Stolk het belang van de bloemlezing door aan te geven dat de gruwelijkste ervaringen niet waren genoteerd uit piëteit met de nabestaanden en om alsnog trauma's te vermijden bij de overlevenden. Het boek moest gezellig blijven, zoals de bridge-, toneel- en zangavonden in het kamp. Begrijpelijk, gedurende de hele oorlog hadden de vrouwen de bittere, onbarmhartige en dikwijls walgelijke werkelijkheid voor hun kinderen verborgen proberen te houden. Het boek toont wat ze aan herinneringen mochten bewaren. Ofschoon er om de pagina een afranseling voorbijkomt, worden de opgewekte momenten breed uitgemeten. Met als enige uitzonderingen de bombardementen en de dolle honden, want die calamiteiten waren niet weg te moffelen, zelfs niet voor het kleinste kinderoog. Maar dankzij eendracht, saamhorigheid en lotsverbondenheid waren ze er met zijn allen toch redelijk goed doorheen gekomen, dat was de boodschap.

Mijn moeder heeft die bloemlezing niet kunnen lezen. Bij het verschijnen in 1994 was ze al elf jaar dood. Iets zegt me dat ze de gestencilde uitgave terzijde zou hebben geschoven en zelf naar de pen had gegrepen, die korte vulpen die precies in haar handpalm paste en die ze nog in Makassar had gekocht, om alles op te schrijven zoals zij het ervaren had. Maar ze zou er denk ik snel mee gestopt zijn. Eigenlijk wilde ze helemaal niet meer terugdenken aan die periode uit haar leven. Wegdrukken en verdoezelen was jarenlang haar reactie geweest, zoals van de meeste ex-gevangenen.

Na een tijdje zou ze het boek misschien toch weer hebben opgepakt en instemmend hebben geknikt, om de verslagen van die Armeense jongen van vijftien bijvoorbeeld, Wiebe Seth Paul, die bijna sardonisch opmerkte dat in het kamp alle verschillen verdwenen, dat er geen onderscheid meer was tussen rijk en arm, gelovig en ongelovig, dat beschaving een dun laagje vernis bleek te zijn geworden dat wegspoelde in de regen, dat dames uit de gegoede klasse een krop sla uit de moestuin stalen en dat de nonnen, murw van de honger, besloten om op vrijdag niet meer te vasten om althans dat ene kopje met wat korrels rijst niet mis te lopen.

In Kampili waren 1570 vrouwen en kinderen opgesloten, meisjes en jongens van onder de vijftien jaar, als jongens die leeftijd hadden bereikt, werden ze naar een van de mannenkampen van Celebes overgebracht, wat steeds weer hartverscheurende scènes opleverde, wanhopig kermende moeders die door drie, vier vrouwen van hun kind losgetrokken moesten worden. In september 1943 werd de leeftijdsgrens losgelaten; de jongens waren te hard nodig om het zware werk op te knappen en bleven in het vrouwenkamp. Kampili raakte overbevolkt toen er nog eens honderd gevangenen bij kwamen, Indische vrouwen en kinderen van de Molukken, voor wie vier extra loodsen werden gebouwd. Gedurende het laatste oorlogsjaar lag het totale aantal geïnterneerden rond de 1700. Het was zo vol in Kampili dat de latrines niet schoon te krijgen waren en je de op de loer liggende dysenterie bij wijze van spreken kon ruiken. Niettemin gold Kampili als een modelkamp en kreeg het herhaaldelijk bezoek van hoge Japanse officieren die een rondje liepen en het vooral prachtig vonden dat die blonde vrouwen zo diep voor hen bogen. Dat was hun door sergeant Tadashi Yamadji ingepeperd: wie niet boog, zou na het hoge bezoek op minstens twintig stokslagen kunnen rekenen. Over Kampili werd ook gezegd dat het meeviel in vergelijking met vrouwenkampen op Java. Maar zoals mijn moeder terecht zei: 'Aan dat soort vergelijkingen heb je weinig als je zelf in de penarie zit.'

In de Indische archieven van het Instituut voor Oorlogsdocumentatie stuitte ik op een verklaring van mevrouw Valderpoort, die veel verduidelijkte van wat mijn moeder als een constante geruchtenstroom moet hebben ervaren, en misschien ook wel als een permanente bedreiging. Mevrouw Valderpoort was midden in de nacht van haar bed getrommeld. Een boodschap van Yamadji: of ze onmiddellijk bij hem wilde komen. Met veel geschreeuw en geblaf werd ze door hem ontvangen, althans, zo typeerde mevrouw Valderpoort het zelf. Dat ze midden in de nacht bij hem moest komen, had zeker te maken met de aard van het bevel: ze moest hem vijftig jonge vrouwen uit het kamp leveren, die nog goed gezond waren en er aantrekkelijk uitzagen. 'Voor Makassar'. Mevrouw Valderpoort vroeg wat hij met die vrouwen wilde. Yamadji zei zonder omwegen: 'Er is een order gekomen, dat een aantal jonge Nederlandse vrouwen naar een hotel in Makassar mag, om daar de Japanse soldaten een beetje op te vrolijken...'

Mogen? Mevrouw Valderpoort begreep direct waarop dat zou uitlopen. Ze vond het een hemeltergende schande, waaraan ze nooit en te nimmer zou meewerken. Yamadji zei koeltjes dat ze dat wel zou moeten, want het was een bevel dat afkomstig was 'van onze keizer'. Valderpoort herinnerde hem eraan dat hij haar altijd had verteld dat keizer Hirohito zo'n fijn en hoogstaand mens was. Hoe kon hij het dan goedvinden dat jonge vrouwen, onder wie jonge moeders, voor dergelijke schandelijke doeleinden uit het kamp gehaald moeten worden? Ze had hem toch goed begrepen? Hij vroeg haar om vijftig eerzame vrouwen die als animeermeisje dienst moesten doen. Dus als *hoer*. Of niet?

Yamadji gaf het antwoord dat hij steeds weer herhaalde, onder alle omstandigheden: 'Het is oorlog, mevrouw, en dan gelden nu eenmaal andere wetten dan in vredestijd. Daar kan onze beminde keizer ook niets aan doen.'

Mevrouw Valderpoort trok in twijfel of het bevel inderdaad van hogerhand kwam. Het leek haar eerder een koehandeltje waar hij zelf beter van zou worden. In ieder geval hoefde de kampcommandant niet op haar medewerking te rekenen.

Zoiets moest je niet tegen Yamadji zeggen, je twijfelde dan aan zijn autoriteit. In zijn staccato Maleis riep hij uit: 'U en de andere vrouwen zijn geheel in mijn macht. U heeft hier niets te vertellen. Ik maak de dienst uit en ik gelast u alvast uit te kijken naar een fiks aantal in goede staat verkerende vrouwen.'

In goede staat verkerende vrouwen..., het was alsof hij over vee sprak, vee voor de slacht.

Of de vrouwen op de hoogte waren van de omvang van het beoogde transport betwijfel ik, maar dat ze wisten wat er dreigde te gebeuren is zeker, en dat ze in Yamadji de perfecte uitvoerder van het bevel van zijn superieuren in Makassar zagen, hoefde voor niemand betoog. Hijzelf was immers ook herhaaldelijk op zoek naar geschikt gezelschap.

Yamadji liet mevrouw Valderpoort een paar dagen later opnieuw bij zich komen. Vijftig vrouwen! 'Het is een bevel van hogerhand.'

Ze vertikte het om ook maar één enkele vrouw uit te zoeken voor het door Yamadji beoogde doel. En als hij zelf het lef had om die vrouwen uit het kamp te halen, dan zou dat alleen kunnen over haar lijk. Ze zou voor de poort gaan staan en hij zou haar eerst moeten doden, want ze zou iedere vrouw die uit het kamp werd weggevoerd tegenhouden. Hij kon bevelen wat hij wilde, meewerken zou ze niet. Op geen enkele manier. En als hij het nog niet begreep: ze zou hem in dezen niet gehoorzamen. Nooit en te nimmer. Dan maar dood.

Uit een ander document dat ik in het Nederlands Instituut voor Oorlogsdocumentatie aantrof, blijkt dat Yamadji, anders dan mevrouw Vanderpoort veronderstelde, inderdaad handelde op bevel van hogerhand. Officieren in Makassar hadden hem de eis gesteld honderdvijftig 'troostmeisjes' uit het kamp naar hotels en geishahuizen in Makassar te sturen. Niet vijftig dus maar honderdvijftig, dat wil zeggen: een op de vijf volwassen vrouwen in Kampili.

De eindbeslissing zou worden overgelaten aan viceadmiraal

Yaichiro Shibata in Surabaya. Hij keurde het plan af om geïnterneerde vrouwen als 'troostmeisjes' in te zetten. Niet uit piëteit en al helemaal niet uit empathie; de voornaamste reden was de 'huidige gespannen militaire situatie'. De geallieerden rukten op, de bombardementen namen zo sterk toe dat de grond ieder etmaal dreunde van de explosies, de viceadmiraal vreesde 'verstoring van de orde in de kampen, ook in de mannenkampen, gewelddadig verzet en de noodzaak dan troepen te moeten inzetten om de orde te herstellen'. Tegenover het geringe voordeel zouden 'honderdmaal grotere nadelen' staan.

De officieren in Makassar legden zich daar niet zonder slag of stoot bij neer en zochten naar een andere manier om aan hun gerief te komen. Door bijvoorbeeld vrouwen op vrijwillige basis naar de stad te lokken. Ze zouden één dag naar Makassar kunnen gaan. Of één week. Iedere keer wanneer Yamadji rapport uitbracht in Makassar, vroegen ze hem weer om vrouwen naar Makassar te sturen tegen de gunstigste voorwaarden, zoals voedsel, drank, kleren en een bezoek aan de kapper. Ze stelden hem ook verhoging in rang in het vooruitzicht, iets waar sergeant Yamadji bijzonder gevoelig voor was: hij zou officier kunnen worden.

Eén ding moet voor de kampcommandant zonneklaar zijn geweest: dat zijn superieuren het door de vingers zouden zien als hij zijn oog liet vallen op jonge vrouwen in het kamp. Hij hoefde geen douw te vrezen, integendeel. Het enige wat de admiraliteit van hem verwachtte, was dat hij de zaak onder controle zou houden zodat ze geen extra mariniers hoefden te sturen. Wat hij met die vrouwen uitspookte, was voor hen van geen belang, als hij ze maar onder de duim hield. En als hij maar een flink aantal van hen wist te overreden in de auto naar Makassar te stappen, in een van de limousines die de Japanse legerleiding na de inval in Celebes had buitgemaakt.

6

In de seconden volgend op het luchtalarm moest mijn moeder rennen voor haar leven, met mijn broers onder de arm. Dat heeft ze me vele malen verteld en dat heb ik vele malen uit de mond van Boris en Michiel gehoord. Hoe klein ze toen ook waren, ze waren geen meter richting schuilgang vergeten en konden het gehijg van mijn moeder dertig jaar na dato nog nadoen. Ik weet daardoor dat het een hoog geluid was, even hoog als de stem van mijn moeder als ze geestdriftig over iets werd of wanneer de schrik haar beving.

De Amerikaanse Liberators wierpen brandbommen af, napalm, witte fosfor of een combinatie van beide. De loodsen waren van hout, de daken van stro en palmbladeren.

Al twee jaar daarvoor, in 1943, was het bombarderen van Japanse stellingen rond het kamp begonnen. De bombardementen op Makassar waren in Kampili te horen. Ze kwamen steeds dichterbij en af en toe sneden bomscherven dwars door de daken van de barakken heen. Het volgende doelwit was het niet ver van het kamp gelegen vliegveld. Soms kwam iets anders naar beneden dan een bom, een gevulde aluminium benzinetank bijvoorbeeld, vier meter lang, met erop *Tenth Flight Brigade, 165 Gallon, 146 Lib., Aromatic Benzine, Lockheed*, die onweerlegbaar duidelijk maakte dat de geallieerden naderden. Of een paar bierflessen die de piloten achteloos uit de cockpit hadden geworpen. Later kwamen in het Engels gestelde pamfletten naar beneden, waarin de jap werd voorgesteld als een gorilla die de bevolking misleid had en nu terugdeinsde voor de geallieerde macht. Een kromme vergelijking, want misleidt een gorilla de bevolking? Duidelijker waren de pamfletten met de waarschuwing aan de Indonesiërs om niet te gaan rampokken als de Japanners zich terugtrokken, want dat zou zwaar bestraft worden. Door wie, dat lieten de opstellers van de pamfletten in het midden.

Voor Olga was het een pijnlijke ervaring dat de wereld om haar heen zo snel en fundamenteel veranderde en dat ze daar op geen enkele manier bij betrokken was of er het fijne van wist. Ze was – en dat maakten die vliegtuigen hoog boven haar op verpletterende wijze duidelijk – naar de zijlijn van de geschiedenis geduwd. Of misschien stond ze al buiten de lijnen en was ze van deelnemer veranderd in machteloos toeschouwer. Of nog erger, in een slachtoffer dat wachtte op het moment dat ze zou worden weggedragen op een bamboe brancard. Als je echt een actieve, betrokken, meelevende persoon bent geweest, is dat een ellendig lot; je kunt niets meer bijdragen, je bent volslagen machteloos en je kunt alleen nog wachten op de finale ontknoping.

In oktober 1944 waren bolle, logge bommenwerpers boven het kamp verschenen, viermotorige gedrochten die in formatie vlogen, tweemaal veertien vliegtuigen. Het waren de oudste jongens in het kamp die precies wisten om welk type bommenwerper het ging; hoe ze aan die informatie kwamen, mocht Joost weten. Voor de meeste vrouwen bleven de B-17 Flying Fortress Liberators torren in de lucht, zwart en zwaar ronkend. De eerste keer waren ze hoog overgekomen, de tweede keer op nog geen honderd meter en lieten ze lange rookpluimen na.

Een paar dagen later verschenen jachtbommenwerpers in de lucht, de jongens zeiden: Lockheed P-38 Lightnings; de toestellen waren licht en wendbaar, ze telden er in de gauwigheid drieënveertig. Twee maanden later wierpen ze de eerste brandbommen af. Het verontrustende van de P-38's was dat ze zich als roofvogels uit de lucht lieten vallen, ze waren er opeens. Het geluid dat volgde deed denken aan ruw ijzer dat over steen raspte. 'Het sneed je door merg en been,' herinnerde mijn moeder zich. Gevaarlijker was als je een brandgeur rook. Dan was de inslag dichtbij.

Yamadji gaf opdracht tot het graven van schuilgangen en greppels op ruime afstand van de barakken. Hij was even bang voor de luchtaanvallen als de gevangenen, al was de woning van de commandant van steen en had het huis een kelder die tegen bomscherven beschermde. Die kelder liet hij ombouwen tot een betonnen schuilkelder met wanden van wel een meter dik. Maakte weinig uit, de napalm die de Amerikaanse bommenwerpers afwierpen zigzagde als spoorzoekers over de grond tot het iets brandbaars had gevonden; ook de woning van de kampcommandant liep gevaar.

De Amerikanen hielden de barakken voor een Japans legerkamp. Ze waren slecht geïnformeerd of namen niet de moeite de doelen te verkennen. Ook andere burgerkampen op Celebes werden bestookt. Na iedere aanval verscheen binnen het etmaal een jager om de schade op te nemen. Als een vergissing de oorzaak van de bombardementen was geweest, zouden ze niet in verschillende etappes zijn uitgevoerd.

Aan de Japanse bezetter gaven de bombardementen een

excuus en in zekere zin een alibi. Vermeende misstanden in de kampen konden voortaan op conto van de Amerikanen geschoven worden: chaos, ondervoeding en dysenterie waren pas in heftige mate begonnen nadat de Liberators in de lucht waren verschenen. Toen kort achter elkaar vijf baby's overleden aan slechte, kalkarme voeding, hoefde Yamadji alleen maar te zeggen: 'Ja, dat heb je ervan.'

Tijdens de bombardementen overdag sprongen de oudere kinderen van de toegangsbrug naar Kampili in het riviertje dat langs het kamp stroomde. Ze hielden het hoofd onder water en ademden door een bamboe rietje tot ze geen explosies meer hoorden. De volwassenen kozen voor de loopgraven. Olga lag alle keren in zo'n smalle sleuf, boven op haar twee jongens. De jongste was inmiddels de vijf gepasseerd, de oudste was zes jaar en vijf maanden. Boris betreurde de bamboe speelgoedauto die een mevrouw van Ambon voor hem had gemaakt en die ongetwijfeld verbrand was. Michiel herkende zijn moeder niet meer; toen ze uit de loopgraaf kwam, zag ze zwart van het roet en het stof.

Al dit gevaar was concreet, was hoorbaar, zichtbaar, tastbaar. Mevrouw Valderpoort gaf een lesje in hoe je dit gevaar kon onderkennen. 'Een bom volgt eerst de zuiging van het vliegtuig en valt vervolgens loodrecht neer. Hij geeft een sissend geluid en fluit als hij langskomt.'

Het andere gevaar was schimmig, onzichtbaar, en week net zomin als het eerste. Je hoorde het niet, je rook het niet, maar je wist dat het er was, dag in, dag uit.

Ook al raakte de dagelijkse routine ontregeld door de dreiging in de lucht, de kampcommandant kwam weer met een voorstel, alsof er niets veranderd was, alsof de Japanners de touwtjes nog steeds stevig in handen hadden en de naderende capitulatie een kwestie van jaren was in plaats van een paar maanden. Iets wat hij beslist weten kon, want de vliegtuigen hadden na de bommen pamfletten uitgeworpen die in het Maleis meldden hoe snel de geallieerden naderden. Natuurlijk hield hij dat voor propaganda van de vijand, maar in één nacht waren 168 bomexplosies gehoord, en dat was geen fabeltje.

Sergeant Tadashi Yamadji riep Ans bij zich, die even in de twintig was en eeuwig een lach op het gezicht droeg. Het leek alsof ze zich nooit van enig kwaad bewust was, en misschien was ze dat ook niet. Yamadji ontbood haar in zijn kamer, Ans bond haar blonde haren in een staart en stapte bij hem naar binnen. Ze kreeg een stoel aangeboden en een glas rijstwater; hijzelf rook naar sterkedrank. Hij bleef achter het bureau staan, met zijn handen op zijn rug, en zei alsof het de normaalste zaak ter wereld was dat er op het ogenblik zoveel officieren en onderofficieren in Makassar waren dat er een gebrek aan vrouwen was. Hij had gehoord dat in Malino, het kamp waar ze veertien maanden hadden gezeten voor ze naar Kampili waren overgebracht, vrouwen bereid waren geweest 'als bloem' naar een hotel in Makassar te gaan. Hij bedoelde dat ze zozeer naar een paar weken buiten het kamp verlangden dat ze zich vrijwillig als troostmeisjes hadden opgegeven. Yamadji wilde van Ans weten om welke vrouwen dat ging, wellicht zouden zij wéér als vrijwilligster naar Makassar willen gaan.

Ans zei dat ze verbaasd was dat hij haar zoiets durfde vragen en dat het haar verlegen maakte, hij moest toch echt zelf de bewuste dames opsporen, zij wist van niets. Dat was niet zo, iedereen in het kamp wist dat vanuit Malino een aantal vrouwen vrijwillig naar Makassar was gegaan, jonge *blanda's* en wat minder jonge indo vrouwen. De enige reden was dat ze in contact hoopten te komen met hun mannen of verloofden, van wie de meesten nog in de politiekazerne in Makassar gevangenzaten. Na een tijdje waren ze gedesillusioneerd en aangeslagen teruggekeerd. Kort daarop was nog weer een tweede groep vertrokken. Ans hield echter vol dat ze van niets wist. Yamadji knikte begrijpend en zei dat zijn hoogste baas in Makassar hem opgedragen had vrijwilligsters te zoeken. 'Ik moet er een paar vinden maar ik beloof je dat ik alleen vrijwilligsters laat gaan.'

Ans sliep in dezelfde loods als Olga.

'Hij zei me ook dat hij de vrijwilligsters zelf naar Makassar zou brengen,' zei ze tijdens het bridgen. 'Zodat hij ze in vertrouwde handen kon achterlaten.'

Allicht, luidde het commentaar. Dan kon hij meteen als eerste van hun diensten gebruikmaken.

Maar Ans was niet overtuigd van zijn slechte intenties.

Yamadji had haar verteld dat ze het bij hem thuis erg arm hadden, dat hij al jong moest gaan werken, waardoor zijn jongere broers het beter zouden krijgen. Vandaar dat hij zich minderwaardig voelde en krampachtig moeite deed zich aan te passen.

Erger nog dan intimidatie is sentimentaliteit, snoof Olga. Ze liet het bridgen die avond aan anderen over, en noemde de Bolle de volgende morgen 'Bokè', wat Makassaars is voor 'Varken'. Het zou zijn nieuwe bijnaam worden.

7

Een penibel moment was voor gehuwde vrouwen het schrijven van een briefkaart aan hun man. Ze peinsden zich zot over de tekst. Via het Rode Kruis was geregeld dat de geïnterneerden eens in de zeven, acht maanden een boodschap mochten schrijven van maximaal vijftig woorden, in het Maleis of in het Engels, zodat de Japanse censor de tekst op strategisch gevoelige informatie kon controleren.

Ook Olga had er de grootste moeite mee om haar Han te laten weten dat het niet echt goed met haar ging maar evenmin belabberd slecht en dat ze de jongens door alle gevaren heen sleepte. Het mocht niet te bezorgd klinken, maar '*everything is allright with us*' of '*baik-baik saja dengan kami*' was zo nietszeggend dat Han het niet zou geloven. '*Health excellent*' was min of meer een conditio sine qua non voor verzending, dus draaide het er meestal op uit dat ze schreef dat ze niets ernstigs mankeerde en dat de jongens groeiden als kool.

Terwijl ze op zo'n berichtje zat te zwoegen, zag ze een vrouw een tekening maken op een briefkaart, een gewassen tekening, een aquarel. En nog een. Niets dramatisch, eerder iets onnozels, een kip die eendeneieren uitbroedt, maar wel verduveld goed getekend. Onder aan de kaart schreef ze 'ALLERZIELEN', en op de tweede kaart: '2 november 1944'.

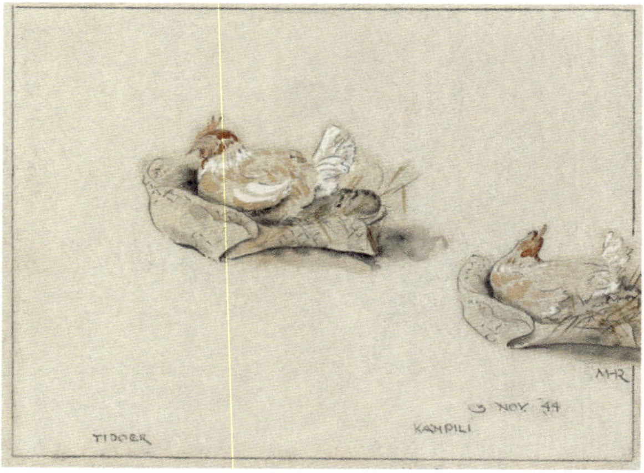

Maria Hofker-Rueter, *Tidoer,* 3 november 1944.

De volgende dag zag ze de vrouw weer bezig, ze tekende toen twee kippen op dezelfde kaart, een paar lijntjes, wat bruinig rood voor de kop, de kam, de krop, en een beetje wit op de veren. 'TIDOER' schreef ze onder die kaart, wat 'alleen' of 'eenzaam' betekent in het Maleis, en KAMPILI '3 nov. '44'.

Een week later tekende de vrouw de kip die de eieren openpikt en dateerde de kaart 9 november '44. De laatste kaart, de kip met vijf eendjes, kreeg als tekst: '*Ajam sama anak bebek*', 'kip met eendjes', 10 nov. '44.

Olga durfde de vrouw niet aan te spreken, die was zo geconcentreerd bezig dat ze niet eens opmerkte dat ze bespioneerd werd; Olga durfde evenmin te vragen wat ze met die broedende kip en die eendeneieren bedoelde te zeggen. Waarom geen gewone eieren? Zag ze zichzelf als een kip op een vreemd nest? Tegelijk stond ze er verbaasd over hoe af die tekening was en hoe volslagen vanzelfsprekend.

Dagen achtereen bleef ze de broedende kip voor zich zien, en telkens zei ze tegen zichzelf: 'Goh, wat origineel, wat mooi, waarom kan ik zelf niet zoiets bedenken?'

Ze vertelde het Dien, die nuchter vaststelde dat zij weer goed was in andere dingen. Dien kende die vrouw, 'ze heeft vast een opleiding genoten en geeft tekenles of zo'.

Olga antwoordde: 'Daar gaat het me niet om. Van een broedende kip een levensteken maken, dat is een vondst. Niet?'

'Maar wat bedoelt ze er in vredesnaam mee?'

'Ik ben in een vreemd nest terechtgekomen, maar ik blijf gewoon maar broeden, ook al zijn die eieren niet van mij. Ik schik me in mijn lot, hoe absurd dat ook is.'

Voor Dien haalde ze zich van alles in het hoofd.

'Het is gewoon nonsens om zoiets te sturen. Wat zal haar man er wel niet van denken?'

Soms was Dien haar net iets te nuchter. Had ze net iets te weinig muziek in haar gestel. Want dat was het onderscheid dat Olga onder alle omstandigheden bleef hanteren: er zijn mensen met muziek en mensen zonder.

8

Olga belandde in de ziekenboeg. Trombose; haar benen lagen open doordat ze te veel en te lang in de moestuin had gewerkt. Ze kon niet meer in de rij staan voor de gaarkeuken, moest haar jongens eropuit sturen voor eten, die daar nog veel te klein voor waren. De oudste ging demonstratief op zijn brits zitten, sloeg zijn armen om zijn benen, plantte zijn kin op zijn knieën, alsof de wereld om hem heen niet bestond; de jongste was er te bang voor, geen wonder, hij was nog geen vijf jaar. Ze had Dien gevraagd de zorg voor haar kinderen over te nemen en ze had zich bij de ziekenboeg gemeld, tegen haar zin, maar als ze doodging, waren de kinderen helemáál ver van huis. Ook de kamparts had haar toestand verontrustend gevonden en hij had haar minimaal een week absolute rust voorgeschreven, plus een vitaminekuur.

In het achterafzaaltje, waar tien bedden stonden, kreeg ze gezonder eten. Een beetje groenten door de slijprijst heen en af en toe een stukje fruit, een schijfje mango. Ook een beetje zout door het eten. Aan alles was gebrek, maar vooral aan zout en suiker.

Tante Luud gaf haar bij iedere maaltijd iets extra's. Liduina luidde haar volledige voornaam, iedereen noemde haar tante Luud, in navolging van de kinderen, aan wie ze, als het even kon, iets extra's gaf, bij voorkeur een schepje suiker over de rijstepap. Ze was hoofd van de voedselbedeling.

Olga had haar nooit erg gemogen. Tante Luud was met de handschoen getrouwd toen ze halverwege de dertig was geweest, want na zoveel jaar in het onderwijs had ze niet als ouwe vrijster willen eindigen. Haar man had haar op de kade van Makassar staan opwachten, een rijke vent, hij nam haar mee naar een reusachtig huis, en vanaf dat moment leefde ze in welstand, met twintig bedienden. Dat zei ze om de haverklap, dat ze voor de oorlog twintig bedienden had gehad, wat Olga van een bedenkelijke mentaliteit vond getuigen: je laten voorstaan op het aantal mensen dat je mocht koeioneren.

Maar, ontdekte ze in de ziekenboeg, tante Luud was het tegendeel van kwaad. Vernoemd naar Liduina van Schiedam, de beschermheilige van chronisch zieken, zag ze het als haar missie om mensen in leven te houden. Ze was zo katholiek als een emmer wijwater, bad iedere morgen en iedere avond een rozenkrans en smokkelde extra voedsel het kamp in voor de zieken. Niet een beetje, nee, gevaarlijk veel. De kampcommandant rekende sjoemelen met proviand tot de ergste vergrijpen, zeker ook omdat hij ieder contact tussen de gevangenen en de plaatselijke bevolking wilde voorkomen.

Op een dag werd tante Luud betrapt. Ze moest voor Yamadji verschijnen, samen met drie vrouwen die in de gaarkeuken werkten en haar hadden geholpen bij het ritselen van extra voedsel. De commandant geloofde direct in een reusachtig complot, schreeuwde dat hij de dames mores zou leren en velde zijn vonnis: ze moesten naakt voor hem heen en weer lopen, zodat hij er zeker van kon zijn dat ze niet nog iets anders voor hem verborgen hielden, onder hun kleren.

Naakt heen en weer lopen, op geruime afstand achter elkaar. Hij keek toe, de gevouwen armen rustend op zijn buik.

Althans, zo vertrouwde tante Luud het Olga fluisterend toe toen ze 's avonds nog wat rijstwater kwam brengen in de ziekenboeg. Ze boog zich voorover, bracht haar gezicht tot vlak bij Olga's oor, zodat niemand anders haar kon horen.

Naakt paraderen voor de commandant had ze erger gevonden dan slaag. Zelfs tijdens het ergste pak ransel kon je nog iets van je waardigheid proberen te redden. Naakt was je volslagen weerloos. Uit schaamte had ze het hoofd gebogen en naar haar eigen lichaam gekeken terwijl ze heen en weer liep, nergens anders naar dan naar haar eigen lichaam, naar haar eigen borsten, eigen buik, en ze had haar lichaam vies gevonden, alsof het door de kampcommandant was bespuwd.

9

Een bloem in een paar lijntjes. Een bidsprinkhaan op ware grootte, maar minimaal weergegeven, met het accent op zijn biddende pootjes. Een week of zes nadat ze uit de ziekenboeg was ontslagen, zag Olga de vrouw weer tekenen, op vaal pakpapier dat ze in de naaikamer had bemachtigd. Het was op een ochtend in mei. Ze herkende haar nu, de vrouw had zich onlangs bij het Russische Koor aangemeld en sloeg geen repetitie over.

Maria had een lief gezicht, rond, hoewel haar wangen begonnen in te vallen door maanden van constante ondervoeding. Ze had lang blond haar, ingevlochten rond haar oren of naar achteren getrokken en opgestoken, niet loshangend, verzorgd. Bruine armen, krachtige handen. In tegenstelling tot de meeste andere vrouwen droeg ze een lange jurk of in ieder geval een jurk die tot ver over de knie reikte. Misschien, dacht Olga, heeft ze evenveel last van haar benen als ik.

Het was nog vroeg, de zon was nog niet boven de bergen gerezen. Olga had niet kunnen slapen en was lang voor het ochtendappel opgestaan, ook omdat het opvallend fris was die morgen. Er hing een lichte nevel, ze hoopte dat haar benen iets zouden slinken in de koelte.

'Mag ik meekijken?' vroeg ze. 'Of vindt u dat vervelend?'

Maria deed alsof ze het niet hoorde en tekende rustig voort. Olga verontschuldigde zich omdat ze het zo brutaalweg had gevraagd. Sommige vrouwen bleven in het kamp de hoogste beleefdheidseisen stellen om hun laatste restje waardigheid te behouden. Als je in het zicht van tien, twaalf, veertien vrouwen je billen moest wassen, vroeg je je inderdaad af wat er van je fatsoen was overgebleven.

'Het is een dag uit duizenden,' zei Maria plotseling zacht, terwijl ze zich verder over haar tekening boog. 'Het is echt de droge tijd, aldoor prachtig weer. Vandaag is het wel bijzonder koel en fris, en ligt de dauw zwaar op de witte bloemen van de anastasia – mooi dat die hier rijkelijk in de buitentuin langs de hoofdweg bloeien.'

Zag Maria hetzelfde als zij? Ongetwijfeld, maar ze lette op andere dingen, zag het mooie in het lelijke, keek over het prikkeldraad heen, over het *kawat*.

'Kijk, de hemel is al diepblauw en er drijven een paar witte wolken over de kruinen van de oude mangoboom. De reiger staat weer op zijn uitkijkpost op de hoogste tak, zo was het gisteren ook. De nevel tussen het gebergte begint op te trekken. Wat liggen de sawa's tussen onze tuinen en de kampongs in de verte er stil bij! Op de weg langs het kanaal trekt een kudde karbouwen voorbij. Zo fris en gaaf ligt de dag voor ons.'

Niemand sprak zo in het kamp, niemand zag in de natuur de wonderen van de schepping.

'*Oh, what glory doth this world put on, for him who with a fervent heart goes forth, under the bright and glorious sky.* Dat is van Longfellow, Henry Wadsworth Longfellow, u zou er muziek bij kunnen maken. Van hem is ook: *Life is but an empty dream!*'

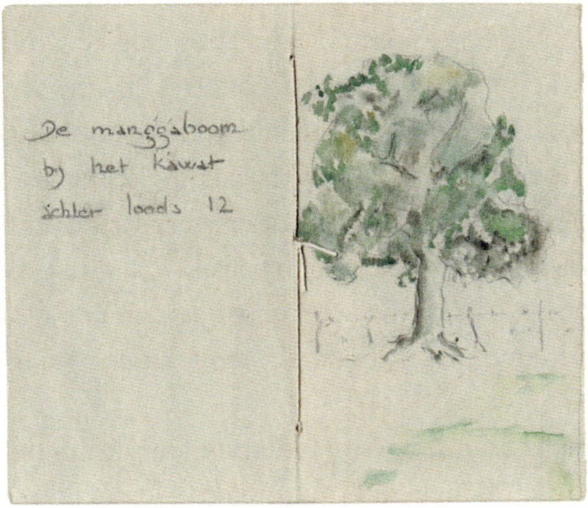

Maria Hofker-Rueter, *De manggaboom bij het kawat achter loods 12*, mei 1945.

Dat gaat over ons, dacht Olga, zoals we er hier aan toe zijn: leven is slechts een lege droom... In het Nederlands vond ze het even melodieus klinken, het leven slechts een lege droom. Maria vroeg haar of ze overal muziek in hoorde.

Het was een afwijking, begon ze, ze neuriede aldoor, het was voor haar net zoiets als ademen, ze dacht er niet bij na, ze neuriede gewoon.

'Dat is me al eens eerder opgevallen. Ik hoorde het laatst in het voorbijgaan, u was aan het werk in de moestuin en ik was op weg naar de schutting. Ik heb op die bamboe schutting een muurschildering gemaakt. Nou ja, ik heb stiekem wat zitten kliederen, terwijl u neuriede. Was het zo'n lied van Rachmaninov? Of *Der Tod und das Mädchen*? In ieder geval heb ik veel rode verf gebruikt, het is niemand opgevallen.'

Maria had zich voorgesteld als Maria, zonder achternaam, ze wilde duidelijk niet met 'mevrouw' worden aangesproken. Maria was een naam die bij haar paste, ze had iets ongelooflijk puurs. Of ga je je richten naar de naam die je van je ouders hebt meegekregen? Maria zette nog een enkel lijntje, gomde wat schaduw weg en zuchtte: 'Kom, we moeten gaan. Appel. Bordje waterpap, net genoeg om honger van te krijgen. Corvee. Water sjouwen naar de keukens en naar de ziekenboeg. Pas vanavond komt er weer rust over het kamp en zijn we voor even onze eigen baas.'

Ze stond op, pakte haar tekenspullen en liep blootsvoets, met heel kleine pasjes, bijna als een Chinese, naar de loods terug.

'Ik wist niet dat die witte bloemen anastasia's heten,' riep Olga haar na. 'Ik heb ze nooit opgemerkt als ik in de moestuin werkte.' Maria knikte nadrukkelijk, en zei, alsof het om een kinderversje ging: 'Wit, gelig wit, als roomboter zo gelig wit.'

10

Mevrouw Chabot beklaagde zich erover dat zoveel vrouwen van tussen de twintig en de veertig last kregen van onduidelijke kwalen. Van de zeventienhonderd gevangenen waren er gemiddeld tweehonderd ziek. De meesten hadden buikloop of dysenterie, het gevolg van het slechte water. Maar de vrouwen van tussen de twintig en de veertig hadden heel andere klachten, die leden volgens mevrouw Chabot aan flauwekul.

Olga kende haar van voor de oorlog, haar man was de etnoloog Hendrik Chabot, die ze regelmatig bij haar leraar Makassaars en Boeginees had ontmoet, bij professor Cense. Ze waren ook bijna buren geweest aan de Marosweg. In het kamp was Joke Chabot-Kortmann les gaan geven aan meisjes die onder normale omstandigheden op de middelbare school zouden zitten. Die juffies van tussen de twaalf en de achttien hielden het allemaal goed vol, zei ze. Net zoals de oudere vrouwen die dapper voortgingen op de ingeslagen weg. De jongens hadden het moeilijker, bijna alle kleuters die de mazelen of de rodehond niet te boven kwamen en het niet haalden, waren jongens. Ze hadden kennelijk meer en betere voeding nodig dan meisjes.

Het probleem lag bij de vrouwen, van wie je toch zou denken dat ze in de bloei van hun leven stonden, ook al vermagerde iedereen in het kamp en zag niemand er meer blakend uit. Ze kregen last van netelroos, overvloedige menstruatie, acuut glaucoom, duizelingen, rugpijn, allemaal aandoeningen waartegen geen *obat* aanwezig was, geen medicijn. Naar eigen zeggen knapten ze af, konden ze de puf niet meer opbrengen, waren ze op. 'Neuralgische pijnen,' volgens mevrouw Chabot, 'zenuwen op het hart, vermoeidheid en de verzuchting "Ik kan het niet meer aan", alles van psychische aard.'

Tja, hoe zou dát nou komen? Het lag op Olga's lip om dat te vragen, maar ze deed het niet.

'De meesten van hen,' mopperde mevrouw Chabot, 'komen in de ziekenboeg terecht, krijgen daar wat beter eten en komen ten slotte tot de conclusie dat ze het wel weer eens willen proberen.' Niet erg solidair met de vrouwen die het zware werk moeten doen, vond ze, zoals de stevige tantes van de waterploeg die iedere dag om half vijf moesten opstaan en driehonderdtachtig emmers moesten doorgeven van de waterputten twee kilometer verderop naar de centrale keuken, de wasplaats en de ziekenzaal – er was geen waterleiding in het kamp. Die stonden om tien uur 's morgens al op hun benen te tollen van vermoeidheid. Hoe meer vrouwen het lieten afweten, des te zwaarder werd de taak van de anderen.

Ze had misschien gelijk, ofschoon Olga zich er niet erg lekker bij voelde, ze was zelf net uit de ziekenboeg ontslagen. Haar kwaal was een duidelijke geweest; trombose berust niet op inbeelding of angst. Anderzijds irriteerde het haar dat mevrouw Chabot de klachten van zoveel vrouwen als flauwekul afdeed.

'Iedereen is langzamerhand op van de zenuwen,' probeerde ze.

'Nou en? Moet je dan anderen het werk laten doen?'

'Al die geruchten, al die bangmakerij...'

Twee vrouwen waren meegenomen naar Makassar, het was een maand eerder gebeurd. De ene was verpleegster in de dysenteriebarak en mocht niet meer naar haar loods om kleren te halen, ze moest zo, in haar witte verpleegstersjurk, de auto in. De andere kwam dezelfde avond terug maar mocht niets vertellen, en zei alleen: 'Dit zou iedereen kunnen overkomen.' En dat was precies wat iedereen vreesde, tenminste, vrouwen die ongeveer net zo oud waren als zij: dat ze van het ene op het andere moment geronseld zouden worden voor het vermaak van hoge Japanse officieren.

De verpleegster kwam na een week terug. Toen ze uit de auto stapte, had ze nog steeds haar jurk van blauw-wit katoen en haar witte schort aan. Had ze verpleegstertje moeten spelen met de jap? Of had ze de Japanse militairen moeten behandelen die in de bordelen syfilis hadden opgelopen? Het gerucht ging dat de bordelen als paddenstoelen uit de grond schoten in Makassar en naar het Japanse rangen- en standensysteem waren ingedeeld: bordelen voor de soldaten, voor de onderofficieren, de officieren en de legerleiding.

Van Yamadji zou de verpleegster niets te vrezen hebben, bij het zien van een vlekje bloed op het verpleegstersschort werd de kampcommandant al beroerd. Maar de andere vrouw, die slechts een halve dag in Makassar was geweest, werd door de commandant aan tafel genood. Het enige wat ze naderhand zeggen mocht, was dat Yamadji het weer eens tijd vond worden voor een feest. Met dansen en zo, dan was de ellende van de regentijd tenminste voor even vergeten. De vrouwen moesten zelf voor de muziek zorgen.

Olga vreesde dat ze zou worden opgetrommeld als pianist, hoewel ze al verscheidene malen had laten weten niet geschikt te zijn voor het variétérepertoire, omdat ze geen maat kon houden. En natuurlijk wilde ze niet spelen op een door de kampcommandant georganiseerd partijtje. Met de dood aan de poort was het niet het moment voor het soort pret dat Yamadji voor ogen stond.

Ze luchtte haar hart bij de schilderes.

Maria vertelde dat ook zij bij Yamadji was geroepen. De commandant had twee Japanse officieren te eten, ze zagen er niet echt als kunstkenners uit, droegen een kakikleurig pak waardoor ze zo uit de rimboe leken te komen, maar ze waren een en al belangstelling en vroegen naar haar tekeningen – die ze graag wilden kopen. Geen denken aan, had Maria gezegd, maar toen ze sterke stof aangeboden had gekregen om kleren van te maken, was ze overstag gegaan. Ze had langzamerhand niets fatsoenlijks meer waarin ze zich kon vertonen.

De kampcommandant had haar verteld dat een van de officieren een beroemd schilder was. Hij moet een hoge ome zijn geweest, want Yamadji boog de hele tijd als een knipmes en beaamde alles met: '*Hai. Hai. Hai.*' Maria had haar beste werk verborgen weten te houden, maar achteraf had ze toch wel heel erge spijt dat die jappen met vier van haar tekeningen waren vertrokken.

II

Het aantal dysenteriepatiënten steeg tot boven de zestig. Yamadji liet een speciale ziekenbarak op houten palen bouwen, op geruime afstand van het kamp om besmetting tegen te gaan. De patiënten moesten daar blijven tot ze volledig genezen waren, wat soms wel een maand duurde. Als ze de barak verlieten waren ze zo mager dat ze tussen de spleten in de plankenvloer konden glijden.

Yamadji vreesde als geen ander besmetting. Voor de vrouwen die hij aan tafel noodde, gold een nieuw gebod: ze moesten hun vingernagels laten knippen. Door hem. Hij knipte ze heel kort, tot in het vel, zodat er geen millimeter vuil meer bleef zitten; hij knipte ze zo kort dat sommige vrouwen het uitschreeuwden van de pijn.

Even panisch reageerde hij op het eerste geval van hondsdolheid. Een jongetje overleed een week of drie na een beet; de commandant maakte dokter Marseille voor 'Dokter Stommeling' uit, hij was veel te laat met de behandeling begonnen. Marseille moest zijn verweer – dat er geen serum voorradig was en hij daardoor niets kon doen – met een pak rammel bekopen, wat de arme man zo aangreep dat hij een uur voor dood bleef liggen.

Nog groter was de aanwas van het aantal zenuwziektes.

De eersten die eraan onderdoor gingen waren de zendelingen van de Christian Science, ondanks hun rotsvaste geloof. De dames waren allen getrouwd – hun mannen zaten bij Han in het kamp in Parepare – en geloofden wat de oprichtster van de beweging, Mary Baker Eddy, verkondigde: dat God het oneindig goede is en dat een diep vertrouwen in Hem je doet beseffen dat zonde, ziekte en dood niet echt bestaan en met geestelijke middelen te overwinnen zijn. Han had het eens afgedaan als 'een mix van christendom, hindoeïsme, natuurgeneeswijze, superstitie en een flinke dosis larie'. Ondanks al die geloven kwamen ze niet ver: Mrs Seely en Mrs Jaffray dwaalden door de loodsen, ontkleedden zich, kermden, jammerden, gingen als geschiften tekeer, zongen, tierden, gilden en riepen het andere moment dat ze het goed maakten en in Gods hand waren.

Op een vroege morgen viel Mrs Seely een vrouw aan die uit de latrine kwam. 'Laten we toch bidden,' riep ze, terwijl ze zich uitkleedde, alsof er een oeroud verbond bestond tussen devotie en naaktheid. Op een ander moment rukte ze Olga de haren uit het hoofd omdat ze niet onmiddellijk haar handen had gevouwen.

Lui was ze zeker niet. Mrs Seely werkte als een koelie zo hard, wat haar niet verhinderde om onophoudelijk uit de Bijbel te citeren, urenlang. Ze liep de ene loods in, de andere uit, in haar handen klappend, met het hoofd wiegend, wuivend, 'The Victory of the Lord is there' zingend. Ze werd opgesloten nadat ze de kampcommandant had omhelsd en zich voor zijn voeten had geworden, roepende: 'Dear commander, the Victory of our Lord is there.'

Yamadji was er zo van geschrokken dat hij twee dagen het bed moest houden; hijzelf vermoedde dat het malaria was. Mrs Seely zong zes dagen achtereen, bonsde tegen de wanden, reciteerde gillend uit de Bijbel, klom op vensterbanken, beukte planken uit de sponning. Alleen morfine kon haar kalmeren, de kampdokter spoot haar voor dagen plat, ofschoon ze zich daar heftig tegen verzette: alleen het gebed kon volgens haar leiden tot genezing.

Om de snel om zich heen grijpende gekte in te dammen, verbood Yamadji de kerkdiensten en koorrepetities. De vrouwen die de kluts kwijt waren, spraken immers over niets anders dan over God – de kerkdiensten moesten stoppen voor tenminste een maand. Olga vond het allemaal bedroevend en beschamend en – een woord dat ze zelden gebruikte – onchristelijk.

De zendelingen van de Christian Science waren niet de enigen die van de kook raakten. De vrouw van een commissaris van politie, een Indische, smeet in een vlaag van waanzin haar eenjarig kindje tegen de vloer, waar het dood bleef liggen, met een verbrijzeld hoofdje.

Yamadji schrok daar zo van dat hij een non bij zich aan tafel noodde. Niet een zendeling van de Christian Science maar een rooms-katholieke non, een 'echte non' zeiden ze in het kamp, ze droeg een witte kap en een zwart habijt, hoewel die kap langzamerhand vaal was geworden en de rafels aan haar habijt hingen. Hij gebood haar om zaterdagavond bij hem aan tafel te verschijnen, wat gezien zijn afkeer van geestelijken alom verbazing wekte. 'Hij is bang behekst te worden,' was het nieuwe gerucht dat de ronde deed.

Zuster Rumolda was jong en had grappige kuiltjes in haar wangen. Ze leek iemand die iedereen van dienst wilde zijn. En iemand die zich alles wijs liet maken.

Om haar te provoceren bood de kampcommandant haar rijstwijn aan. Waarschijnlijk wilde hij met eigen ogen zien hoe kuis en sober die nonnen waren. Hij drukte haar een glas in de hand en grijnsde haar toe dat drinken haar goed zou doen.

Zuster Rumolda schudde beslist het hoofd, en bedacht zich op hetzelfde moment. Ze wilde wel drinken, als er weer kerkdiensten mochten worden gehouden. Yamadji aarzelde en zei toen op een treiterig toontje: 'Goed, voor de katholieken dan.' Ook voor de protestanten, hield zuster Rumolda vol. Dat ging hem te ver, waarop zuster Rumolda weigerde te drinken.

Ze bleven een tijdje zwijgend aan tafel zitten. Toen stond de kampcommandant op en zei: 'Nou, vooruit dan maar.'

In één teug sloeg ze de rijstwijn achterover, en hield hem het glas voor: 'Nóg een.'

Heel even lachte hij. Toen sloeg hij haar het glas uit de hand en siste dat ze net zo erg was als die Amerikaanse idioten.

Onderwijl namen de bombardementen in heftigheid toe. Steeds vaker luchtalarm. Soms lagen ze van 22.00 tot 06.00 uur in de slokan, de schuilgang; op den duur werd iedereen daar mataglap van. In de maand april sliep niemand ook maar één nacht op zijn eigen brits in de loods terwijl overdag de Japanse Zero's op de P-38's joegen, vlak boven het kamp. In mei was het drie weken rustig, van de twintigste mei tot de dertigste juni was er overdag gemiddeld vijf keer luchtalarm en lagen de vrouwen en kinderen alle nachten in de schuilgangen, waar de grond uren achtereen dreunde. Pas in juli konden ze naar de loodsen terug.

12

De plaats van Olga was loods 10, haar *baleh-baleh* nummer 26. Michieltje lag naast haar op baleh-baleh 27, omdat hij de jongste was. Boris woelde boven hem, op brits 28. Hij kon het niet uitstaan dat hij zo ver van zijn moeder was verwijderd. Haar verontschuldiging dat Michiel nog zo klein was en hij al zo stoer en sterk, ervoer hij als een terechtwijzing.

Misschien had Olga niet in de gaten hoe bang Boris daarboven in het stapelbed was, onder het bladerdak waaruit regelmatig hagedissen en vuistgrote vogelspinnen vielen. En waar hij het, sterker dan beneden, hoorde rommelen in de lucht. De jongen die op gelijke hoogte van hem lag was het zoontje van mevrouw Debrichy. Zij was een Peranakan-Chinese. Als mevrouw Debrichy niet met een Hollandse ambtenaar was getrouwd, zou ze buiten het kamp zijn gebleven. Ik heb mijn moeder nooit over haar horen vertellen, het contact moet miniem zijn geweest. Haar zoontje lag de halve nacht naar naderende vliegtuigen te luisteren en brabbelde in een onbegrijpelijke taal als hij sliep. Dat is het enige wat ik over hem weet. En dat hij niet oud is geworden en in Oakland, Californië, overleed; dat soort dingen kun je weer wel makkelijk nazoeken op internet.

Maria had geen kinderen. Ze was in loods 11 ondergebracht – met honderdtien britsen de volste loods. Haar bed stond achterin, omdat ze als een van de laatsten in het kamp was opgesloten. Maria had een baleh-baleh toegewezen gekregen die vlak bij de wasruimtes en latrines lag. Nou ja, latrine kon je de kuil in de grond nauwelijks noemen, de jongens zeiden 'het poepgat'. Je moest een blikje water meenemen om door te spoelen, en in dat blikje zat altijd te weinig water. In en rond de hokjes rook het weeïg en vaak was de lucht er niet te harden. Vandaar misschien dat Maria heel vroeg opstond en erop uittrok om te tekenen.

Iedere volwassene moest zich op de een of andere manier verdienstelijk maken in het kamp. Maria gaf tekenles aan oudere meisjes. Olga zag dat ze streng was in de selectie: de meisjes moesten eerst met een stuk houtskool een tekening maken op een heel klein stukje papier – papier was schaars in het kamp. De stukjes houtskool haalde ze uit de keuken, waar op sprokkelhout werd gekookt. Als Maria enig talent bespeurde, mochten de meisjes van haar potloden en kleurkrijt gebruikmaken. Vooral op het krijt was ze zuinig – niemand wist hoelang de oorlog nog duren zou.

De plaats waar ze de meisjes mee naartoe nam, was steeds dezelfde: net voorbij de moestuin, aan de rand van het kamp. De onderwerpen die ze opgaf waren de heuvels aan de horizon of een zwerm vogels boven de sawa's. Ze dwong de meisjes over het prikkeldraad heen te kijken, naar de wereld buiten het kamp. Het was een goede les om die benauwde omgeving van nooit helemaal spontane solidariteit, verdachtmakingen, kinnesinne, ruzie, pesterijtjes, bemoeizucht, pijn, honger, gevaar los te laten, en de blik op *the beyond* te richten, zoals Olga het Maria hoorde noemen, buiten en boven alles wat tot de dagelijkse werkelijkheid behoorde. Iedereen snakte naar die overzijde, waar rust en vrede zouden heersen en waar al die verzwakte, vermoeide en versomberde mensen elkaar weer op een fatsoenlijke en misschien zelfs wel beminnelijke wijze tegemoet zouden kunnen treden.

13

Op een middag kwam in de moestuin een bewaker op Olga afgesneld. Hij nam grote, schonkige stappen om een kordate indruk te wekken, de vrouwen in het kamp noemden hem Negenenhalf omdat hij een halve vinger miste. Hij bleef pal voor haar staan, met de tot vuisten gebalde handen in de zij. Olga rechtte haar rug, wiste het zweet van haar voorhoofd en hoorde dat ze bij de kampcommandant moest komen. Zo snel mogelijk, zei Negenenhalf, maar niet voor ze zich gewassen had en een schoon hemd had aangetrokken.

Het is zover, dacht ze.

Om de verdenking van treuzelen weg te nemen, stapte ze voorzichtig tussen de jonge aanplant door, tussen de bajem en *kankung*, waterspinazie die precies zo waterachtig smaakte als de naam zei, en de *ketela*, cassave. De meeste van die groenten verdwenen in de maag van de Jap. Van het vlees dat de varkenskraal opleverde zagen ze helemaal niets terug in het kostje dat uit de gaarkeuken kwam; de beste hammen verdwenen naar de officiersmess in Makassar.

Ze waste zich langzaam. Het was dus toch waar dat Yamadji aan smetvrees leed en een buitensporige angst had voor viezigheid. Ze trok een schone bloes aan en het speet haar dat ze niet nog wat vuil onder haar nagels had laten zitten – dat zou hem misschien afschrikken. De bewaker hief zijn bamboestok en mikte op haar bovenbenen. Voor hij kon slaan, stond ze al buiten de loods, rende de koeienwei over waar iedere morgen het appel werd gehouden met het hijsen van de Japanse vlag en het buigen voor de keizer, en meldde zich bij de commandopost, het stenen huis waar Yamadji zetelde.

Het was de ordonnans die haar binnenliet. De deur zwaaide open en ze zag Michieltje staan, voor het bureau van de commandant. Schrik kon ze het niet noemen, het was alsof al haar spieren in één keer verlamden toen ze hem daar zo hulpeloos zag staan. Moest hij ook bij de kampcommandant aan tafel verschijnen?

Iedere middag wanneer ze in de tuin moest werken, leverde ze Boris en Michiel bij de kleuterleidsters af. Enige ervaring in het onderwijs hadden de juffen niet, hun enige taak was de jongste kinderen bezig te houden terwijl hun moeders het kamp draaiende hielden door groenten te verbouwen, water te halen, pap te koken of zieken te verzorgen. Door een spelletje of een verhaaltje probeerden de juffen de peuters iets bij te brengen. Een schooltje kon je het niet noemen, alles gebeurde in de openlucht, er was geen enkele voorziening, geen bord, geen krijt, maar door bijvoorbeeld tikkertje te spelen, leerden ze de peuters tellen. De voertaal was Maleis; onderling spraken de kinderen ook Maleis.

Boris en Michieltje gingen er niet graag heen. Vanaf dag één in het kamp waren ze bang voor andere kinderen, misschien omdat ze geen enkele aandrang voelden de vuisten te gebruiken. In die aversie tegen agressie herkende Olga Han, die zelfs wanneer hij witheet was geen vuist balde en in geweld het bewijs van geestelijke onbeholpenheid zag. Een intelligent mens gebruikte volgens hem zijn tong, of verzonk in gepeins.

Ze boog diep. Zo verlangde Yamadji het: niet alleen met het hoofd en de schouders maar zo diep dat de rug helemaal bol kwam te staan. De voeten en knieën tegen elkaar en turen naar de tenen, dat was de beste manier om aan een tik met de stok te ontsnappen, want bij iedere buiging stond Yamadji klaar om te meppen. Toen ze weer overeind kwam, zag ze zijn bolle wangen rood aanlopen.

'Kun je niet voor je kind zorgen?'

Hij brulde het uit, en zij zweeg, wetend dat hij uit zijn vel zou springen als ze nuchter zou zeggen dat ze in de allereerste plaats aan zijn bevel moest gehoorzamen om de halve morgen en een groot deel van de middag onder de brandende zon in de moestuin te werken.

Michieltje was aan het oog van de kleuterleidsters ontsnapt, langs de loodsen geslopen en aan de oostzijde van het kamp onder het prikkeldraad door gekropen, zo watervlug dat niemand hem had opgemerkt. Met zijn vierenhalve jaar was hij de enige geweest die het kamp had weten te ontvluchten. Een blamage voor de bewaking, vandaar dat Yamadji zo stond te schreeuwen.

Op zijn blote voetjes was hij naar de dichtstbijzijnde kampong gehold, die toch nog altijd twee, drie kilometer verderop lag. Een Makassaarse vrouw had hem opgevangen. En kennelijk teruggestuurd, dat was haar niet duidelijk.

'Ik geef hem er met de zweep van langs,' gilde de kampcommandant. 'Hem aan zijn haren optillen en hem dumpen in de rivier.' Michieltje begon nauwelijks hoorbaar te huilen. Alleen een beetje gesnuif, terwijl hij in elkaar kromp. En dat vertederde de commandant. Hij greep hem aan zijn hempje beet en trok hem in de richting van zijn moeder. 'Nou, toe maar.' Zijn stem klonk opeens als een hamertje dat tegen vilt slaat. Het ergste komt nog, dacht Olga. Ze zag liever een razende Yamadji dan een flemende. Hij legde zijn hand op Michieltjes schouder. En zei toen zachtjes dat 'het joch' kon gaan. Olga liep achter Michieltje aan, verwachtend dat de kampcommandant haar zou tegenhouden, maar hij draaide zich om en leek al bijna vergeten wat er was voorgevallen.

Pas buiten hervond ze haar adem. Ze vroeg Michieltje waarom hij ontsnapt was. *'Mereka tidak baik di sini.'* ('Ze zijn hier niet aardig.') Wie? *'Askar-askar itu.'* ('De soldaten.') Nou, daar had hij groot gelijk in, en ze moest erom lachen. 'Mallerd.'

Die nacht sliep Michiel onrustig, de volgende nacht lag hij te gillen. Olga besloot voorlopig niet meer te bridgen en net als Michiel en Boris om acht uur te gaan slapen. Vanuit haar brits zocht ze de hand van Michieltje, maar ook als ze die de halve nacht vasthield, woelde en kermde hij in zijn slaap.

'Ik begreep dat er tijdens zijn vlucht iets was gebeurd dat hem doodsbang had gemaakt,' vertelde mijn moeder me.

Of ze uiteindelijk te weten kwam wat dat was geweest, zou een geheim blijven dat ze meenam in haar graf. Ik hoorde er jaren na haar dood bij stukjes en beetjes over, van Michiel zelf en van de mensen die hem van zijn trauma probeerden af te helpen.

De Makassaarse vrouw die zich in de kampong over hem had ontfermd, had hem te eten en te drinken gegeven. Ze had hem een 'arm, mager kereltje' genoemd, en dat waren de enige woorden die hij in het Makassaars zou onthouden. Hoewel hij heel dapper was – dat woord zou hij vergeten – zou hij, zei de vrouw, naar het kamp moeten terugkeren. Anders zouden ze zijn moeder straffen. Michiel geloofde dat niet direct; toen zei de Makassaarse vrouw, ongetwijfeld met de beste bedoelingen en alleen om hem aan te sporen haast te maken: 'Anders hangen ze je moeder op.'

De vrouw vergezelde hem naar het kamp. Niet helemaal tot aan de poort, ze was als de dood voor de Japanners en vreesde represaille. Op een meter of honderd van de toegangspoort gaf ze Michieltje een duw in de rug, draaide zich om en maakte dat ze wegkwam. Nog voor hij de poort had bereikt, werd hij door Negenenhalf ingerekend.

In zijn latere nachtmerries zou hij drie vrouwen aan de galg zien hangen. Ik zocht het destijds na: niet één vrouw is opgehangen in Kampili. Mishandeld, gemarteld, ja, maar niet opgehangen. Voor Michiel bleef het echter een realiteit: drie vrouwen aan de galg, de middelste zijn moeder. Ik hield het voor een waan, tot ik recent in een verslag las dat in de nabije kampong drie Makassaarse vrouwen waren opgehangen vanwege smokkel op grote schaal. Hij moet er iets over gehoord hebben, of iets van gezien. Hoe het precies zat was echter verdwenen in de jungle van zijn donkerste herinneringen, want zo woekert oorlog voort, je haalt gebeurtenissen door elkaar, weet niets meer zeker, wat blijft is angst die tempert en dan weer oplaait, als het janken van de wind bij een storm.

14

Yamadji wilde een feest. Het was weer een van zijn grillen: het ene moment sloeg hij een vrouw zonder dat hij zelf precies wist wat ze had misdaan, het volgende wilde hij een feest. Het einde van het jaar naderde, de regen kwam niet langer met bakken uit de hemel, de modderpoelen in het kamp droogden langzaam op tot korsten in de aarde, de natte moesson trok naar het oosten. Het jaar was moeilijk geweest, vrijwel geen dag zonder Amerikaanse vliegtuigen die laag over kwamen en dicht in de buurt hun bommen lieten vallen. Het aantal zieken nam met de dag toe, maar ze leefden nog, en dat moest volgens Yamadji gevierd worden, uitbundig gevierd.

De kampcommandant liet een piano uit Makassar overkomen die nog net niet helemaal opgevreten was door de witte mieren en droeg drie vrouwen op vrolijke muziek uit te voeren. Olga was één van hen. Ze wilde best vermaken met muziek, maar niet in opdracht van de kampcommandant. Dat was zoiets als buigen voor de Japanse vlag tijdens het ochtend- en avondappel. 'Doe het nou maar,' fluisterde Maria haar in het voorbijgaan toe, 'dan bespaar je je een hoop moeilijkheden.' Dien vond hetzelfde: 'Je speelt niet voor de kampcommandant maar voor ons en je beurt iedereen op.'

Het feest zou op nieuwjaarsdag 1945 worden gegeven, als om te vieren dat ze op die eerste januari aan hun vierde oorlogsjaar zouden beginnen. In de namiddag een partijtje voor de kinderen met poppenkast, in de avond dansen en zingen voor iedereen.

Alsof het een bijkomstigheid betrof, prikte Yamadji op 31 december een briefkaart op het witte bord bij de commandopost. Een kaart met de namen van vierendertig mannen die recentelijk in het mannenkamp op Midden-Celebes waren overleden. Yamadji had die briefkaart, afkomstig van de kampoudste, al een week in bezit, maar koos juist de oudejaarsdag uit om de namen bekend te maken. Vierendertig namen, onder wie Diens man, ds. J.J. Verdenius.

Olga hoorde het nog eerder dan Dien en kreeg een flauwte. Toen ze bijkwam, zei ze: 'Laat mij het haar vertellen.' Ze nam Dien apart, ging naast haar zitten op de brits, omklemde haar gevouwen handen met haar handpalmen, en hoefde niets meer te zeggen. 'Ik begrijp het al,' zei Dien, 'maar hoe vertel ik het mijn kinderen?' Olga zei dat het niet uitmaakte hoe precies, maar dat ze het wel snel moest doen. 'Anders horen ze het van iemand anders en dan wordt het een schok waar ze nooit meer overheen komen.' Dien knikte en begon toen ingehouden, bijna geluidloos te huilen. Zo kende Olga haar: als iemand die nooit haar waardigheid verloor. Maar ze zag haar ook beetje bij beetje ineenkrimpen tot een zielig hoopje mens, en dat verdween pas toen ze haar kinderen onder ogen kwam. Toen rechtte ze haar rug alsof ze op dat allerdroevigste moment besefte dat het voortaan haar enige taak zou zijn haar kinderen de oorlog door te slepen, en alles wat er na de oorlog komen zou.

Als iemand beheerst en gedistingeerd was, dan was het tante Dien – zo zou ook ik haar leren kennen. Maar ik had altijd begrepen dat het mijn vader was geweest die haar direct na de oorlog op de hoogte had gebracht van de dood van zijn vriend en kampgenoot. Dat bleek niet zo te zijn, hij had haar ingelicht over de *omstandigheden* waaronder zijn vriend was gestorven. Het feit zelf had Dien op die oudejaarsdag van 1944 vernomen, terwijl de voorbereidingen voor het feest in volle gang waren. Wranger kon het niet, absurder evenmin.

Yamadji wilde het feest coûte que coûte laten doorgaan. Mevrouw Joustra vond dat een slecht idee, wreed, inhumaan, en weigerde iedere medewerking. Waarop Yamadji schreeuwde: 'Laten die bedroefde vrouwen zichzelf helpen.' Als het feest zou worden afgelast, zou hij de eerste januari als werkdag laten gelden en zou hij het extra voedsel dat de vrouwen op die dag zouden krijgen aan de varkens voeren. Mevrouw Joustra hield voet bij stuk en zei dat het harteloos was om het verdriet van zoveel vrouwen in het kamp te negeren. 'Onder het verdriet van een paar vrouwen hoeft toch niet tachtig procent van het kamp te lijden?' luidde zijn verweer. 'Maar toean,' riep ze hem toe, 'vijf, zes, zeven vrouwen in het kamp zijn op één dag weduwe geworden. En iedereen kent de doden.' Hij grijnsde haar toe. 'Nou en?'

Nee, feesten zouden ze, en hij duldde niet langer tegenspraak. Toen mevrouw Joustra desondanks bij haar weigering bleef, onthief hij haar uit haar functie en droeg de dagelijkse leiding van het kamp over aan mevrouw Valderpoort, een maatregel die hij vijf maanden later terugdraaide omdat hij genoeg had van 'dat mens van Ambon' dat hem altijd tegensprak.

Het feest ging door, een soort kermis, en 's avonds muziek en dansen. Olga was er niet bij. Nadat ze geweigerd had ook maar één toets van de piano aan te raken, had een heiho haar twee stokslagen toegediend, waarna ze zich samen met Dien en de kinderen in loods 10 had teruggetrokken. In de verte klonken liederen die haar zo vaak hadden opgebeurd en die ze nu niet meer kon horen. Ze zocht naar woorden die Dien konden troosten, en vond ze niet.

Die nacht zag ze Han met een lijkbleek gelaat zijn laatste woorden zeggen. Ze werd schreeuwend wakker; het was toen Dien die haar moest kalmeren.

Het feest was een groot succes, althans, zo staat het in verschillende dagboeken en verslagen beschreven. De discrepantie met de rouwenden was lang niet iedereen opgevallen, de kinderen waren gelukkig met het beetje extra suiker dat ze op de nieuwjaarsdag kregen. Yamadji had genoten van de zang en dans, floot *On A Little Bamboo Bridge / By the rivers of Kalua*, een liedje van Louis Armstrong dat een paar meisjes hadden gezongen, begeleid door een pianiste die er kennelijk lol in had gehad om iets luchtigs te spelen. De kampcommandant was in een opperbest humeur en noodde weer een vrouw bij zich aan tafel. Waarop de geruchtenstroom van vooraf aan kon beginnen. Hij wilde ook steeds vaker kinderen om zich heen, als een echte pater familias, en wilde een van die kinderen, Ineke, een meisje van zes, adopteren. Ze moest 's middags bij hem aan tafel verschijnen en 's avonds; haar moeder moest haar dan wakker maken en bij hem brengen. Want Ineke was het enige kind 'dat naar hem lachte'.

Hij informeerde ook weer of sommige vrouwen niet vrijwillig naar Makassar wilden en verhoogde de compensatie tot algehele vrijstelling van werk. Iedere keer wanneer hij een nacht in Makassar had geboemeld, kwam hij daarop terug. Hij wilde in een goed blaadje komen bij zijn superieuren. Toen hij uit Makassar terugkeerde met het bericht dat hij tot tweede luitenant was bevorderd, nodigde hij zeven vrouwen bij zich aan tafel uit en maakte hij zelf op een primus Japanse gerechten klaar. De commandant dronk die avond zoveel sake dat hij zijn gasten verklapte hoe bang hij was geweest om naar het front te worden gestuurd. Aan de zeven vrouwen, onder wie Ans, die langzamerhand zijn vertrouwenspersoon was geworden, en Lizzy en Noor, zijn favorieten, had hij provocerend zijn grootste tegenstander toegevoegd, mevrouw Valderpoort, die maar al te graag was gekomen, omdat ze dan eindelijk iets eetbaars op haar bord kreeg. Ze had zich niettemin slecht op haar gemak gevoeld, 'want als hij aardig doet, moet je je voorbereiden op het ergste'.

15

Maar zo simpel lag het niet; niemand kon het gedrag van de kampcommandant voorspellen. Soms gaf hij blijk van een vooruitziende blik en verraste hij met een maatregel die voor iedereen goed uitpakte. In het geheim liet hij een noodkamp bouwen, voor het geval de brandbommen de barakken van Kampili in de as zouden leggen. Met de werkzaamheden werd in november 1944 begonnen, nadat een formatie bommenwerpers huiveringwekkend laag over het kamp was gescheerd en een paar lege bierflesjes naar beneden waren gekomen – het hadden bommen kunnen zijn. De bouw duurde maanden en niemand in het kamp wist precies wie het karwei klaarde. De loodsen – tien grote en zesendertig kleinere – verrezen een kilometer of zes landinwaarts en waren alleen bij helder weer te zien. Net als de huizen in de kampongs staken ze boven het drassige land uit en stonden op palen, een goede remedie tegen het klamme vocht. Het noodkamp, dat onder hoge bomen lag verscholen, zou nog maandenlang een schimmige vlek aan de horizon blijven, maar toen de nood aan de man kwam, bewees het zijn dienst, ook al bleken de daken toen zo lek als een mandje te zijn en ontbraken de latrines.

Tussen het oude en het nieuwe kamp liet Yamadji een

moestuin aanleggen die veel omvangrijker was dan de oorspronkelijke. De kamparts had hem er eindelijk van overtuigd dat met meer groenten in het eten het aantal zieken zou verminderen en de kans op besmetting zou afnemen. Na een tyfusaanval, die hem tien dagen aan het bed kluisterde, liet Yamadji de *kasbie*-tuin in gebruik nemen en stelde mevrouw Jeanne Marie van Diejen-Roemen als tuinhoofd aan.

Ik veronderstel dat Olga van de oude naar de nieuwe moestuin is overgeplaatst. Ze zal vrijgesteld zijn geweest van het werk in de sawa's, nog altijd vanwege de trombose in haar benen, en voornamelijk in de 'droge tuin' zijn ingezet. Ook Maria moest in die tuin schoffelen, harken, spitten en wieden, wat ze gegeven de omstandigheden de best denkbare taak vond; ze hield van alles wat groeide en bloeide en zag in ieder blaadje een tekening.

Jeanne Marie van Diejen hield de wind eronder, velen verfoeiden haar en maakten haar voor een slavendrijver uit, 'even erg als de jap'. Ze had het grootste deel van haar leven op de Molukken doorgebracht en stond toen ze in het kamp kwam zo goed als buiten de blanke gemeenschap, wat haar ergernis verklaarde over 'verwende dames', die al moe waren voor ze een spade in de grond hadden gezet. Jeanne vreesde de toorn van Yamadji, die onder steeds grotere druk van zijn superieuren in Makassar kwam te staan, onder andere vanwege de levering van groenten en vlees voor de officiersmess in Makassar. Ze moest presteren, anders zou ze het volgende slachtoffer zijn van zijn grillen. Feitelijk hoefde ze niets te vrezen; ze wist meer van inheemse planten en vruchten dan menig tropisch agronoom en maakte de tuin tot een snel succes.

Op een morgen moest Jeanne van Diejen bij de kampcommandant komen. Yamadji kondigde hoog Japans bezoek aan en hoopte goede sier te maken met een tentoonstelling van tekeningen – hij zei: prenten – van groenten en vruchten die in de tuin werden verbouwd. En ja, er was er maar één in het kamp die dat echt goed zou kunnen: de opdracht moest beslist naar Maria gaan. Hij wees op het didactische nut, de kinderen zouden op deze wijze de namen van de groenten en vruchten leren kennen en door de tekeningen de verschillende planten kunnen onderscheiden. Op de vraag van mevrouw Van Diejen wanneer de tentoonstelling ingericht moest zijn, zei hij: 'Morgenmiddag.'

In een noodtempo begon Maria te tekenen. Een vel was nog niet vol en de vegen aquarel waren nog niet droog of de vrouwen van de tuinploeg renden met het resultaat naar de houten schotten die aan de rand van het kamp waren opgesteld. Ik zie Olga met zo'n tekening naar het veld snellen waar de expositie zou worden gehouden, en dat vervult me van een eigenaardig blij gevoel, alsof ik dicht bij haar ben en haar opluchting voel: even had ze iets anders aan haar hoofd en hoefde ze niet bang te zijn voor wat dan ook.

Maria gaf iedere tekening een titel mee die ze in duidelijk leesbare blokletters onder op het vel schreef. De eerste tekening – we weten niet precies wat die voorstelde, de tekening is verloren gegaan – was flets en schetsmatig; de opdracht had haar kennelijk overvallen en ze wist nog niet goed in welke richting ze het moest zoeken. Bij de tweede tekening, 'Ketimoen op de sawah', ging het beter, bij de derde, 'Laboe op de sawah', vond ze haar vorm. Aan 'Terong op de sawah' en 'Kadjang Pandjang op de sawah' gaf ze meer reliëf mee, het was alsof de spanning van haar was afgevallen en ze er lol in kreeg. Ze maakte in totaal tien tekeningen met als sluitstuk 'Ploegen van de sawah's bij de Kasbie tuin'.

Ketimoen is komkommer, *laboe* een geelgroene, peervormige vrucht met een rimpelige schil die tussen bloesem aan een struik hangt, *terong* is Indische aubergine, lila paars, die Maria met tak en bloem tekende, *kadjang pandjang* kousenband, een peul die eigenwijs tussen de bladeren en opgebonden takken uitsteekt, met een vrouw met hoofddoek op de rug gezien en een achtergrond van bergen aan de horizon. In 'Koelietjes in de kang koeng veld' komen figuurtjes voor, vrouwen met parasolhoeden en kindertjes in het hoge gras, alles lijkt op die tekening te gaan leven – *kangkung*, waterspinazie of waterwinde, groeit net als rijst in het water of in het moeras, de holle stengels kunnen op het water drijven.

Yamadji gaf op 1 januari 1945 opdracht om een tentoonstelling te organiseren, op de dag die volgde na het grote feest; misschien dat er daarom weinig gewag van is gemaakt in de dagboeken. De meeste gevangenen waren met hun hoofd nog bij oud en nieuw, en letten niet op de vrouwen die met potloodtekeningen heen en weer renden tussen kas-

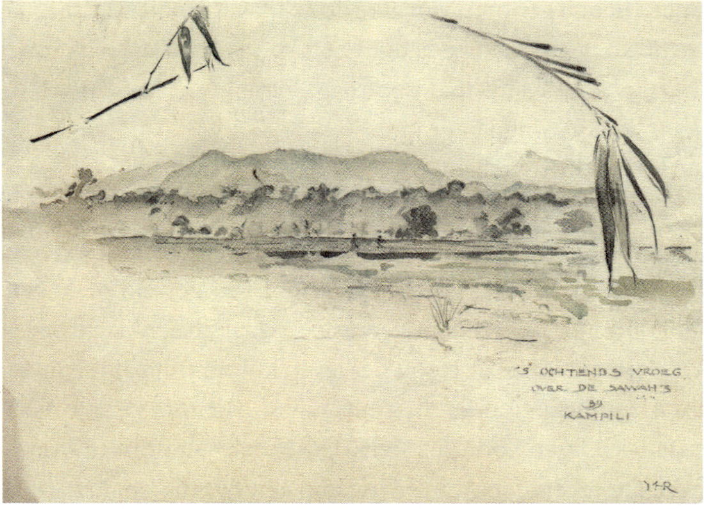

Maria Hofker-Rueter, *'s Ochtends vroeg over de sawahs bij Kampili*, 1944.

bietuin en de borden waarop de foliovellen met punaises werden vastgeprikt. Pas door het verschijnen in 2002 van *Ibu Maluku: The Story of Jeanne Marie Van Diejen-Roemen*, de door Ron Heynneman opgetekende memoires van mevrouw Van Diejen, kwam het verhaal over de inderhaast georganiseerde expositie naar buiten. Toen bleek ook dat Jeanne Marie van Diejen de tekeningen haar hele leven lang in bezit had gehouden. Een paar jaar voor het verschijnen van het boek had ze, inmiddels tweeënnegentig jaar oud, contact gezocht met de inmiddels even stokoude Maria. Ze bekende haar dat ze nog vaak naar die tekeningen had gekeken. Menigmaal, schreef ze, waren ze een manier geweest om die tijd weer op te roepen en ook de goede dingen ervan te proeven. In Nederland begrepen maar weinig mensen wat de vrouwen en kinderen in Japanse gevangenschap hadden meegemaakt, het kamp was iets geweest dat 'van ons allen een ander mens heeft gemaakt, soms ten goede, maar meestal wel van bittere aard'. Ze besluit haar brief aan Maria met: 'Ik heb genoten van elke dodelijk vermoeiende dag van strijd met mijzelf want die heeft me gehard en wijzer gemaakt.' En besluit met de vraag: 'Hoe komt het dat wij elkaar zo volkomen begrijpen?'

Het kwam wellicht door Maria's blik op het kampleven. Op haar tekeningen is geen bewaker of uniform te zien. Alleen vrouwen die de planten opbinden en de takken snoeien. Niets geen ellende, geen enkel teken van geweld of knechting. En juist die vredige sfeer is de zwaarste aanklacht tegen de oorlog: zo idyllisch zou het leven kunnen zijn als eenieder zich zou bezighouden met het meest essentiële van het bestaan – zorgen voor gezond voedsel dat helpt om te overleven. De tekeningen van Maria zijn een hymne op de natuur. Vertrouw op al het goede dat zij voortbrengt, lijkt ze te willen zeggen, en in de voorlaatste tekening laat ze een paar eendjes klein en onschuldig als tere baby's pap eten.

Het viel in de smaak bij het hoge Japanse bezoek. Het was ook bijna shintoïstisch: natuur gestileerd naar de eisen van de esthetica. Bij de borden waren de afgebeelde planten gezet, zodat de kunstzinnige weergave vergeleken kon worden met een voorbeeld uit de werkelijkheid. Mevrouw Van Diejen en de volledige tuinploeg moesten acte de présence geven. Maar het hoofd van de Japanse delegatie stelde alleen aan Maria een vraag. De viceadmiraal wilde weten waar ze vandaan kwam. Onder het keurend oog van Yamadji boog Maria precies zo diep als voorgeschreven was en zei: 'Uit Bali.' Dat scheen indruk te maken op de officier, want hij herhaalde een paar maal: '*Dari Bali. Dari Bali...*'

Het was al bijna donker toen de delegatie vertrok in drie zwarte limousines. Yamadji leek niet gerustgesteld door de complimenten die hij had gekregen, zag ze misschien toch als een voorbode van overplaatsing of een andere maatregel die hem zou straffen omdat hij nog steeds geen grote aantallen vrouwen naar Makassar had gestuurd. De volgende dag ranselde hij een koelie af die stiekem water bij de melk had gedaan, in de dagen daarop sloeg hij dokter Marseille omdat vier kinderen er slecht aan toe waren terwijl er nu toch verdorie voldoende groente in het voedsel zat. 'Je hebt me voorgelogen,' riep hij de dokter toe. 'Het maakt helemaal niets uit.' Een week later was hij dat alweer vergeten en vroeg hij of de dokter hem wilde leren dansen, zoals hij het de oudere meisjes had zien doen. Hij kon er niets van, bewoog als een hork en gebood de dokter met de pastoor te dansen, zodat hij kon toezien hoe het moest. De vrouwen die erbij waren vroegen zich af of dit niet de zoveelste vernedering was die hij in petto had. Het was in ieder geval om je gek te lachen.

De commandant vaardigde een nieuwe order uit: 'Zij die geruchten verspreiden zullen gestraft worden.' Hij verordende dat eenieder tussen de twaalf en vijftig jaar honderd vliegen moest inleveren, wie het aantal niet haalde kreeg een week lang geen korrel suiker. Hij vroeg tot driemaal toe het meisje met blonde vlechten aan tafel, tot razernij van haar moeder. Om haar het zwijgen op te leggen, sloeg hij de moeder ongenadig hard en tierde dat ze 'sedekit hysterie' was, compleet hysterisch. Maar het meest verontrustende was misschien wel dat hij zich steeds beter ging verzorgen, zijn snor bijknipte, zijn laarzen poetste, dat hij steeds vaker de avond en de nacht in Makassar doorbracht, pas de volgende middag naar het kamp terugkeerde en tijdens het avondappel steeds langer naar de vrouwen stond te gluren, alsof hij naar nieuwe kandidaten zocht.

16

De Amerikaanse bombardementen van 17 en 19 juli 1945 zorgden in één opzicht voor verlichting, althans voor veel vrouwen en moeders. Vrijwel het gehele kamp werd verwoest, er vielen zeven doden en veertien zwaargewonden, het vuur zoog zoveel zuurstof aan dat het hard begon te waaien, de barakken brandden als fakkels. Het waren de afschuwelijkste uren uit de oorlog, maar aan één ding kwam tenminste een eind: het lijdzaam toezien.

In de volgende dagen namen de gevangenen hun intrek in het noodkamp, dat de idyllische naam Boskamp kreeg. Maandenlang hadden ze het heel in de verte zien verrijzen, maar ze waren toch verrast dat Yamadji een complete kopie van Kampili had laten bouwen. Alleen waren er geen latrines aangelegd, waardoor het er binnen enkele dagen een smerige troep was. Ook de schuilgangen ontbraken, terwijl het luchtalarm bleef afgaan, soms wel drie keer per dag. De Liberators kwamen nu ook 's nachts laag over en bestookten stellingen rond het kamp. De andere zorg was om aan de laatste beetjes eten te komen en aan een paar slokken gekookt drinkwater.

Yamadji nodigde geen vrouw meer uit en keek wazig over de hoofden van de kinderen heen. Het moment dat de oorlog voor hem definitief verloren was naderde, en hij begon zich zorgen te maken over wat komen zou. Ondanks de dikke betonnen muren in de schuilkelder onder zijn woning moet hij voor zijn leven hebben gevreesd, en de verwoesting van het kamp moet hij als een voorproefje van de totale ineenstorting van het Japanse imperium hebben gezien. Hij kalmeerde niet, kreeg de ene na de andere woedeaanval, maar het bleef bij een machteloos schreeuwen en brullen.

Onder de vrouwen heerste verontwaardiging, ditmaal niet tegen hem of tegen de Japanners, maar tegen de Amerikanen. In de week voor het bombardement waren duikbommenwerpers van het type P-38 erg laag over het kamp gekomen, zo laag dat vanaf de grond de piloten duidelijk zichtbaar waren geweest. Omdat het alarm in het kamp laat was afgegaan, waren er nog vrouwen en kinderen buiten de loopgraven. Ze zwaaiden naar de toestellen, veronderstellend dat de bevrijding nabij was. De piloten zouden dat opgemerkt hebben en de bommen niet hebben laten vallen. Maar een paar dagen later kwamen de vliegtuigen terug en wierpen alsnog hun brandbommen af. De Amerikanen wisten toen wel degelijk wie en wat ze bestookten: een burgerkamp dat zoveel vrouwen en kinderen telde dat er onvoldoende plaats was in de schuilplaatsen.

Ze wisten dat al een maand of zeven. Bij het bombardement van november 1944 waarbij de bommen net nåást het kamp vielen, schoot het Japans luchtafweergeschut twee B-17 Flying Fortresses uit de lucht. In het ene zaten negen Amerikanen, twee piloten, één bommenrichter, één rugschutter, één navigator, twee schutters aan stuur- en bakboord, één buikschutter en één staartschutter, allemaal dood; in het andere negen Australiërs, van wie er nog drie in leven waren.

Yamadji woonde de verhoren bij, in het ziekenhuis van Makassar.

'Weten ze in Australië dat Kampili een vrouwenkamp is?' vroeg hij aan de oudste van de drie, de boordcommandant.

'Ja,' zei hij, 'dat weten we in Australië en we houden er rekening mee.'

'Dus we hoeven niet meer bang te zijn,' zei Yamadji.

'Nee, dat hoeft niet.'

Niettemin kwamen de vliegtuigen terug en bestookten doelen tot vlak bij het kamp.

'Zag u ons?' vroeg een jongen uit het kamp na de oorlog aan een vliegenier. 'Allicht,' was zijn antwoord, 'we waren zo dichtbij dat ik jullie een hand had kunnen geven.'

Op 17 en 19 juli waren het niet een paar bommen geweest die per ongeluk waren afgeworpen; bij het eerste bombardement kwamen er meer dan drieduizend naar beneden, bij het tweede meer dan tweehonderd. Vanuit de schuilgangen moeten de ontploffingen en de sissende napalmvlammen zo diabolisch zijn geweest dat een dagboekschrijver meende dat 'ze wel tienduizend bommen gooiden'.

De gevolgen waren afschuwelijk. Ik weet het van mijn broers, maar om de een of andere reden is het overtuigender als je het uit de mond van iemand hoort die je niet kent. Dick Brune was een van de oudste jongens in het kamp, en een van de langste, hij stak een kop boven de andere kinderen uit. Dick, zoon van de burgemeester van Makassar, bleef zijn hele verdere leven, tot ver in de tachtig jaar, de naderende jachtbommenwerpers horen. 'Ze vlogen een rondje boven het kamp en kwamen even later terug om hun brandbommen te gooien. De angst voor het onvermijdelijk naderende gevaar was krankzinnig makend: je wist dat de aanval kwam en je kon niet weg.'

Ook mijn broers zouden die naderende bommenwerpers hun hele leven blijven horen. De bewering van de Amerikaanse legerleiding dat het doel van het offensief het bestoken van Japanse stellingen of wapendepots was die zich onder de bamboe barakken bevonden (vandaar de brandbommen), diende als een rechtvaardiging achteraf. De Amerikanen wisten verduveld goed dat de napalmbommen met fosforontsteking tussen vrouwen en kinderen terechtkwamen, met gruwelijke verminkingen of de dood als gevolg, en wilden de Japanners slechts duidelijk maken dat ze, in de apotheose van een verbeten strijd die in Pearl Harbor was begonnen, nergens voor terugdeinsden. Bij de herhaalde aanvallen maakten ze relatief weinig dodelijke slachtoffers maar ze tekenden een massa mensen voor het leven. De hartproblemen van mijn moeder moeten toen begonnen zijn, en ook bij Boris en Michiel resulteerden alle opgekropte spanningen uiteindelijk in hartoperaties. Boris kreeg twee nieuwe hartkleppen; dat hij ondanks die zware ingreep drie pakjes sigaretten per dag bleef roken, maakte duidelijk hoe diep de angst was gaan zitten. Vrijwel alle jongens uit het kamp werden kettingrokers. Ook Dick Brune, die echter tijdig stopte om zijn reputatie als eminent cardioloog niet op het spel te zetten.

Olga kwam op een lumineus idee: een doek met in koeienletters DUTCH WOMEN. Na de verhuizing naar het noodkamp spreidde ze het met enkele vrouwen boven de geblakerde restanten van het oorspronkelijke kamp uit. Volgens mevrouw Joustra, die opnieuw tot kampleidster was gemaakt, was het niet een doek maar een Nederlandse vlag. Het mocht niet baten, de bommenwerpers keerden terug en bestookten doelen vlak bij het Boskamp.

Mevrouw Valderpoort noteerde in haar dagboek, nadat om negen, twaalf en drie uur het alarm was afgegaan en er bommen vielen op het vliegveld en op de vlak bij het kamp gelegen huizen: 'Pijnlijk is steeds weer de gedachte: Daar komen onze vliegtuigen, dus is er gevaar. Terwijl we rustig doorgaan met het werk als we een Japans vliegtuig horen.'

Een oudere jongen raakte tijdens het bombardement zijn beide broers kwijt. Hij vond ze terug, maar de zoektocht, tussen de brandende barakken door, zou hij zich iedere nacht blijven herinneren. Hugo was een slimme jongen, studeerde twaalf jaar later cum laude af in de wis- en natuurkunde, maar deed helemaal niets met zijn opleiding. Bijna als een protest nam hij duffe baantjes aan. Hugo was een jaar of veertig toen hij besloot te achterhalen wie opdracht had gegeven tot de bombardementen, welke generaal of admiraal, welk hoofdkwartier, welke eenheid. Hij ging daarmee door tot aan zijn dood in 2004. Zonder resultaat. Hij had het niet kunnen vinden. Of niet wíllen vinden, niet echt althans, omdat de Amerikanen hoe dan ook de bevrijders waren geweest.

Het Amerikaanse luchtoffensief – het is echt niet moeilijk om dat uit te zoeken – werd uitgevoerd door de Far East Air Forces, een samenvoeging van de 5de Air Force, de 7de en 13de Air Force. De eenheid stond onder bevel van generaal George Churchill Kenney en kreeg vanaf 1943 assistentie van de RAAF, de Royal Australian Air Force. Het verkrijgen van een luchtoverwicht was de essentiële voorwaarde voor de opmars van de geallieerden onder bevel van generaal Douglas MacArthur. Voor hij Celebes en Borneo met bommen bestookte, had generaal Kenney in maart 1943 zijn sterren verdiend door met 114 bommenwerpers en 54 jagers een Japans konvooi aan te vallen dat troepen vervoerde naar Lae op Nieuw-Guinea. Tussen de drie- en zevenduizend Japanse militairen lieten tijdens die aanval het leven. Bij het volgende wapenfeit, de Slag om Hollandia, schakelden de luchteenheden van Kenney in april 1944 binnen enkele dagen vierhonderd Japanse vliegtuigen uit. Hij kon daarom wel een potje breken bij generaal Douglas MacArthur.

Kenney streefde een volledig overwicht in de lucht na, alles moest voor dat doel wijken. De bombardementen op Celebes werden uitgevoerd vanuit Noord-Molukken en Nieuw-Guinea; ze waren slechts een tussenstap naar de grote, beslissende offensieven om Borneo en de Filipijnen. Op weg naar Balikpapan mochten de geallieerde bommenwerpers niet gehinderd worden door Japans luchtafweergeschut op Celebes of door Japanse jagers die vanaf vliegvelden nabij Makassar, Parepare en Menado opstegen. Alles in de buurt van die Japanse bases moest daarom worden platgebombardeerd. Vanuit strategisch oogpunt was het volstrekt logisch, maar het onbehoorlijke van strategieën is dat ze geen rekening houden met mensen, en al helemaal niet met mensen achter prikkeldraad die geen kant op kunnen.

Vlak voor ze een schuilgang in dook, zag Olga in een flits, terwijl ze haar beide jongens onder haar armen hield en rende voor het leven, Maria. Ze herinnerde het zich drie, vier dagen later. Toen de ergste schrik was overgegaan in een sprakeloze vorm van verbijstering, de penetrante geur van zwavel en napalm na een stevige regenbui was weggetrokken en ze met z'n allen naar het noodkamp waren overgebracht, zag ze het terug, als een journaalfilm. Maria was even blijven staan om op adem te komen. Haar anders zo milde blik, de blik van iemand die alles goed overdacht en nooit tot een oordeel kwam zonder te wikken en te wegen, was verstard tot afschuw en ontzetting. Achter haar schoten de vlammen door het bladerdak van de loodsen heen, en ze stond daar alsof ze met stomheid was geslagen. Ze had niets in haar handen, niets, en alleen dat drukte haar gezicht uit: niets meer, niets, helemaal niets. Olga begreep onmiddellijk wat ze verloren had: haar tekeningen, haar aquarellen, haar werk, dus de reden van haar zijn. Ze had naar haar toe willen lopen, haar hand willen beetgrijpen, maar ze had de jongens hoger onder haar armen vastgeklemd en was weggerend.

17

Rond het noodkamp stond geen afrastering. Dolle honden, verjaagd uit de verderop gelegen kampongs, konden ongehinderd naar binnen dringen. Een beet betekende bij gebrek aan serum een dagenlang lijden en een wisse dood. Moeders verloren hun kinderen geen seconde meer uit het oog; vaak klonk gegil en dan wist iedereen dat er weer een hondje met schuim op de bek was gesignaleerd. De kleinste honden waren de gevaarlijkste, die glipten door ieder gaatje in de noodbarakken en stoven onder de britsen door.

Olga zag een klein, wit keffertje naderen. Ze wilde schreeuwen maar kreeg geen geluid uit haar keel. In een reflex pakte ze haar jongens op en wierp ze op de hoogste brits. Ze deed dat zo snel en bruut dat de jongste begon te huilen. Het hondje stoof langs haar blote benen, 'ik voelde het kwijl op mijn kuiten'. Ze liep geen beet op en had het gevoel door het oog van de naald te zijn gekropen. De volgende morgen was het hondje terug en viel twee kinderen en hun moeder aan. Alle drie moesten in de ziekenbarak worden opgenomen, alle drie lagen die nacht te ijlen van de koorts.

Er ontstond een collectieve psychose. Yamadji kon schreeuwen wat hij wilde, niemand durfde meer te werken in de moestuin, niemand durfde zich buiten de noodbarakken te begeven. Zelfs de twintig, dertig stappen naar de latrines durfde niemand meer te zetten; vrouwen en kinderen deden hun behoefte in een emmer die ze naast of onder de brits schoven. De stank was niet te harden.

Yamadji deed niets tegen de dolle honden. Hij had een zwaard, een verscheidenheid aan vuurwapens, hij had de beesten kunnen doden, en als hij dat zelf niet wilde doen, dan had hij het de bewakers of de heiho's kunnen opdragen. Maar hij vond het wel grappig om de vrouwen alle kanten op te zien stuiven.

De angst die de kampcommandant wist op te wekken zou velen voor het leven tekenen. Ook als volwassene veranderde Boris in een zoutpilaar als hij door een hond werd verrast. Michiel viel op zijn vijfenvijftigste nog een keer flauw toen een hond blaffend op hem afstoof. Ik zou die angst van mijn beide broers overnemen. Tot op de dag van vandaag loop ik liever een kilometer om dan een niet-aangelijnde hond te naderen.

Jantje Wesseling uit loods 7 werd in zijn elleboog gebeten. De incubatietijd was niet in te schatten, duurde bij de één weken en bij de ander nog geen dag. Toen Jantje bang werd van water en geen vloeistof meer kon zien zonder te gaan schreeuwen, waarschuwde zijn moeder de kamparts. Dokter Marseille schudde het hoofd en mompelde dat het een slecht teken was; dolle honden deinzen voor water terug, een ander woord voor rabiës is 'watervrees'. Jantje Wesseling overleefde de beet niet.

Nelly Filet was een pronte meid van achttien. Ze moest er 's nachts uit. Op weg naar de latrines struikelde ze over een dolle hond die achter loods 9 lag te slapen. Het beest sprong wel anderhalve meter op en beet haar in de lip. Tegen een verwonding op die plek viel niets te doen. Bij een jongen die in zijn bil was gebeten, brandde dokter Marseille de wond weg met een lepel die hij zeker een half uur in het vuur had gehouden. De jongen schreeuwde het hele kamp bij elkaar, maar hij overleefde het. De lip van Nelly kon niet weggebrand worden; dokter Marseille sneed er wel een stuk uit en nam een deel van haar wang weg. Het leek een paar dagen goed te gaan, toen sloeg het gif toe. Haar ogen tolden in haar kassen, even later was ze dood.

Hondsdolheid werd een dodelijke plaag, er moest iets tegen gedaan worden. Maar wie durfde een gevecht met de dood aan dat van tevoren al bijna verloren was?

'Het gebeurde een paar weken voor de vrede,' zou Maria in haar herinneringen schrijven. 'Een jonge vrouw, niet getrouwd, geen kinderen, had jaren achtereen onopvallend haar corvee gedaan.'

Op een avond, er was luchtalarm, en dat kleine, dolle, witte hondje was weer op het terrein, besloot ze samen met een vriendin het beest bij de strot te grijpen en met een vleesmes af te maken. Voor ze het hondje kon kelen, beet het lelijk van zich af, in haar hand, in haar arm, en ze wist dat die beten haar dood zouden betekenen. Er was geen druppel serum in het kamp.

Haar vriendin, die even vaak was gebeten, overleed als eerste. Op een nacht, toen de geallieerde vliegtuigen in de verte ronkten, speurend naar de Japanse stellingen rond het kamp, sprong ze van haar brits op, rende naar buiten en liep de bommen tegemoet. Ze had niet langer willen wachten op de helse pijnen die hondsdolheid veroorzaakt en een snel einde verkozen, in een zee van vuur.

'Ik geloof,' zei mijn moeder, 'dat ik toen dacht dat alleen vrouwen tot grote offers in staat waren en dat ze zich van nature heldhaftig gedroegen, of in ieder geval, dat ze veel meer held waren dan mannen.'

Maar die overtuiging moest ze al spoedig bijstellen. Tegen haar wil, ze was graag blijven geloven dat er in iedere vrouw een Toos school, want zo heette de vrouw van drieëndertig die de hond keelde, Toos Hoogeveen-de Haze Winkelman. Of een Pop Dahler-Voerman, haar drieëntwintigjarige helpster die de bommen tegemoetliep.

Pop was niet meteen dood geweest, een brandbom nagelde haar aan de grond vast. Napalm drong haar lichaam binnen. Ze werd met een Rode Kruisauto naar het ziekenhuis van Makassar overgebracht, waar ze tot aan haar heup geamputeerd werd. Toen ze zich realiseerde hoe ze eraan toe was, wilde ze nog maar één ding: zo snel mogelijk sterven. Ze overleed enige uren later en werd in dezelfde Rode Kruisauto, op een brancard, onder een sarong, naar het kamp teruggebracht, waar ze onmiddellijk begraven moest worden omdat de napalm in haar lichaam een verschrikkelijke stank veroorzaakte.

Na haar dood stuurde de kampcommandant Daantje naar Makassar om serum op de kop te tikken. Hij keerde twee uur later met een paar flesjes terug. Yamadji hield een dosis voor zichzelf en liet Toos slechts met nitraat behandelen. Als reden gaf hij op dat Toos tot tweemaal toe geweigerd had de loods te verlaten tijdens luchtalarm. Ze was niet gehoorzaam geweest en verdiende eigenlijk geen hulp. Maar zelfs als dokter Marseille haar het serum had toegediend, zou ze het niet gered hebben. Yamadji had Daantje eerder naar Makassar moeten sturen, het vaccin tegen rabiës moet binnen vierentwintig uur worden toegediend, anders wordt een beet fataal.

Wat mijn moeder me niet vertelde, was hoe Toos Hoogeveen haar laatste uren beleefde. Ik trof dat in weer een ander dagboek aan, het dagboek van een knaap van om en nabij de veertien.

Toos was, zoals hij schreef, 'een knappe verschijning'. Kastanjebruin, halflang, krullend haar, met een scheiding links. De look van de jaren dertig – ik krijg dat bevestigd door een foto die ik op internet vond. Mooi egaal gezicht, vrolijke ogen.

Toos had wat extra kleren kunnen meenemen naar het kamp, omdat ze de dochter van de gouverneur was, van G.A.W.C. de Haze Winkelman, Gouverneur van de Grote Oost. Een paar jurken had ze in haar koffer kunnen stoppen en een paar schoenen waarmee je op een sociëteit kon verschijnen. En wat helemaal zeldzaam was in het kamp: make-up.

Op 29 juli, drie dagen nadat ze door de dolle hond was gebeten, vierde Toos haar drieëndertigste verjaardag met een bridgeavond. Net als Olga was ze verzot op bridgen, misschien hebben ze mét of tégen elkaar gespeeld, en misschien was Olga aanwezig op haar laatste bridgepartij. Toos had haar mooiste kleren aangetrokken. Een lange, geplooide jurk met korte mouwen en een decolleté dat haar nog mooier maakte dan ze al was. Glanzend zwarte schoenen met hoge hakken. Ze had haar lippen rozerood gestift en haar wangen bepoederd.

Er viel een stilte toen ze, 'als een verschijning uit de high society', de loods binnenschreed waar de bridgers zich rond een gammel tafeltje van bamboe schaarden. Ze was adembenemend. De jurk had ze op 31 augustus 1941 gedragen, op de laatste Koninginnedag voor de oorlog uitbrak, tijdens de receptie die haar vader in het gouvernementspaleis in Makassar had gegeven. Een paar maanden eerder was ze in het huwelijk getreden met Roel Hoogeveen, hij had een witte smoking gedragen en zij die zwarte, glinsterende jurk met ellebooghandschoenen van satijn. Een en al glamour. De handschoenen zouden haar nu van pas zijn gekomen om de beten van de hond in haar armen te verbergen, maar Toos had ze niet meegenomen toen ze haar koffer pakte voor het transport naar het kamp.

De loods stroomde vol met nieuwsgierigen. Er klonk geroezemoes toen ze om een stoel vroeg en vrolijk riep: 'Ik schud de kaarten zelf.' Ze ontlokte een lach toen ze zei: 'Wat jammer dat er nu geen champagne is.' En er direct op liet volgen: 'Geloof me, de oorlog is zo goed als voorbij, we hebben werkelijk iets om te vieren.'

Toos overleed de dag na haar verjaardag, precies een etmaal nadat ze haar laatste bridgepartij had gespeeld, op 30 juli 1945, om zeven uur in de avond. Ze was bij haar volle bewustzijn en bleef ondanks spastische krampen en toevallen tot haar laatste ademgang opgewekt.

Maria constateerde: 'Alle lijden en droefheid was uit haar gezicht geweken.' Zo had ze haar willen tekenen, met een sereen gezicht, als een stralende herinnering aan haar daden. Maar er was geen stukje papier meer in het kamp en ze was al haar potloden kwijt en ze tekende eigenlijk nooit portretten, alleen planten en bomen, bloemen en sawa's, bergen aan de horizon en vogels hoog en vrij in de lucht.

Op 6 augustus 1945 vaagde een atoombom Hiroshima van de kaart, op 9 augustus trof een tweede atoombom Nagasaki.

Sergeant Tadashi Yamadji maakte de Japanse capitulatie op 16 augustus bekend, een dag nadat op alle radiozenders in Azië een boodschap van de Japanse keizer was voorgelezen die de onvoorwaardelijke overgave behelsde. De kampcommandant riep in de namiddag de vrouwen en kinderen bijeen, streek de Japanse vlag en zei dat de oorlog voorbij was. Het kampkoor hief het 'Dankt, dankt nu allen God' aan. Olga was er slecht aan toe, had bijna geen adem meer, maar zong dapper mee.

Op 18 augustus vergezelde mevrouw Joustra de kampcommandant naar Makassar, droeg hem aan de militaire autoriteiten over en verklaarde dat ze sergeant Yamadji erkentelijk was voor de goede behandeling van de gevangenen.

Onbegrijpelijk, vonden veel kampbewoners. Dwaas. Laf. Een dag later keerde ze met Yamadji naar Kampili terug, hij zou helpen bij de overdracht van de bevoegdheden en de veilige terugkeer van de gevangenen naar de burgermaatschappij. De enige voorwaarde waaraan hij moest voldoen was dat hij geen uniform meer zou dragen.

Op 31 augustus woonde hij de viering van Koninginnedag bij, en had hij een wit mariniersuniform aan. Op aandringen van mevrouw Joustra trok hij het jasje met de militaire onderscheidingstekens uit, zodat hij alleen een witte broek en een wit overhemd droeg.

Olga, Boris en Michiel mochten Kampili op 8 september 1945 verlaten na een uitgebreid medisch onderzoek en reden mee met een Australische legerjeep naar Makassar. Twee weken later zagen de jongens hun vader terug, die ze niet herkenden.

De laatste gevangene verliet Kampili op 26 september.

Begin oktober werd Tadashi Yamadji voorgeleid aan de Temporaire Krijgsraad in Makassar. De auditeur-militair – de openbare aanklager – was mr. Chris Soumokil, een vooraanstaand Molukker die tijdens zijn studie in Leiden de Nederlandse nationaliteit had verkregen. Om die reden was hij direct na de Japanse invasie gevangengenomen en als dwangarbeider tewerkgesteld aan de beruchte Dodenspoorlijn in

Birma. In zijn aanklacht tegen Yamadji klinkt daar iets van door: hij beschrijft tot in de details diens 'beulsmethoden'. Yamadji gebruikte bij het slaan bijvoorbeeld een gespleten bamboestok, waarmee hij veel ernstiger verwondde dan met een zweep. De auditeur-militair eiste een forse straf: tien jaar onvoorwaardelijk. Maar 'raakte bevreemd' door een schrijven dat Yamadji tijdens de derde dag van het proces overlegde, dat door 'talrijke dames van Kampili' was ondertekend. Een 'soort dankzegging' omdat de kampcommandant zoveel had gedaan in het belang van de geïnterneerden.

Dankzij die verklaring werd Yamadji vrijgesproken van de meeste oorlogsmisdaden die hem ten laste waren gelegd, zoals onnodige marteling met zwaar letsel tot gevolg en overtredingen tegen weerloze vrouwen. De Temporaire Krijgsraad, die onder auspiciën van de Verenigde Naties oorlogsmisdaden onderzocht en uit een kolonel, een luitenant-kolonel en een burgerrechter bestond, nam de brief in zijn overweging mee en veroordeelde Tadashi Yamadji op 23 mei 1947 tot zeven jaar gevangenisstraf. Drie jaar minder dan de eis van tien jaar onvoorwaardelijk.

18

Olga reageerde verbolgen. Niet eens vanwege de strafmaat maar door de brief en het feit dat Yamadji hem tegen het einde van het proces theatraal uit de binnenzak van zijn kaki jasje had kunnen trekken. Ze was zo boos dat ze er geen woorden voor vond.

Ik weet inmiddels dat zij niet de enige was. Sommige vrouwen van Kampili onderzochten of er geen appel mogelijk was tegen het vonnis van de Temporaire Krijgsraad. Nee, de uitspraak van de krijgsraad was bindend. Een maand na zijn berechting werd Yamadji overgebracht naar de Cipinang-gevangenis in Batavia. Hij verdween uit het zicht. De meeste vrouwen van Kampili waren bezig hun koffers te pakken om Makassar definitief te verlaten. En de Temporaire Krijgsraad hield zich inmiddels met een ander conflict bezig: de oorlog waarmee Nederland een halt probeerde toe te roepen aan een al te snelle onafhankelijkheid van Indonesië.

Yamadji kwam pas dertien jaar later weer in beeld. Door een film. Een speelfilm.

Toen nam de boosheid van mijn moeder tot in het kwadraat toe.

Shiroi Hada to Kiiroi Taicho, 'Blanke huid, gele commandant', kwam in 1960 in Japan uit en vertelt het verhaal van kampcommandant Tadashi Yamadji, die zo goed en kwaad als het ging maar met oneindig veel geduld en een grote mate van medemenselijkheid het vrouwenkamp Kampili op Celebes bestiert. Hij wordt belaagd door de gevangenen maar weet kranig uit de armen van de begeerlijke witte dames te blijven, die alles overhebben voor een extra bord rijst. Een van de vrouwen trekt een mes uit haar gekreukte kaki pakje maar hij weet haar met een glimlach te bezweren, toe maar meisje, ik heb het beste met je voor, laat dat mes maar vallen. Aan het einde van de film wordt sergeant Yamadji tijdens het proces in Makassar vrijgesproken, onder toejuiching van de vrouwen uit Kampili die de publieke tribune bevolken.

Dat de vrouwelijke rollen in de speelfilm door personeel en familieleden van de Amerikaanse ambassade in Tokio werden gespeeld, zal mijn moeders verbolgenheid tot het kookpunt hebben gebracht. De rol van de kampcommandant, van de Bolle, van Bokè het Varken, was weggelegd voor Minoru Ōki, de Japanse Alain Delon. Een knappe, gespierde jongeman, het ene moment in hemd zonder mouwen, het andere in uniform met anker op de mouw, met altijd een blondine in de nabijheid in een laag uitgesneden zwarte onderjurk waarvan het ene schouderbandje al op de bovenarm hangt en het andere alleen nog vluchtig naar beneden hoeft te worden geschoven...

Hoe hitsig dat was zag ik in de *Panorama*, die een serie foto's uit de film publiceerde, een beduimelde *Panorama* vol krassen en woedende strepen die ik op mijn twaalfde of dertiende in het nachtkastje van mijn moeder aantrof, en die ik een paar dagen na haar dood terugvond, in hetzelfde nachtkastje.

Het artikel in *Panorama*, toen nog een blad dat mannen bij de kapper lazen, veroorzaakte een lawine aan protesten. De

Nederlandse ambassadeur in Japan protesteerde tegen de teneur van de film, maar de Nederlandse parlementaire delegatie, die toevallig juist in Tokio was om de economische banden met Japan aan te halen, zag geen reden om het bezoek af te breken. Jhr. mr. M. van der Goes Naters, fractievoorzitter van de Partij van de Arbeid in de Tweede Kamer, sprak over een storm in een glas water. 'Ik zou niet graag beweren dat het een goede film is, maar ik ben beslist niet van mening dat ons volk zich erdoor beledigd moet achten.'

Mijn moeder was wél beledigd. Of erger nog, ze had die mengeling van belediging en misprijzen al heel lang geleden voelen aankomen. Vanaf het moment van de petitie, om precies te zijn, van de brief die de eis tegen Yamadji – tien jaar onvoorwaardelijk – omzette in een straf van zeven jaar.

Van die zeven jaar zou hij er *drie* in de gevangenis doorbrengen, drie jaar en twee maanden, om precies te zijn. Tot december 1949 bleef hij achter de tralies van de Cipinang-gevangenis in Batavia. Direct na de onafhankelijkheid van Indonesië werd hij met 693 andere Japanse oorlogsmisdadigers op de boot naar Yokohama gezet en opgesloten in de Sugama-gevangenis in Tokio. Zowel in Batavia als in Tokio vroeg hij in totaal vijfmaal strafvermindering aan, waarbij hij telkens de petitie van de vrouwen van Kampili als bewijs van zijn menselijkheid aanvoerde. Vijf keer werd er iets van zijn straf afgehaald, tot hij op 21 juli 1950 werd vrijgelaten, een klein jaar vóór keizer Hirohito amnestie verleende aan álle Japanse militairen die nog gevangenzaten. Drie jaar en twee maanden na zijn veroordeling liep Yamadji als vrij man door Tokio. Dankzij het verzoeningsgezinde hart van zijn slachtoffers.

Of waren ze niet zo verzoeningsgezind? Wilden ze enkel en alleen voor hun kinderen verbergen wat er allemaal voorgevallen was in het kamp, wilden ze – en weer, vooral voor hun kinderen – de schijn voortzetten dat Kampili een modelkamp was geweest, met leuke, gezellige avonden, als in een vakantiekolonie? Een leugentje is vaak heilzamer dan een nauwkeurige herinnering, zeker als met een paar van die leugentjes een levenslang trauma voorkomen kan worden.

Hoe mild ook bestraft, Yamadji was verbolgen over zijn lot. Hij beklaagde zich bij Kikuchi Masao, die hij nog van Celebes kende. Kikuchi was bewaker geweest in het kamp waar mijn vader opgesloten zat, in Parepare. Van dat kamp was Yamadji van maart 1942 tot aan het einde van het jaar ondercommandant geweest en vervolgens commandant. In mei 1943 werd hij aangesteld als commandant van het vrouwenkamp Kampili terwijl Kikuchi een baantje kreeg als klerk bij het civiele administratiekantoor van de Marine in Makassar. Kikuchi kon iedere avond uitgaan en leidde het soort leven waarvan iedere marinier droomde: beetje werken, voor de rest passagieren.

Op kantoor, waar hij alleen 's morgens wat te doen had, schreef Kikuchi zijn eerste verhaaltjes. Terug in Japan ging hij daarmee door. Verhaaltjes die hij 'essays' noemde, want dat klonk gewichtiger. In de late jaren vijftig wilde Kikuchi een 'handvol prachtige feiten' aan de vergetelheid ontrukken. Zoals het bezoek aan het modelkamp Kampili waarover zijn vroegere superieur Yamadji op voorbeeldige wijze de scepter had gezwaaid.

Kikuchi schreef er een 'essay' over van een pagina of twintig. Yamadji had hem nog wat extra informatie gegeven die hij op schrift had gesteld. In zijn cel in Batavia had hij een bijbel aangetroffen met witte stukjes boven en onder de gedrukte tekst en op die lege ruimtes had hij zijn herinneringen aan Kampili genoteerd. Bij het verlaten van de gevangenis had hij nederig gevraagd of hij de bijbel mocht meenemen – ja natuurlijk, kon het beter?, een modelgevangene die zich ook nog eens liet inspireren door de Heilige Schrift.

Met die volgekliederde bijbel op schoot las hij Kikuchi zijn herinneringen voor. Het was de enige manier geweest om wegwijs te worden uit de aantekeningen, zijn handschrift was vrijwel onleesbaar en in de schemer van zijn cel had hij ook niet altijd de juiste karakters gebruikt. En Kikuchi noteerde ieder woord, zonder ook maar één kritische vraag te stellen.

Het 'essay' van Kikuchi Masao met als titel *Blanke huid, gele commandant* werd afgedrukt in een literair tijdschrift en kreeg in 1959 in Tokio de Lezersprijs, een van de belangrijkste Japanse literaire prijzen, waaraan een geldbedrag was verbonden van 100 000 yen. Voor de uitreiking van de prijs negeerde de jury de schrijver Kikuchi Masao en vroeg ze de hoofdpersoon uit het verhaal, Tadashi Yamadji, naar Tokio te komen. Hij was het ook die met het geld naar huis ging, een bedrag dat toen gelijkstond aan 10 000 dollar. Met zijn herinneringen had hij immers een wezenlijke bijdrage aan het bekroonde verhaal geleverd, hij was de inspirator en de bedenker geweest, Kikuchi aanvaardde de vernedering gelaten en liet Yamadji de eer.

Een schrijver van populaire romans met zowel een historisch als een erotisch tintje, Toshiyuki Kajiyama, zag wel brood in het door de ghostwriter vertelde verhaal. Japanse militairen waren niet met open armen en warme gevoelens ontvangen toen ze na de Tweede Wereldoorlog naar huis terugkeerden. Niet alleen Hiroshima en Nagasaki waren van de aardbodem geveegd, vrijwel alle belangrijke steden lagen in puin. In Tokio vielen een half miljoen napalmbommen en stierven honderdduizend burgers. 'Kijk eens wat jullie hebben aangericht,' was de reactie van de bevolking geweest, want de bommen mochten dan Amerikaans zijn, de totale ontreddering van Japan was een direct gevolg geweest van de greep naar de macht van de sterk nationalistische en expansionistische militairen aan het begin van de jaren veertig.

Toshiyuki Kajiyama had bij de marine gediend, twee jaar in Noord-China gevochten, deelgenomen aan de landing van de Japanse troepen op Celebes, was bewaker in het krijgsgevangenkamp Makassar geworden en vervolgens hoofdbewaker in het mannenkamp Parepare. Mogelijk had mijn vader nog wel eens een tik van hem gehad. Kajiyama was aan het einde van de oorlog overgeplaatst naar het Marine Administratiekantoor in Makassar en kwam in het uitgaanscircuit regelmatig Tadashi Yamadji tegen. De mannen mochten elkaar.

Op basis van *Blanke huid, gele commandant* schreef Kajiyama een veel uitgebreider boek van tweehonderdveertig pagina's, waarin hij het Japanse publiek duidelijk wilde maken dat een marinier als Tadashi Yamadji weliswaar hard had moeten optreden om de totale chaos te voorkomen, maar dat hij zich *after all* als een gentleman had gedragen. Japan mocht trots zijn op een man als hij, die onder moeilijke omstandigheden zijn plicht had vervuld. Om het verhaal body te geven, voegde hij een uitvoerig interview met Yamadji aan zijn boek toe en publiceerde hij een foto van het bezoek dat de legerleiding aan het modelkamp Kampili had gebracht, kort nadat het kamp door Amerikaanse bommen was verwoest.

Yamadji kreeg alle gelegenheid om zich in het boek te revancheren. Ja, hij was soms hard opgetreden, maar hij had slechts de beschikking over acht bewakers gehad, zes Japanners en twee Koreanen, en hoe hield je dan een grote groep gevangenen in de hand die het kampleven meer dan beu waren? Hun aantal schroefde hij fors op, aanvankelijk sprak hij over 1700 of 1800 geïnterneerden, later over 3000 tot 3300. Met getallen ging hij losjes om; hij verklaarde dat de aanklager tijdens het oorlogstribunaal in Makassar *twintig* jaar gevangenisstraf tegen hem had geëist in plaats van tien. Hij wees de beschuldigingen van bedreiging, sadisme en seksuele intimidatie van de hand en herhaalde wat hij voor zijn rechters in Makassar had gezegd: dat hij slechts één meter zestig lang was en dat hij tegen die reusachtig grote, boven hem uittorenende Nederlandse vrouwen had moeten opkijken als hij zijn orders uitdeelde. Wat hij vernederend vond, vandaar dat hij snel schreeuwde en ook wel eens met zijn zwaard zwaaide om indruk te maken. Maar hij had altijd het beste met de vrouwen voorgehad en hij had ze beschermd, soms tegen de zin van de legerleiding in. Hij had ze beschermd tegen de gevaren die van buiten kwamen, tegen de lokale bevolking, de Makassaren, die klaarstonden om de macht over te nemen en het liefst alle blanke gevangenen om het leven hadden gebracht, hij had ze beschermd tegen de Amerikaanse bommenwerpers, hij had schuilgangen laten graven. De vrouwen waren hem daar dankbaar voor en lieten dat op alle mogelijke manieren blijken.

Hoe ik hier allemaal achter kwam? Dankzij Kaori Maekawa. In zekere zin: mijn Japanse zielsverwant. Iemand die achter het behang kijkt door er zachtjes tegenaan te blazen, zodat het stijfsel loslaat. Kaori begon haar leven in Hiroshima, waar ze in 1970 werd geboren. In haar jeugd hoorde ze over 'de ramp', zoals het vallen van de eerste atoombom in de geschiedenis van de mensheid lange tijd in Japan werd aangeduid, maar ze hoorde nooit waaruit die 'ramp' was voortgekomen. Kaori begon, eerst aarzelend maar algauw zonder vilten handschoenen, te graven naar de verborgen geschiedenis van haar land. Tijdens een vakantie in Indonesië ontmoette ze bejaarde heiho's en legde de basis voor haar belangwekkende studie, *The Heiho during the Japanese Occupation of Indonesia*, die in 2005 verscheen. Haar speurzin bezorgde haar een fulltimebaan als onderzoeker op het Nationaal Instituut voor Geesteswetenschappen in Tokio. Dankzij de getuigenis van een heiho stuitte ze op Tadashi Yamadji. Ze zocht alles bij elkaar wat er over hem in de Japanse archieven te vinden was en achterhaalde de totstandkoming van *Blanke huid, gele commandant*. Haar studie, *The emergence of camp Commander Yamaji Tadashi's story* ('De totstandkoming van kampcommandant Tadashi Yamadji's verhaal'), verscheen in het standaardwerk *Forgotten Captives in Japanese-Occupied Asia*, uitgegeven bij de Engelse wetenschappelijke uitgeverij Routledge.

Iedere regel eruit deed me beseffen dat met ieder feit te manipuleren valt. Haar reconstructie van wat er met Tadashi Yamadji gebeurd is vanaf het moment dat hij voor zijn rechters verscheen, is een ijzingwekkend voorbeeld van juridisch onbenul, listige manipulatie in beeldvorming en doelbewuste geschiedvervalsing. Voor de Japanse publieke opinie bleef Tadashi Yamadji de militair die met tact en wijsheid en een voorbeeldig zedig gedrag zeventienhonderd ongelukkige blanke vrouwen en kinderen door de oorlog had geloodst.

Het meest onthullende is misschien wel wat er na het uitkomen van de film gebeurde. Kikuchi Masao, de man van het 'essay', bood de voormalige kampcommandant aan een aanzienlijk uitgebreidere biografie over hem te schrijven. Tadashi Yamadji bedankte beleefd voor de eer en schreef aan de man die hem een perfect imago had gegeven: 'Please let me be as I am.' Niets kon hem meer beter en nobeler maken.

Het schokkendste wat Kaori Maekawa naar voren bracht, was het aantal vrouwen dat de petitie had ondertekend die de kampcommandant vrijpleitte. Geen van de ondertekenaars was met naam vermeld in *Makassar Nieuws* en *Makassaarsche Courant,* maar algauw circuleerden tien namen. Olga moet destijds gedacht hebben dat het er niet heel veel meer waren geweest, hooguit twintig. Kaori Maekawa wist te achterhalen dat hun werkelijke aantal 123 was, een op de vijf volwassenen vrouwen van Kampili. Toen ik dat las, dankte ik de hemel dat mijn moeder dit nooit heeft hoeven weten.

19

Na de oorlog danste Olga niet meer. Niet in de lounge van het Empress Hotel althans, aan de Komedielaan in Makassar, onder de loom draaiende ventilatoren, op muziek van Benny Goodman en het ritme van roezig krassende 78 toerenplaten. Noch ergens anders in Makassar. Voorbij die tijd. In een brief naar huis beweerde ze dat ze dat niet goed meer vond passen bij de vrouw van een zendingspredikant. Dat was ongetwijfeld zo, hoewel ze voor de oorlog vaak en graag had gedanst. Ze was vooral bang in het Empress Hotel een van de vrouwen tegen te komen die de brief hadden ondertekend. Wat er dan zou gebeuren, wilde ze zich niet voorstellen.

Han danste eigenlijk nooit. Voor de oorlog ging hij toch met haar mee, en zocht, terwijl de meesten zich naar de dansvloer haastten, iemand uit 'die wat te vertellen had'. Hij had een goeie neus voor mensen met een verhaal, en aan het eind van de avond zag je hem, voorovergebogen op een van de buisstoelen in de lounge van het Empress, verwikkeld in een verhit gesprek.

De oorlog had hem dichtgeslagen. Hij was als een andere man uit het kamp gekomen, zocht 's avonds een rustig plekje op in het veel te volle huis in Makassar waar ze voorlopig bivakkeerden, koos al snel voor een donker plekje in de tuin, stak de ene na de andere sigaret op en verzonk in gepeins. Voor de oorlog rookte hij hooguit één sigaret na het eten; terug in Makassar rookte hij twee pakjes per dag. Olga had met hem te doen en wist niet goed hoe ze hem uit zijn isolement kon bevrijden. Hijzelf zei dat het wel beter zou gaan als ze naar de Toradjalanden zouden verhuizen, want dat was het plan. Ze wilde hem niet al te sterk belasten, ook al fluisterde een stem haar in dat ze nooit meer hun vooroorlogse leven zouden kunnen oppakken en dat ze een verdere toekomst in Indië konden vergeten.

In bridgen had hij evenmin zin. Zij deed het bijna iedere avond, in het huis dat ze met drie gezinnen deelde en waar ze sinds haar terugkeer uit het kamp met Han en de jongens was ondergebracht – het derde gezin bivakkeerde in de garage. Het was vol in dat opvanghuis, overvol. Zodra de duisternis inviel, schaarden ze zich rond de tafel op de gaanderij, onder de rotan lamp die zachtjes wiegelde op de avondbries, en schudden ze de kaarten. In de verte knetterden de salvo's van de scherpschutters. De ene oorlog was in de andere overgegaan – als de echo van een gong. Hij deed niet mee en zat, ergens in een donkere hoek of achter in de tuin, naar de geweerschoten te luisteren. Hij kon het maar niet aanvaarden dat de vrede op zich liet wachten, de echte vrede tussen alle mensen in dit land. De honderden Makassaren en Boeginezen die hij voor de oorlog had gedoopt, waren in vier jaar tijd zozeer veranderd dat ze op lichtjaren afstand van hem waren komen te staan. Het maakte hem radeloos dat hij daar niets aan kon veranderen. Soms wilde Olga hem toeroepen: 'Han, aanvaard nou dat het niet meer is zoals het was', maar ze deed het niet, uit vrees hem nog zwaarder te verwonden.

Over Yamadji zweeg ze, ook toen hij het bericht in de *Makassaarsche Courant* las en haar vroeg hoe de vrouwen van

Kampili een dergelijke petitie hadden kunnen opstellen. 'Ik vraag me hetzelfde af,' had ze geantwoord. Meer niet.

Han had haar toen over zijn ervaringen met Yamadji verteld. Voor het eerst, en waarschijnlijk ook voor het laatst. Ik neem althans aan dat hij juist dat moment uitkoos, met de *Makassaarsche Courant* breed uitgespreid op tafel, en met een foto van Yamadji voor zijn rechters. Sinds kort weet ik wat hij toen verteld heeft, welke feiten hij althans naar voren heeft gebracht; ik weet het sinds ik het dagboek van Jan van Driest onder ogen kreeg.

Jan van Driest was de jongste jongen in het kamp van mijn vader, hij was vijftien jaar en vijf weken oud toen hij bij de poort van Parepare werd afgeleverd. Zijn moeder, zijn zus en zijn jongere broer waren weggevoerd naar Malino en zouden uiteindelijk in Kampili terechtkomen; zijn vader had Jan, kort voordat hij in Makassar was opgepakt, nog even gezien, en sindsdien had hij geen enkel levensteken meer van hem vernomen. Jan was als alle jongens in het kamp als de dood voor Yamadji, maar hij had een geheim wapen dat hem kracht gaf en hem ook onder alle omstandigheden redelijk hield, alsof hij zich bewust was dat hij op een dag rekenschap moest afleggen van wat hij had gedaan of nagelaten: vanaf dag 1 in Parepare hield hij een dagboek bij. Het had niks literairs, Jan noteerde alleen feiten, met het uur erbij maar zonder datum, en met slechts het onderscheid tussen twee soorten dagen: werkdag, vrije dag.

Voor sergeant Tadashi Yamadji commandant van Kampili werd, had hij in meedogenloosheid mogen oefenen in Parepare, dat dicht bij de haven in een voormalige kazerne was gevestigd. Samen met sergeant Mitsuda, die hem zou opvolgen toen hij in mei 1943 naar Kampili werd overgeplaatst, en die door de gevangenen 'Harry' werd genoemd, oefende hij een waar schrikbewind uit – hij had trouwens toen al de bijnaam 'de Bolle'. 'Harry' legde na een stevige ondervraging de straffen op, 'de Bolle' voerde ze uit, met touw, zweep of bamboestok – het zwaard zou hij pas in Kampili gaan gebruiken. Yamadji had nog een andere manier om de gevangenen bang te maken: een wilde aap was het kamp binnengedrongen, de bewakers hadden het beest gevangen en in een kooi gezet, maar af en toe liet Yamadji het beest los en keek geamuseerd toe. De aap, een makaak met de grootte en de kracht van een baviaan, beet fel van zich af. Yamadji stuurde het beest het liefst om zeven uur 's morgens de eetzaal in, alle mannen renden weg en hij was verzekerd van een mooi spektakel van angst en paniek.

Op maandag 8 maart 1943, in de namiddag, om kwart voor vijf, moesten alle gevangenen zich op de binnenplaats verzamelen. Tussen de vijf en tien vrouwen hadden een brief aan hun man geschreven en die brieven waren, met hulp van een heiho en enkele Toradja's die in de nabijgelegen haven werkten, het kamp binnengesmokkeld. De meeste mannen hadden direct een brief teruggeschreven, maar die brieven waren onderschept. Harry hield een lange donderspeech, de tolk vertaalde, Harry wilde weten of er nog meer mannen waren die geschreven hadden. Ook wilde hij de namen horen van de inlanders die geholpen hadden. De Toradja's, die overwegend christen waren of het christendom met hun traditionele dodencultus combineerden, stonden niet erg vijandig tegenover Europeanen; van de Japanners moesten ze daarentegen weinig hebben, want ze kregen bij het minste of geringste slaag. Het was ook weer niet zo dat ze sympathie voor de blanken koesterden, voor hand-en-spandiensten lieten ze zich in geld of natura betalen en dat leverde aardig wat op.

De kampleider, ds. Bikker, sinds 1927 zendingspredikant in de Toradjalanden, was de eerste die door Yamadji onder handen werd genomen. Na vijftig stokslagen werd hij bewusteloos weggedragen. Meneer Samwel, die als cipier van de gevangenis van Makassar wel zo ongeveer wist hoe je brieven en berichten vanuit een veste naar buiten kon smokkelen, kreeg vierenveertig slagen voor hij het bewustzijn verloor, ds. Bergema, een zendingspredikant van Saoemba, zesendertig. Nog steeds had niemand iets losgelaten en ds. Brokken kreeg een uitzinnige Yamadji tegenover zich: wilde hij praten of niet? Bij de negenentwintigste slag was hij bewusteloos. Hij werd weggedragen naar blok 1 en kwam daar pas de volgende dag weer bij zijn positieven.

Naast zijn brits zat de jongen die hij had leren schaken, Jan van Driest, een knaap die, zo jong als hij was, ook erg zorgzaam bleek te zijn. Jan had de hele nacht zijn voorhoofd met een natte doek afgewist, zijn lippen regelmatig bevochtigd, de wonden met een scheutje alcohol schoongemaakt. En hij had de hele tijd zachtjes gezegd: 'U heeft geen naam genoemd, u heeft niks gezegd.'

Ergens in zijn onderbewuste moeten die woorden het zetje hebben gegeven waardoor Han zijn ogen weer durfde te openen. Want hij had niemand verlinkt en kon zijn kampgenoten recht in de ogen blijven kijken. Een paar uur later was hij opgestaan.

Toen iedereen weer op de been was, ook de vier oudere heren die slaag hadden gekregen, en toen ds. Bikker voldoende was aangesterkt om weer op het appel en in de eetzaal te verschijnen, liet de Bolle de aap los en keek grijnzend toe hoe al die grote, stevige kerels wegvluchtten.

Ik denk dat Han het zo ongeveer verteld heeft. En dat Olga toen verbijsterd heeft uitgeroepen: 'Vanwege die paar onbenullige regels die ik je vanuit Kampili heb geschreven?'

Zo zal het gegaan zijn, hoewel ik langzamerhand wel weet dat je dit soort dingen nooit helemaal precies kunt reconstrueren. De werkelijkheid blijft nu eenmaal het meest raadselachtige dat we kennen. In ieder geval wilde Olga tijdens de laatste maanden die ze in Makassar doorbracht geen enkele vrouw uit het kamp meer zien, en zeker niet in een zwierige jurk en met een lach op het gezicht.

TWEEDE DEEL

Palet van wilskracht

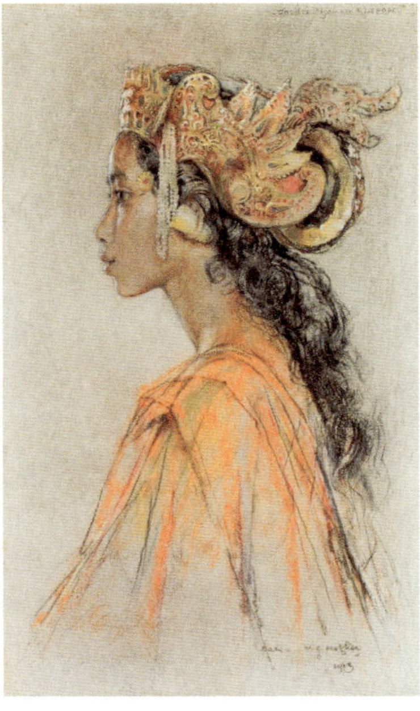

Willem Hofker,
Goesti Nyoman Klepon, 1943

I

In het kamp waar mijn vader gevangenzat, werkte een kunstschilder. Ik weet dat pas sinds kort, mijn vader heeft me er nooit iets over verteld. Een lezer mailde me of ik het boek *Djoenkeng Owari, Het appel is afgelopen* kende? Nee, dat kende ik niet. Er stonden tekeningen van W.G. Hofker in, 'de vermaarde schilder uit Bali'. Misschien zou mijn vader op een van die tekeningen staan.

Het boek was snel gevonden. Ik kreeg het toegezonden met een brief van de vorige bezitter erbij. Afgaand op zijn bibberige handschrift was hij een oude man, waarschijnlijk zelfs stokoud. Ik rekende na of het mogelijk was dat hij als jongen in hetzelfde kamp had gezeten. Ja, maar dan zou hij nu toch zeker vierennegentig jaar moeten zijn. De man schreef dat ik veel ellendige verhalen zou tegenkomen, maar beslist ook een paar prachtige en hoopvolle. De tekeningen van Willem Gerard Hofker waren sowieso bijzonder.

Een eerste, vluchtige blik in het boek bewees dat Hofker verre van een dilettant was. De tekening van de wachtpost bij de poort van het kamp brengt me in één keer aan de andere kant van de barrière, de kant waar geen vrijheid is en mannen machteloos gebonden zijn in ballingschap. Bij de door een bewaker bemande wachtpost knielt een man neer, op de voorgrond kapt een dwangarbeider wat onkruid weg met een houweel. Ik ben in de goelag, en die associatie heb ik niet eerder met het kamp van mijn vader gelegd. Door de tekening, die absoluut geen aanklacht wil zijn maar slechts een nuchtere constatering, komt de drukkende sleur van de vrijheidsberoving als een klap bij me binnen. Ja, ik heb het vaak beschreven, mijn vader vluchtte weg in drank en kalmerende pillen. Maar waar zijn angsten vandaan kwamen, zie je op de tekening, die rustig en sereen over jarenlange knechting vertelt, over onderdrukking die overal op de wereld kon en kan plaatsvinden. Ik ben meteen onder de indruk van de man die dat voor elkaar kreeg, van Willem Gerard Hofker, de kampschilder.

Djoenkeng Owari verscheen in 1977. Geen wonder dat ik het niet in de boekenkast van mijn vader heb zien staan, ik was toen al een kleine tien jaar het huis uit. Maar nog geen zeven jaar later nam ik met mijn vader de boekenkast door. Na de plotselinge dood van mijn moeder had hij naar een bejaardentehuis willen verhuizen, en voor in het kleine kamertje van De

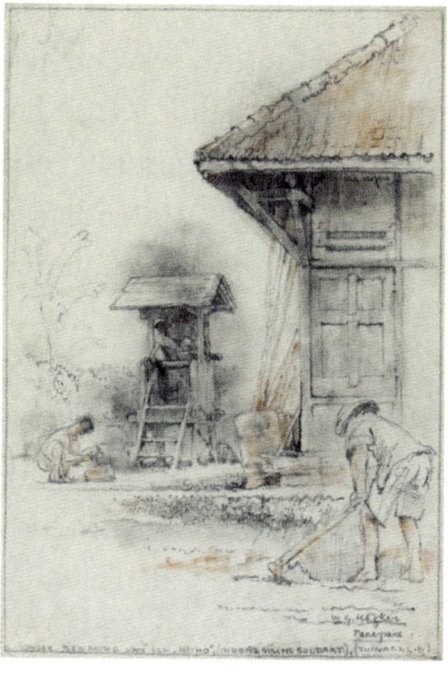

Willem Hofker, *Tuinarbeid onder bewaking van een heiho*, 1944.

Klepperwei mocht hij slechts één strekkende meter boeken meenemen. In zijn studeerkamer had hij tachtig strekkende meter staan, dus dat was een hele klus. Boek voor boek zijn we nagelopen. Meenemen? 'Ja, beslist.' 'Nee.' Maar waarom dan niet? Zijn hele bibliotheek is door mijn handen gegleden en ik ben er zeker van dat *Het appel is afgelopen*, met een rol prikkeldraad op de omslag en vijf mannen in korte kaki broek, er niet bij zat. Ik zou het anders beslist meegenomen hebben, om het regel voor regel na te pluizen, zoekend naar... ja, naar wat?

Lang heb ik geloofd dat mijn vader in het kamp iets overkomen is waarvoor hij zijn hele verdere leven heeft moeten boeten. Of waarvoor hij zich zijn leven lang heeft geschaamd. Het leek me evident; het was, dacht ik, de voornaamste reden dat hij met geen woord wilde reppen over de vernederingen die hem waren aangedaan. Als ik door zijn houding één uitdrukking tot in de diepste essentie begreep dan was het: 'Volharden in je stilzwijgen'. Ik vond dat schrijnend: dat je in je stilzwijgen kon volharden. Dan was er echt iets verschrikkelijks gebeurd dat je wilde wegmoffelen in de donkerste gaatjes van je geheugen.

De striemen op mijn vaders rug gaven een indicatie, maar hoe hij daaraan was gekomen, werd me niet echt duidelijk. Hij had gebeden met een man die dood lag te gaan en dat zinde de jap niet – zei hij een keer tussen neus en lippen door. Hij had te weinig balen rijst het schip op gedragen dat aan de kade van Parepare lag, ook dat meen ik wel eens gehoord te hebben. Voor iedere baal die hij afgaf, kreeg hij een bamboestokje. Aan het einde van de dag moest hij minimaal twintig stokjes inleveren. Voor ieder ontbrekend stokje kreeg hij een zweepslag of een tik met een bamboestok.

Anders dan mijn moeder heeft mijn vader nooit een reünie met oud-kampgenoten bezocht. Mijn moeder kleedde zich ieder jaar op de tweede woensdag van augustus piekfijn aan – ik herinner me een zomers, olijfgroen mantelpakje en een hoed met brede randen, heel chic, heel waardig – en reisde naar de jaarlijkse herdenkingsbijeenkomst van Kampili, die werd gehouden in de Wintertuin van Hotel Krasnapolsky in Amsterdam, in de schaduw van het Nationale Monument op de Dam. Of in de Rivièrahal van Diergaarde Blijdorp in Rotterdam, eveneens in een overdekte tuin, die vagelijk aan de tropen deed denken. Of in de Koninklijke Schouwburg in Den Haag, want Den Haag zou de hoofdstad van de Indische Nederlanders blijven.

Met die reünies was men tien jaar na de oorlog begonnen. Op de eerste groepsfoto, genomen in 1956 in de Wintertuin van Krasnapolsky, ontbreekt mijn moeder. Ze moet pas in de jaren zestig een regelmatige bezoeker zijn geworden. Met wat ik nu weet, begrijp ik niet goed waarom. Was ze niet langer bang een van de vrouwen tegen het lijf te lopen die de petitie hadden ondertekend? Was haar boosheid weggezakt en zag ze de naar het tribunaal gestuurde brief, die commandant Yamadji moest vrijpleiten van misdadig en intimiderend gedrag, nog slechts als een beoordelingsfout? Of wilde ze na het artikel in *Panorama* poolshoogte nemen van de reacties van haar vroegere kampgenoten op de film *Blanke huid, gele commandant*? Als dat zo was, zal ze de reünies vanaf 1961 hebben bijgewoond.

Hoelang ze het volgehouden heeft, durf ik niet te zeggen. De laatste keer dat ik haar – weer in mantelpak en weer met een crèmekleurige zomerhoed – zag vertrekken, was in het laatste jaar dat ik nog thuis woonde, in 1967. De reünie werd toen op de eerste zaterdag van oktober gehouden. Ik vermoed dat het een van de laatste keren voor haar is geweest. Na zo'n reünie was ze altijd van slag, omdat alles van de oorlog weer bij haar naar boven was gekomen: de angst, de ergernissen en zelfs de kleine irritaties die ze al bijna vergeten was. Toch voelde ze het jarenlang als een plicht te gaan, een morele plicht tegenover de vrouwen die het kamp niet hadden overleefd of die hun leven hadden gegeven om anderen te redden. Tegenover Toos en Pop, die de dolle honden hadden gedood. Of tegenover tante Luud, die zo zwaar was gestraft vanwege het extra eten dat ze aan de zieken gaf.

Mijn moeder moet toch ook huiverig zijn geweest voor onaangename ontmoetingen. Vermoedelijk heeft ze vele malen in dubio gestaan en gaf het steeds de doorslag dat Dien ook ging. Want haar vriendin uit het kamp bleef haar zielsverwant.

Ik weet niet zeker of de mannen uit krijgsgevangenkamp Parepare ook een jaarlijkse reünie organiseerden; ik denk van wel, bijna ieder kamp had zijn herdenkingsbijeenkomst. Mogelijk afgeschrikt door de jaarlijkse reactie van mijn moeder – het duurde dagen voor ze haar zenuwen weer in bedwang had – was mijn vader er in ieder geval niet bij. Niet één keer.

Mijn vader voelde niet de behoefte zijn herinneringen met iemand te delen. Toen hij last begon te krijgen van de oorlog – een vriendelijke manier om uit te drukken dat hij aan een kampsyndroom leed – wilde hij alleen nog iets kwijt aan professor Bastiaans, de in oorlogstrauma's gespecialiseerde zenuwarts die hem behandelde. Bastiaans gaf hem de raad psychologie te gaan studeren, ervan uitgaande dat hij dan zijn eigen problemen zou kunnen oplossen. Want, meende Bastiaans, mensen met een kampsyndroom hebben ter zelfverdediging een pantser van zwijgen en verdringen ontwikkeld waar ze doorheen moeten breken. Mijn vader schreef zich in aan de universiteit van Utrecht en volgde drie jaar lang drie ochtenden per week de colleges. Het hielp hem niet echt.

Hij koos voor een bril met een dik, donker montuur en lichtgetinte glazen, en raakte steeds meer in zichzelf opgesloten. Nu ik eraan terugdenk, voel ik iets van zijn verstikkende eenzaamheid. Destijds was dat anders. Toen ik jong was zag ik alleen de gevolgen, niet de oorzaken, en raadde ik mijn vader aan een hippere bril te kiezen, als hij tenminste nog een paar jongeren onder zijn gehoor wilde in de kerk.

Ik heb mijn vader nooit over zijn oorlog horen vertellen. Nooit. Hij liet zich wel eens iets ontglippen over wat hem achter het prikkeldraad was overkomen, maar een echt verhaal met een begin, een midden en een einde, dat kreeg hij niet uit zijn keel. Ik vermoed dat hij het direct na de oorlog heeft afgeleerd. Toen hij in september 1945 terugkwam in Makassar, zag hij in welke staat Olga en zijn zoons verkeerden. Michiel was een zielig hoopje mens. Vel over been, vlekken op het gezicht en over zijn hele lijf door de waterpokken. Hij kon het niet aanzien, werd er ellendig van. Op dat moment moet hij zich eens en voor altijd voorgenomen hebben geen woord meer aan zijn eigen ervaringen vuil te maken – die van zijn vrouw en kinderen waren in zijn ogen veel ellendiger.

Of misschien was hij bang zijn zoons teleur te stellen. Die hadden drieënhalf jaar zonder één enkele herinnering aan hun vader geleefd, simpelweg omdat ze te jong waren geweest toen ze het kamp in waren gegaan. Ze hadden zich bij hun vader een beresterke kerel voorgesteld, zo iemand als de aussie, de Australische officier die hen, toen ze het kamp mochten verlaten, in zijn jeep naar Makassar had gereden. Een luitenant in kaki overhemd met korte mouwen, een Gregory Peck met behaarde armen. En ja, als je dan, zoals mijn vader, zo mager bent dat ze je door de bast kunnen blazen, wil je je niet beklagen, anders word je helemaal een zielig geval. Mond houden, moet hij vanaf dag één na de bevrijding hebben gedacht.

Over de Amerikaanse bombardementen van Kampili, op 15 en 17 juli 1945, hoorde ik mijn moeder en mijn broers vertellen. Dat het kamp waar mijn vader zat al veel eerder het doelwit van Amerikaanse bommenwerpers was geweest, lees ik in *Djoenkeng Owari*.

Bij het bombardement van 19 oktober 1944 vielen vijf doden, bij dat van 21 oktober 1944 drie. Het kamp, gevestigd in een voormalige kazerne, dicht bij de haven van Parepare, raakte zo zwaar beschadigd dat de zeshonderdvijftig gevangenen met instemming van de leiding de wijk namen. Met slechts twee bewakers en de kampcommandant gingen ze op pad, op goed geluk zou je kunnen zeggen, tot ze langs de rivier de Bodjo een verlaten varkensmesterij tegenkwamen. Helaas was er geen waterleiding. Na de lange dag lopen lesten veel mannen hun dorst met rivierwater, al wisten ze dat dat gevaarlijk was. Een dysenteriegolf kon niet uitblijven. Tientallen gevangenen raakten besmet, onder wie mijn vader. Ze lagen weg te teren in de varkenskotten; in één maand tijd lieten eenentwintig mannen het leven, onder wie de enige vriend van mijn vader, Han Verdenius.

Dat feit is me wel bekend. Toen ik in 1979 naar Sulawesi vertrok, vroeg mijn vader me te gaan kijken hoe het graf van Verdenius erbij lag. Door zijn verzoek, aarzelend uitgesproken, 'als je nog wat tijd overhebt...', begon ik eindelijk te begrijpen aan wat voor een soort schaamte hij leed: de gêne van de overlever.

Wat ik weer niet wist, is dat de gevangenen op 3 juni 1945 van het noodkamp Bodjo naar Bolong waren overgebracht, tweehonderd kilometer het binnenland in, op vijftienhonderd meter hoogte in de bergen, in een gebied waar het Toradjaland overging in oerbos. Dat bos was zo ondoordringbaar dat het niet nodig was rond het kamp prikkeldraad te spannen.

Links en rechts ravijnen, uit de wanden droop het water. Wie het wilde wagen, kon het kamp verlaten. Geen van de gevangenen haalde dat in zijn hoofd; de natuur was er veel te grimmig voor. In het oerbos kon je je misschien een week in leven houden, maar niet veel langer. En in die week zou je doodsangsten uitstaan.

Beneden, aan zee, in Parepare, waren hitte, muskieten en uitputting de vijanden geweest; uitputting vanwege de dwangarbeid die alle jongens van boven de vijftien en mannen van onder de vijftig moesten verrichten – koeliewerk in de haven, of rijst planten, tot over de knieën in de modder van de sawa's. In Bolong werden de vijanden de kou en het gebrek aan eten. Op het laatst was er één theekopje rijst per persoon per dag geweest en had de Japanse kampcommandant zich verontschuldigd omdat hij de gevangenen geen eerzamer dood in kon jagen dan de hongerdood. Het voordeel van dat kamp was dat het onder een dicht bladerdek verscholen lag en vanuit de lucht onzichtbaar was. Verdere bombardementen bleven achterwege.

Pas toen de gevangenen begin augustus naar het provisorisch herstelde kamp in Parepare konden terugkeren, kregen ze weer wat te eten. De mannen hadden toen gemiddeld vijftien tot twintig kilo verloren, de jongens een kilo of acht. Vrijwel iedereen was ziek; bijna niemand kon nog op de benen blijven staan.

Ook dat lees ik in *Djoenkeng Owari*. Met een illustratie van de kampschilder ernaast, een tekening die Hofker van de ziekenboeg maakte. Vanwege het besmettingsgevaar lag die barak een stukje van het kamp af, op een kleine verheffing. Bij de trap naar de ziekenzaal grijpt een pater in pij zich aan een staf vast. Het lijkt een Bijbels tafereel, vervaardigd door een kunstenaar uit de tijd dat er nog pest en cholera heerste.

2

Tweehonderd van de zeshonderdvijftig gevangenen waren geestelijken. Je zou bijna denken dat er in onze koloniën meer profijt viel te trekken uit de verspreiding van Gods Woord dan uit de handel in specerijen. De paters, fraters, pastoors, missionarissen, de majoors van het Leger des Heils, de dominees, zendelingen en zendingspredikanten kwamen van Celebes, het Christmaseiland, Nieuw-Guinea, Flores, Lombok, Bali, Timor, Ternate, Ambon, Saparua, de andere eilanden van de Molukken, Sumba, Borneo; er was zelfs een pater die door de jappen uit het noorden van China was geplukt. Er zat ook een bisschop in het kamp, de bisschop van Makassar. Over hem liet mijn vader zich eens ontvallen dat hij zich niet wilde wassen waar anderen bij waren.

De meeste geestelijken hadden, voor ze op het schip naar Parepare werden gezet, verschrikkingen meegemaakt. De Missionarissen van het Heilig Hart waren zonder hun bisschop en twaalf broeders van de Kai-eilanden in de Molukken gekomen, de dertien zielzorgers waren op het strand bij Tual neergeschoten. Hun lichamen waren dagenlang blijven liggen voor ze begraven mochten worden.

De franciscanen van Nieuw-Guinea misten een broeder die tot driemaal toe zijn eigen graf had moeten graven voor hij door Japanse infanteristen met bajonetsteken was afgeslacht.

Mijn vader, die als geestelijk verzorger aan de gevechtstroepen was toegevoegd en de gehele strijd tegen de Japanse overmacht op Celebes van dichtbij meemaakte, werd twee dagen en nachten in het lijkenhuis opgesloten, tussen de ontbindende lichamen van KNIL-soldaten. Het bezorgde hem zijn eerste oorlogstrauma. Het tweede, dat kort daarop volgde, verzweeg hij. Ik las erover in een dagboek van Kees Booy, een tekst die slechts met de grootste inspanning van de ogen te lezen is omdat Booy het dagboek telkens onder de grond had moeten verstoppen. Ds. Brokken werd aanvankelijk gevangengezet in het burgerinterneringskamp dat in de voormalige politiekazerne van Makassar was ondergebracht. Op zondagmorgen 26 april 1942 reden Japanse bewakers hem in een legerjeep naar de protestantse kerk van Makassar en kreeg hij de opdracht de kerkdienst te leiden. Nog niet alle Europeanen waren gevangengenomen en op zondag was er een kerkdienst, waar volgens Booy in zijn dagboek 'niet gezongen werd, aangezien de gastheren dat verboden hadden'. Vlak voor de kerkdienst begon, op het moment dat mijn vader de kansel besteeg om votum en groet uit te spreken, omsingelden Japanse militairen de kerk. 'Ze kwamen 250 man halen om op de kade te werken. Als dwangarbeider. We zijn nu 's Keizers Koelies,' stelde Booy laconiek vast. Maar mijn vader was geschokt. Door Gods Woord te verkondigen had hij de Duivel geholpen tweehonderdvijftig man te knechten. Het duurde zeker anderhalf jaar voor hij weer een kerkdienst leidde, in het volgende kamp waar hij opgesloten werd, in Parepare, honderdvijftig kilometer ten noorden van Makassar.

Hoe kom je een oorlog door? Als ik *Djoenkeng Owari* lees, krijg ik de indruk dat je dat in de eerste plaats lukt door een overdosis aan vroomheid. Onderling leek er een wonderlijke strijd tussen de geestelijken te heersen, alsof ze elkaar steeds weer duidelijk wilden maken dat ze, althans wat het geloof betreft, uit het juiste hout waren gesneden. De eerste bijeenkomst, belegd door de kampleider, ds. Bikker, was erop gericht het vloeken tegen te gaan.

Bikker was van christelijk-gereformeerde signatuur, loepzuiver in de gereformeerde beginselen. Tot zijn ergernis lardeerden de gevangenen die geen geloof uitdroegen hun gesprekken met gvd's. De meesten onder hen waren planters, administrateurs van handelmaatschappijen, boormeesters van de Bataafsche Petroleum Maatschappij, politieagenten, militairen, zeelieden. Ruwe bolsters die één ding gemeen hadden: dat ze afgesneden waren van hun gezin. Bikker wilde direct aan het begin van de opsluiting optreden tegen verruwing; als vloeken eenmaal een gewoonte was geworden, begon hij zijn preek, zou er geen kruid meer tegen zijn gewassen. De preek duurde twee volle uren en had een citaat uit de Schrift als uitgangspunt: 'En Jezus zeide: Laat het ja, dat gij zegt, ja zijn, en het neen, neen. Wat daar bovenuit gaat is zonde!' Naar Jakobus 5:12. Aardige tekst overigens: al het kwaad komt uit overdrijving voort. Maar je vraagt je af of de gevangenen op zo'n morele les zaten te wachten.

Bikker was bepaald geen groentje: vijftien jaar zendingspredikant geweest in Mamasa, gepokt en gemazeld door het harde bestaan in de bergen van West-Celebes. Overdag gloeiend heet, 's nachts koud en vochtig. Hij moet een bijzondere man zijn geweest; Hofker portretteerde hem als een onversaagde optimist. En toch, ook over Bikker heb ik mijn vader slechts bij hoge uitzondering gehoord. Bikker was door de geïnterneerden tot kampleider verkozen. Een ondankbare taak, hij fungeerde als buffer tussen de Japanse militairen en de geïnterneerden. Bikker deed dat zonder schroom, hij stond naast mijn vader toen die door de Japanse kampcommandant werd afgetuigd. 'Nog acht stokslagen,' zei hij. 'Nu nog vijf, je bent er bijna vanaf.' Dat hielp.

Ter voorkoming van excessen woonde Bikker iedere straf bij, ook als de jappen zeiden dat hij kon opduvelen. Dat hij naast mijn vader stond, weet ik weer uit het *Djoenkeng Owari*, want hij stond naast iedere gevangene die slaag kreeg. Bikker was niet bang voor de dood. Zulke mensen bestaan, en ze kunnen heel veel aan, misschien wel alles. Hij dealde met de jap als Faust met de duivel. Mijn vader heeft er nooit iets over gezegd.

De sfeer in de mannengemeenschap hield het midden tussen militaire dienst, een werkkamp en het kloosterbestaan. Tussen machogedrag en een gezamenlijk beleden nederigheid, tussen onverschilligheid over andermans sores ('Een gevangene denkt alleen aan zichzelf', Dostojevski, *Aantekeningen uit het dodenhuis*) en bezinning over alles wat boven de mens uitstijgt.

Het kon soms komisch zijn. Een dolle koe drong het kamp binnen en liep zich vast in het prikkeldraad. 'Ha,' zei de Japanse kampcommandant, 'die gaan we doodschieten.' Die commandant was Tadashi Yamadji; ja, dezelfde onder wiens grillen Olga had geleden. Na een jaar Parepare was hij naar Kampili overgeplaatst. Door een van de gevangenen in Parepare wordt hij omschreven als 'een korte, vrij dikke kerel met een kop als een buldog en een stem als een omroeper'. Yamadji greep de karabijn, laadde het magazijn met vijf patronen en liep in de richting van het prikkeldraad. Ds. Bikker kwam naast hem staan. 'Toean,' vroeg hij, 'mag ik schieten?' De kampcommandant keek hem eens aan, dacht: Wat kan die dominee er nou van, en zei met een schamper lachje: 'Ja, dat mag wel.' Hij gaf hem de karabijn, Bikker legde aan, schoot, en het beest viel morsdood neer. Eén schot in de kop, precies tussen de ogen, was voldoende geweest. Het leverde Bikker een applaus van de gevangenen op.

Yamadji wilde weten waar hij het schieten had geleerd. 'In mijn militaire diensttijd.' 'Dus u heeft een militaire opleiding genoten!' 'Ja,' zei Bikker, 'ik heb het tot sergeant gebracht.' Dat was precies de rang die Yamadji in het Japanse leger bekleedde.

De volgende dag wroette een varken de groentetuin overhoop, het was uit een Chinese mesterij aan de rand van de stad geglipt. Yamadji pakte zijn karabijn, bleef op een meter of vijftien van het varken staan, legde aan.

'Mag ik weer schieten, toean?' vroeg Bikker.

'Nee, nu doe ik het zelf.'

De kampcommandant schoot, en hij schoot niet een beetje mis maar meters over het varken heen. Voor hij opnieuw kon laden, was het beest al op een holletje weggevlucht. Yamadji hoorde het hoongelach van de gevangenen en maakte dat hij wegkwam. Vanaf dat moment nam hij de houding van de verliezer aan die van iedere kwestie een zaak van eer maakte, een zaak die hij alleen wist te beslechten met een overdaad aan geweld en wreedheid. Naar dominee Bikker stak hij echter geen vinger meer uit.

3

Op de tekeningen van Hofker herken ik mijn vader nergens. Of hij moet een van de nietige figuurtjes zijn in een overvolle barak. Of aan een lange tafel waar de mannen rijst sorteren.

Naarmate Hofker meer personen afbeeldt, geeft hij ze minder gezicht. Zijn portretten zijn daarentegen zo treffend dat je de mannen in één oogopslag leert kennen. Een door het kamp schrijdende pater Flaat uit China, in pij en met een

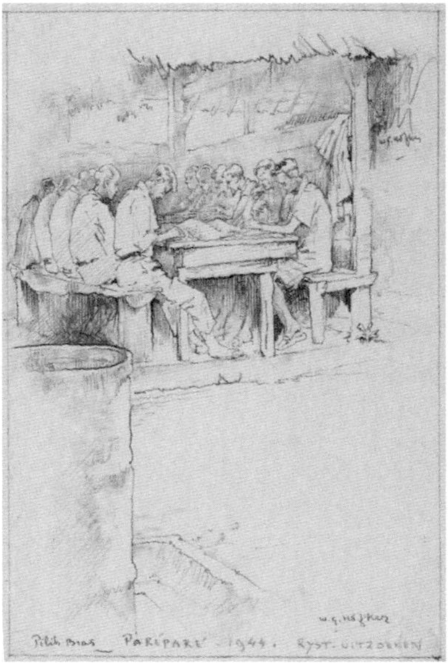

Willem Hofker, *Pilih Bras, rijst uitzoeken*, 1944.

koord om het middel, die de Bijbel leest alsof al het wereldse om hem heen heeft afgedaan. Een boetserende pastoor Buis uit Bali die, daar was iedereen het over eens, foeilelijke beelden maakte, maar daar ongelooflijk veel plezier aan beleefde. Een kleren verstellende pater Van Asten met gekruiste benen en ontbloot bovenlijf achter de naaimachine – je hóórt hem fluiten. Pater Hinke die, eveneens met ontbloot bovenlijf, horloges en brillen repareert, want dat had hij van zijn vader geleerd, die horlogemaker en juwelier in een Noord-Hollands dorp was geweest. En ds. Bikker – hij schrijft onder het portret *Arie* Bikker – met pijp en achterovergekamd haar, precies de haardracht van mijn vader, licht golvend, eveneens achterovergekamd haar, maar – en ik weet niet of dat bij mijn vader ook zo was – een onmogelijk te verstoren rust op zijn gezicht en lichtpuntjes in zijn ogen.

Ook mooi: een lenige controleur uit Bali die aan het waterputten is. Of een geslacht varken dat, als op een zeventiendeeeuws schilderij, aan twee houten staken hangt... Allemaal heel precies met dunne potloodlijntjes getekend, niet met de dood op de hielen, niet gejaagd als bij Goya, de eerste kunstenaar die de verschrikkingen van de oorlog vastlegde, maar juist wegkijkend van het misdadige en zoekend naar wat overblijft aan humaniteit in een baaierd.

'Tja,' vertelt Hofker in het boek, 'ik had een exclusief corvee in het kamp. Mijn tekenwerk werd goed verkocht via ds. Bikker aan de Japanners. Dat geld konden we dan weer besteden aan voorzieningen die ons ziekenhuis aangingen. Zo leefde ik in een enigszins teruggetrokken hoekje en heb ik nooit zoveel van de kampberoeringen gemerkt, als die er al waren. Ik stond eigenlijk een beetje buiten de gemeenschap als tekenaar.'

Je hoort het hem zeggen, een beetje aarzelend, ter verontschuldiging van de geprivilegieerde positie die hij innam.

'We woonden vóór de oorlog op Bali. De eerste tijd van de bezetting waren we enigszins vrij, maar na anderhalf jaar werden we naar Celebes gebracht en daar begon toen de echte internering. Je wordt met een groot aantal mensen bijeengebracht en dan moet je je maar zien aan te passen. Je hebt geen keus. Je zit als het ware op een vlot en je kunt daar alleen maar afvallen.'

Op dat vlot werd hij als kunstenaar met rust gelaten. Misschien was mijn vader daar wel een beetje jaloers op. Han had het niet zo op grote groepen mensen, in zijn jeugd zat hij het liefst in een hoekje te lezen. Hofker kon tekenen, afgezonderd van de rest. Of schilderen, hij had zijn tubes verf mogen meenemen naar het kamp en zijn doos met potloden en conté. Soms ging hij op zijn herinnering af en schilderde hij een Balinese danseres. Vooral dat werk was in trek bij de Japanners, de kampcommandant en zijn assistenten wilden een souvenir meenemen naar huis als de oorlog voorbij was, en dan zou het zijn alsof ze van vakantie terugkwamen, met zo'n sierlijke danseres met blote borsten. Ofschoon ze ook om tekeningen van het kamp vroegen, bij gebrek aan foto's, want het was Japanse militairen verboden een camera mee te nemen naar de oorden waar ze dienstdeden.

De bestellingen kwamen bij dominee Bikker binnen. Hofker meed de kampcommandant en onderhandelde niet rechtstreeks met de Japanners. Maar de bewakers hadden waardering voor zijn werk, dat was wel duidelijk, en lieten hem met rust. 'Ik heb altijd kunnen blijven doorwerken,' schreef hij na de oorlog in een brief aan huis, 'en heb zelfs daardoor wat geld kunnen verdienen ten bate van het kamp, omdat de Jappen nu eenmaal oog hebben voor alles wat beeldend is, dat compliment kan niemand hun onthouden.'

Onderwijl verrichtte Han dwangarbeid. Aanvankelijk vatte hij dat nogal laconiek op, hij was tweeëndertig (Hofker was acht jaar ouder), sterk van gestel, in goede conditie, ofschoon hij voor de oorlog al een maand in het ziekenhuis had gelegen vanwege een zware dysenterieaanval. Hij vertelde me eens dat hij een voorbeeld aan Dostojevski had genomen, aan het optimisme dat uit diens *Aantekeningen uit het dodenhuis* spreekt. Dostojevski, net zo'n intellectueel met een studeerkamerrug als hijzelf, was achtentwintig jaar toen hij naar een Siberisch strafkamp werd gestuurd om dwangarbeid te verrichten; hij dacht: lekker de hele dag buiten werken, dat is gezond, goed voor mijn spieren, goed voor mijn gestel, een gezonde geest in een gezond lichaam, niet? Ik kom veel sterker het kamp uit dan ik erin ben gegaan...

Typisch dat mijn vader wel in afgeleide vorm over zijn kampjaren sprak, via Dostojevski.

Hoe zijn dagen er precies uitzagen, leerde ik pas door het dagrooster dat in *Djoenkeng Owari* is opgenomen:

Uur:	6.30	Rijzen, opstaan, wassen
	7.00	Appel
	7.15	Gymnastiek
	7.30	Morgeneten
	8.00	Corvee, werken
	9.30	Een kwartier rust
	9.45	Werken
	11.00	Een kwartier rust
	11.15	Werken
	12.00	Rust
	12.15	Middageten
	12.30	Rust
	14.30	Werken
	15.30	Rust

16.00 Werken
17.30 Avondeten
19.00 Avondappel
22.00 Lichten uit en slapen

Tussen het avondappel en lichten uit, schaakte of damde hij met Verdenius. In dammen was mijn vader na de oorlog nauwelijks meer te verslaan, bij het schaken moest je van goeien huize komen. Han Verdenius, gereformeerd predikant in Makassar, had vlak voor hij afgevoerd was naar het kamp *De fundamenten van het schaakspel* en *Theorie der schaakopeningen* van Max Euwe in zijn koffer gestopt, en *Oom Jan leert zijn neefje schaken*, dat Euwe samen met Albert Loon had geschreven. Het was de best denkbare lectuur voor in het kamp, beter dan een roman, beter zelfs dan de Bijbel, omdat het geen beroep deed op het gevoel.

De brits van Verdenius stond naast die van mijn vader, op het bamboe tafeltje tussen de hoofdeinden wachtte het schaakbord geduldig tot de afgebroken partij de volgende avond uitgespeeld kon worden – om tien uur ging het licht uit, en kaarsen of een zaklamp hadden ze niet. Over één partij deden ze soms wel drie avonden; het prettige was dan dat ze overdag tijdens stomme bezigheden als vuil verbranden, de latrines schoonhouden, brandhout hakken of schepen laden iets concreets hadden om aan te denken. De schaakstukken waren door pastoor Hinke uit hout gesneden; ook het bord was van zijn hand. Hinke leverde precisiewerk af, hij was het ook die alle horloges in het kamp repareerde. Hofker tekende hem met ontbloot bovenlijf, de benen gekruist onder een laag tafeltje, pijp in de mond, je zou bijna zeggen als een tevreden knutselende ambachtsman. Maar, en dat is dan toch een subtiele aanklacht, op de achtergrond loopt een rij dwangarbeiders met een baal rijst op de rug. Een van die sjouwers zou mijn vader kunnen zijn.

In de namiddag, direct na het eten, of later, na het avondappel, leerde Han de leergierige Jan van Driest schaken. Hij was de jongste jongen in het kamp, zijn moeder, de Belgische Cécile Quant, zijn zus Olly en zijn broertje Peter zaten in Kampili; zijn vader, een cartograaf die onder andere op Borneo had gewerkt, was hij in Makassar uit het oog verloren. Jan was een goedlachse knaap met een opgeruimd karakter; niettemin had iedereen in het kamp met hem te doen en wilden de mannen hem een beetje bevaderen, bijvoorbeeld door hem iets te leren. De agent van een rederij, meneer Kater, gaf hem twee keer per week Engelse les met als enig lesmateriaal een beduimeld exemplaar van *The merchant of Venice*; een stuurman op de grote vaart bracht hem de beginselen van de navigatie bij en rustte niet voor hij zo'n beetje alle sterren in de Melkweg kon aanwijzen; ds. Verdenius gaf hem catechisatie en ds. Brokken leerde hem schaken. Zo staat het in zijn dagboek geschreven, en ik ben blij dat het niet andersom was, dat mijn vader hem catechisatie gaf en Verdenius hem leerde schaken. Ik weet niet waarom. Misschien omdat je als domineeszoon altijd bezig bent van je vader minder dominee te maken en meer mens. Jan had er duidelijk lol in, schaakte twee, drie keer per week met ds. Brokken en beklaagde zich erover wanneer hij vanwege corvee verstek moest laten gaan. De Bolle was niet zachtzinnig met hem, hij kreeg zo'n beetje alle rotklussen toebedeeld, en dat uurtje schaken was voor hem dan ook, naast een welkome afleiding, een manier om niet weg te zinken in zijn sombere lot.

Bij het bombardement van '44 gingen de schaakstukken in vlammen op. De gevangenen uit blok 1 vroegen Willem Wijker toen een nieuw schaakspel te maken, niet van hout zoals de schaakstukken van pater Hinke, maar van hoorn, zodat Jan kon blijven schaken met ds. Brokken, want dat deed hij zo graag.

Willem Wijker was een handige jongen. 'Al snel werd mij van vele kanten om hulp gevraagd voor het maken of repareren van diverse dingen,' schreef hij na de oorlog in een brief. 'Een paar herinneringen springen naar voren: een wijwaterkwast voor pastoor Thijssen om te gebruiken tijdens de zondagse kerkdienst. Naaimachine naalden (3 stuks) ter vervanging van gebroken naalden in de kleermakerij. Een weegschaal voor de kamp-apotheek naar een bestaand, defect model. Een schaakspel van zwart en licht karbouwen hoorn.'

Dat was het dus: een schaakspel van zwart en licht buffelhoorn. In het inderhaast opgetrokken noodkamp Bodjo speelden de schakers verder. Ik zie ze zitten, gebogen over de schaakstukken van zwart en gelig buffelhoorn, ik hoor de regen op het dak van bladeren en bamboe kletteren. Het regende zo vaak en zo heftig in Bodjo dat de kampcommandant op twee van de drie dagen het ochtendappel moest afgelasten.

4

Hofker tekende, of liever gezegd: gomde; hij maakte het papier zwart en gomde dan een figuur in wit en grijs en mengde er dan ook nog rood krijt door, een meesterlijke techniek die hij toepaste op een lopende Tom Pearson Cromwell, *governor of the Christmas Isles*, zoals hij erboven schreef, en eronder: *Robinson Crusoe; his sleepingmat; waterbottle and sweatrag!* En dat is hem precies, een kleine, tanige man, in korte broek, met ontbloot bovenlijf, verwarde haren onder een verfomfaaide hoed, ronde bril hoog op de neus, baardje, slaapmat onder de arm, waterzak in de andere hand, en een *sweatrag*, een zweetdoek, die nonchalant aan de riem van zijn kaki broek bungelt. Een dwangarbeider die uit werken gaat, maar de moed er kennelijk in houdt. Een kleine maar montere man, met pretoogjes achter de glazen van zijn ronde bril.

Ik zoek na wie Tom Pearson Cromwell precies was. Niet moeilijk, zijn complete archief blijkt ondergebracht bij de School of Oriental and African Studies van de universiteit van Londen. Brieven, rapporten en foto's zijn op te vragen via internet. Ik kan zijn hele levensloop volgen. Tom Pearson Cromwell, geboren in 1909, afstammeling van dé Cromwell, doorliep Bradford High School en het Christ College in Cambridge. Trad in 1932 toe tot de Colonial Administrative Service en diende in Nieuw-Zeeland en de Britse kolonie Malaya op het schiereiland Malakka. In 1939 werd hij benoemd tot districtsofficier van Christmaseiland, een pukkel van 19 bij 14,5 kilometer in de Indische Oceaan, driehonderdvijftig kilometer ten zuiden van Java. Het telde niet meer dan veertienhonderd bewoners, de enige inkomsten kwamen uit de fosfaatmijnen. Tom Pearson Cromwell woonde er samen met zijn vrouw Betty en zijn twee kinderen in een nederzetting die de idyllische naam Flying Fish Cove droeg, en constateerde tot zijn genoegen dat de Japanners Christmaseiland aan het begin van hun Aziatische opmars over het hoofd hadden gezien.

In maart 1942 profiteerden de garnizoenstroepen, een twintigtal sikhs uit Brits-Indië, van de gespannen situatie in Zuidwest-Azië, sloegen aan het muiten en namen Cromwell gevangen. Gelukkig voor Tom kwam aan het einde van de maand de gehele vloot van admiraal Tojo langs. 'Aan het begin van de oorlog werd ik bevrijd door de Japanners,' schrijft Cromwell, niet zonder spot. Ze lieten hem een formulier invullen (*Nationality: British by Birth; Religion: DEIST*) en namen hem alsnog gevangen, alsook zijn vrouw en kinderen. Ze werden eerst naar Java overgebracht en vervolgens naar Celebes – Tom naar kamp Parepare, Betty en de kinderen naar Kampili.

Pearson Cromwell meldde zich vrijwillig aan voor dwangarbeid. Net als mijn vader moest hij Japanse schepen laden en lossen in de haven. Zakken meel, rijst of zout sjouwen, tussen de vijfentwintig en vijftig kilo op je schouder. Best fijn eigenlijk, vond Cromwell, '*it was a break from the prison camp and we earned money for the camp*'. Onderwijl leerde hij Nederlands. Iedere keer wanneer hij met een baal op de schouder de loopplank op liep, riep hij een woord in het Engels. De man achter hem vertaalde het in het Nederlands. Cromwell herhaalde het, de man achter hem verbeterde zijn uitspraak.

Geholpen door de tekening van Hofker zie ik het voor me: Tom met zijn brilletje op loopt voor mijn vader, die er ongeveer zoals hij moet hebben uitgezien, in korte broek, met ontbloot bovenlijf, een zweetdoek rond de nek en een van palmblad gevlochten hoofddeksel tegen de zon.

'Possible.'

'Mogelijk.'

'Mokeluk.'

'Mo-ge-luk.'

'Mo-ge-luk.'

'It's possible.'

'Het is mo-ge-lijk.'

'Ja Tom, alles is mogelijk.'

Algauw kozen de Engelstaligen hem als kampoudste, want hij sprak een paar woorden Nederlands en kon als tolk dienen. Met name een Australische zeeman maakte veel stampij. Hij was een overtuigd communist en vond al die mannen in het kamp veel te gedwee. Cromwell behoedde hem met veel tact voor een Oktoberrevolutie in het klein, die hij doldriest aan het voorbereiden was.

Goeie vent, die Pearson Cromwell, en dat zie je op de tekening van Hofker terug. Voor Hofker had hij het overlevingsinstinct van Robinson Crusoe. Maar in het Engelse archief lees ik dat hij niet oud is geworden. Hij leidde de Social Welfare in Singapore, ging vervroegd met pensioen en overleed op zevenenzestigjarige leeftijd. Volgens een in memoriam had de oorlog zijn gestel meer ondermijnd dan hij zelf had willen toegeven. Toen ik die nuchtere woorden las, begreep ik wat mijn vader had ondergaan. Zelfs als je de moed erin hield en je je nooit te beroerd voelde voor een grap, snuffelde de onzekerheid aan je lot als een rat aan je voet.

Het geloof dat Tom Pearson Cromwell opgaf, maakt me nieuwsgierig; ik ken het niet. DEIST, leert de digitale encyclopedie, komt van deïsme, een religieus-filosofische opvatting die God als transcendente oorzaak van de natuurwetten beschouwt.

Transcendente oorzaak? Wat is dat nou weer? Dat God weliswaar de schepper van het universum is, maar sinds de schepping op geen enkele wijze ingrijpt in het proces van de natuurwetten – God is een *deus otiosus*, een inactieve god.

Het deïsme kwam sterk op tijdens de Verlichting, het was een geloofsovertuiging met wortels in de rede, en dat sprak Voltaire, Descartes, Rousseau, maar ook John Toland, Benjamin Franklin en Thomas Jefferson aan. De idee was dat God het heelal heeft geschapen en daarna verdween, waardoor het heelal werd overgelaten aan zijn eigen wetten.

Een geloof, lijkt me, dat makkelijker te aanvaarden is in tijden van oorlog. God is verdwenen uit het heelal, heeft zijn handen afgetrokken van deze aarde, laat alles aan de krachten van de natuur over en is niet verantwoordelijk voor de pestzooi die de mensen ervan maken. Ik stel me voor dat mijn vader hierover van gedachten heeft gewisseld met Pearson Cromwell. Of bleef het alleen bij woordjes op de loopplank? Bij possible = mogelijk, impossible = onmogelijk?

Zo ken ik mijn vader niet. Hij sprak graag met ongelovigen of met mensen die er een compleet ander wereldbeeld op na hielden dan hijzelf. Geloof was en bleef een raadsel voor hem, dat was zijn goeie kant, dat hij niets als vaststaand aannam, dat zijn geloof hem niet blind maakte voor andere zienswijzen. Vanaf zijn zeventiende, toen hij kennismaakte met het christelijk geloof, liet hij zich erdoor leiden, maar waarom precies? Hij hield het maar op Pascal: 'Twijfelen aan God betekent in hem geloven', hoewel hij dat tegelijkertijd een wat al te gemakkelijke redenering vond.

Om hem heen zeiden ze dat oorlog of rampspoed de weg naar God wijst. Hij was daar niet zo zeker van. De wereld vlamde als de hel, het geweld golfde over de continenten, miljoenen mensen stonden elkaar naar het leven, de moordzucht kende geen grenzen, rassen moesten als sprinkhanen verdelgd worden; je kon je afvragen hoever de almacht van de Allerhoogste reikt.

Ze zeiden om hem heen dat God liefde was. Maar waarom was hij dan al meer dan twintig maanden van Olga en de jongens gescheiden? O ja, hij kende het antwoord: 'Pas in de beproeving ervaar je wie Christus is.' Hij hoopte het maar, dan had dit lijden althans nog enige zin.

5

Hofker zag alles om zich heen als een verrijking, in die zin dat het een hoger gehalte gaf aan zijn bestaan. Hij zag de natuur zo, de mensen die hij onder de moeilijkste omstandigheden leerde kennen, de verhalen die hij opving, de diepzinnigheden die compleet nieuw voor hem waren, of simpelweg de kleur die de hemel aannam na een plensbui in de late middag: het was alsof het firmament dan schoongewassen was.

Zoals alle mannen in het kamp miste hij zijn vrouw; bij hem kun je geloof ik wel zeggen dat hij haar *afschuwelijk* miste. Toen het hem een keer te veel werd, trok hij een zwartwitfoto uit zijn portefeuille en tekende haar. Het was op 4 juli 1944, haar tweeënveertigste verjaardag. Door die bewaard gebleven tekening realiseerde ik me dat zijn vrouw Maria was, de Maria uit Kampili die op de kaarten aan haar man een broedende kip tekende.

Hofker zwolg niet in zijn verdriet en sprak met niemand over Maria. Hij tekende haar alleen, zittend aan de rand van hun erf in Ubud op Bali, met een tempel op de achtergrond, de Pura Dalem. Het was het dagelijkse uitzicht van de Hofkers, Maria schreef er voor de oorlog uitbrak lyrisch over: 'Oh, dat uitzicht, die sawa's, de rijstoogst. Altijd staan we weer te kijken, altijd nieuw. Maar het allermooiste is helemaal rechts, zuiver naar het Westen, over een diep ravijn, ver buiten de desa, onder een enorme waringin, de Pura Dalem, de dodentempel, machtig in zijn rust. De tempelpoort hoog is gebouwd van diep rode bakstenen en versierd met licht grijze paarse stenen, de natuursteen. Rijk en voornaam in ochtend- of avondzon. Altijd zien we dit, kijken maar. Hoe begenadigd met zo'n uitzicht en met de palmen op het voorerf.'

Op een ander moment portretteerde Hofker zijn vrouw en face, weer op basis van een foto die op het erf van hun huis in Abangan nabij Ubud was genomen. En weer vertelde de dag die hij koos om haar te tekenen over het verdriet dat de langdurige scheiding hem bezorgde: op 10 september, hun trouwdag.

Hofker zei wel eens dat een kunstenaar er beter in slaagt alleen te zijn, omdat hij altijd bezig is met anderen, in zijn werk. Hij heeft Maria vaak geportretteerd, maar nooit zo in-

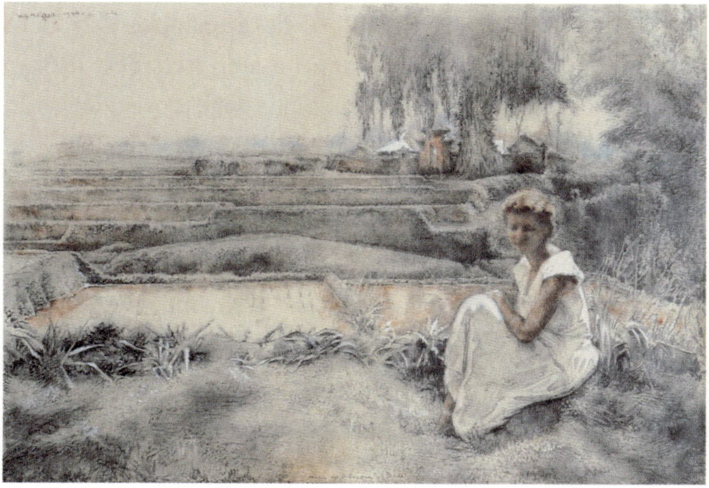

Willem Hofker, *Maria Rueter op ons erf 'Abangan' in Ubud*, getekend op 4 juli 1944 naar een foto uit 1940.

dringend als in 1944, toen haar enige aanwezigheid uit een foto bestond waarop ze ook nog eens de ogen sloot.

Eens per week woonden de gevangenen tijdens de avonduren een lezing bij. Hofker was onder de indruk van een serie referaten die dr. Jan van Baal hield, een bestuursambtenaar die in Nieuw-Guinea en Lombok had gewerkt en een vooraanstaand cultureel antropoloog – hij promoveerde op het fenomeen 'koppensnellen'. Tijdens de jaren in het kamp maakte hij een groot aantal aantekeningen voor *Over Wegen en Drijfveren der Religie, een Godsdienstpsychologische Studie.* Het boek zou in 1947 in Amsterdam verschijnen en nogal opzien baren omdat Van Baal godsdienst louter psychologisch en antropologisch benadert, niet theologisch of filosofisch. Aan een zinloos bestaan in het kamp, schreef hij in de inleiding, had hij toch inhoud willen geven. 'Want er is één vrijheid die men zelfs gevangenen niet ontnemen kan, namelijk die tot overdenking.'

Voor de gevangenen, liggend op de slaapbanken om hem heen, hield Hofker verscheidene malen zelf een lezing, 's avonds, in het donker, wat hem ongetwijfeld over zijn verlegenheid heen hielp. En ja, als hij eenmaal aan het vertellen was, raakte hij snel in vervoering en gaf hij beeldende beschrijvingen. Het onderwerp zal vast en zeker Rembrandt zijn geweest, die te allen tijde zijn voorbeeld en leidsman was. Hij vertelde er zo gloedvol over dat de kampgenoten hem 'onze Rembrandt' noemden.

Ik vraag me af of mijn vader ook een lezing heeft gegeven. Hij had uitgebreid kunnen vertellen over de bekeringsbeweging onder islamieten die hij jarenlang had bestudeerd op het eiland Selayar en in Midden-Celebes, die honderden teleurgestelde moslims van geloof deed veranderen en tot christen liet dopen. Het was een unieke en merkwaardige beweging, echt een fenomeen om over van gedachten te wisselen, zeker als zendelingen en missionarissen onder elkaar. Maar ik lees nergens dat hij op een avond het woord nam.

Misschien hield hij zich opzettelijk gedeisd. Hij was weer gestraft. Zwaar gestraft. Afgeranseld. Reden onbekend. Mogelijk omdat hij alle jongens bij elkaar had geroepen en een jeugddienst had gehouden. Want hoezeer hij ook twijfelde aan Gods almacht, hij bleef ervan overtuigd dat alleen het geloof kracht kon geven om alle beproevingen te doorstaan. Zelf was hij als zeventienjarige tot het geloof gekomen, hij wist hoezeer je op die leeftijd naar de zin en de richting van je leven zoekt. Zijn schaakmaatje Jan van Driest had hem er ongetwijfeld van overtuigd dat hij iets kon betekenen voor jongens van zestien, zeventien, achttien jaar. De kampcommandant zag de jeugddienst echter als een samenscholing en strafte de organisator. Zo stel ik het me althans voor.

Hofker noemt mijn vader niet en herinnert zich alleen de lezingen van Van Baal, Onvlee en Bergema. Van de laatste maakte hij een frappant portret, potlood, conté en gouache op gepigmenteerd papier, het portret van iemand met een overtuiging en een verziende blik. Bergema gaf in totaal bijna achthonderd lezingen in het kamp, 'vrijwel avond aan avond', schreef hij in een naoorlogse brief, 'soms tweemaal per dag, meestal in het donker omdat geen licht was toegestaan, over godsdienstige en wetenschappelijke onderwerpen, filosofie en geschiedenis'. Achthonderd? En mijn vader niet één? Dat kan bijna niet.

Tot zijn gevangenneming was Bergema zendingspredikant geweest op Sumba. Tijdens al die lezingen en de clandestiene geschiedenislessen die hij aan de jongens in het kamp gaf, sprak hij met sympathie over de pioniers van het nieuwe

Azië, over Gandhi, Nehru, Jinnah, Mao Tse Toeng, Hatta, die het continent een ander en menselijker gezicht zouden geven. Bergema zou na de oorlog voor reuring zorgen in gereformeerde kringen, als hoogleraar in de zendingswetenschap aan de Theologische Hogeschool in Kampen. Hij zou Bruins Slot, de voorman van de Anti-Revolutionaire Partij en hoofdredacteur van dagblad *Trouw*, aanzetten tot zijn opzienbarende ommekeer in het Nederlands-Indonesische conflict over Nieuw-Guinea in 1961. Die ommezwaai zou ertoe bijdragen dat er een definitief einde kwam aan de Nederlandse inmenging in Indonesië en aan het koloniale tijdperk. De ARP, die aanvankelijk een felle tegenstander was geweest van de overdracht van Papoea-Nieuw-Guinea aan Indonesië, ging in enen om, de regering raakte de brede steun in het parlement kwijt en moest ten slotte zwichten onder internationale druk.

Het kamp maakte veel geesten rijp voor het inzicht dat een nieuwe wereldorde aan het ontstaan was, waarin geen leidende rol meer was weggelegd voor Europese mogendheden. Tenminste, onder de geestelijken, die in een onafhankelijk Indonesië wilden blijven wonen en werken en de dekolonisatie als een fait accompli aanvaardden. De kerk, zowel de protestantse als de rooms-katholieke, zou in 1947 weigeren de politionele acties te steunen en stelde zich op aan de zijde van de inlandse bevolking.

Dat gold niet voor de planters en handelslui, die zagen iedere stap naar vrijmaking als een verliespost. Vraag twee was of ze dat konden tegenhouden. Waarschijnlijk niet. Ook zij zouden zich moeten voegen naar de snel veranderende machtsverhoudingen; het zou immers evenmin een cent opleveren als ze dat bleven ontkennen. Beter was dus het einde van het koloniale tijdperk als een voldongen feit te zien.

Toch lieten de meeste gevangenen van Parepare door de

kampadministratie optekenen dat ze na de oorlog wilden terugkeren naar de plaats of het eiland waar ze voor de oorlog leefden, ongeacht de nieuwe staatkundige orde. Mijn vader gaf op: 'Wil terug naar Makassar.' Hofker liet weten terug te willen naar Bali, maar uit latere brieven van zijn vrouw Maria blijkt dat hij dat weliswaar hoopte, maar dat hij het oorlogsgeweld en wapengekletter moe was en niet nog eens in een conflict verzeild wilde raken dat met mitrailleurs, het in brand steken van kampongs en geweld tegen burgers beslecht zou worden.

6

‘Ons kamp was een intellectueel kamp,’ schrijft Van Baal in zijn memoires, *Ontglipt verleden, verhaal van mijn jaren in een wereld die voorbijging*. ‘Er werd veel gelezen, geluisterd en besproken.’

Ook dat boek van Van Baal kende ik niet. Het omvat twee delen, het eerste, dat eindigt met een uitvoerig verslag van de kampjaren, verscheen twee jaar voor de dood van mijn vader. In theorie zou hij het gelezen kunnen hebben of er notie van kunnen hebben genomen; het werd uitvoerig gerecenseerd in protestantse kranten en bladen. Maar in datzelfde jaar 1986 maakte ik een zeven dagen durend interview met hem omdat hij oud, broos, moe was, in hevige mate aan parkinson leed en ik vooral over zijn Indische jaren heel veel meer wilde weten. Hij noemde het boek niet – had het niet meer kunnen of willen lezen.

Jammer voor mij. Als het om het verleden van je ouders gaat, ben je vaak te laat met vragen. De ervaringen van mijn vader had ik graag getoetst aan die van Van Baal. In *Ontglipt verleden* komt de bestuursambtenaar, die na de oorlog gouverneur van Nieuw-Guinea zou worden, weliswaar als een zelfingenomen kwast uit de verf, maar hij geeft toe dat hij vaak bang was in het kamp, bang voor de dood, en dat geeft zijn relaas een flinke dosis eerlijkheid. Hij doet geen enkele poging de schijn op te houden en geeft toe dat hij steeds de neiging had zich te drukken als het gevaar te dichtbij kwam. Iedere neiging tot heldhaftigheid was hem vreemd, en dat durven weinig mensen over zichzelf te zeggen.

Van Baal is een scherpe observator, heeft humor en moet niets hebben van de vrome praatjes die hij in *Het appel is afgelopen* aantreft. Zijn boek verscheen tien jaar na *Djoenkeng Owari* en heeft duidelijk als doel 'dit monument van bevindelijke vroomheid substantieel te corrigeren'. Voor zendelingen trekt Van Baal zijn neus op, waarschijnlijk ook voor mijn vader, ofschoon die zendingspredikant met een speciale missie was: het onderzoek naar islamitische bekeringsbewegingen. Lood om oud ijzer, zal Van Baal hebben gedacht. Tijdens de bombardementen was het hem opgevallen dat christenen geen haar minder bang voor de dood waren dan ongelovigen. Hij had daarentegen een hoge dunk van indologen die de ruggengraat van het Binnenlands Bestuur vormden. Van mannen als hijzelf dus.

'Veel gelezen in het kamp,' schrijft Van Baal, en dat verbaast me, Han had geen enkel boek kunnen meenemen. Hij bleek een uitzondering. Slechts een klein aantal gevangenen was op het moment dat de oorlog uitbrak gemobiliseerd geweest, de meesten hadden zich gedurende althans een paar dagen kunnen afvragen wat ze zouden meenemen naar het kamp. Alle boeken waren ondergebracht in de kampbibliotheek, die door een oude pater werd beheerd. Een boek mocht je vijf dagen houden, dus je moest wel doorlezen bij het flakkerende vlammetje van de olielamp.

Van Baal las een lijvige weergave van het Boeginese epos *I La Galigo*, zendingsarts Goslinga verdiepte zich in Plato, Bergema in Dante, bestuursambtenaar Schulte Nordholt trof een leerboek Hebreeuws aan en rustte niet voor hij die taal beheerste – hij zou na de oorlog Semitische talen (Arabisch en Hebreeuws) en geschiedenis gaan studeren aan de Vrije Universiteit in Amsterdam en die studie in 1949 onderbreken om deel te nemen aan de rondetafelconferentie over de Nederlandse erkenning van de Republik Indonesia.

Wat Han las, weet ik niet. Alles wat in de kampbibliotheek was ondergebracht, ongetwijfeld. Als ik me hem voor de geest haal, zie ik hem in eerste instantie lezend, in de gemakkelijke maar niet te luie stoel in de studeerkamer van de pastorie in Rhoon, onder de leeslamp die zelfs midden op de dag brandde. Wie dat overdreven vond, kreeg te horen dat hij aan het kamp slechte ogen had overgehouden – kijk, dat weet ik nou weer wel. Maar welk boek in Parepare indruk op hem maakte, heeft hij me nooit verteld.

Misschien heeft hij zich net als Schulte Nordholt over dat leerboek Hebreeuws gebogen. In zijn latere preken deed hij vaak een exegese en zocht naar de Hebreeuwse oertekst in de oudtestamentische boeken. Ik ergerde me daar groen en geel aan, ai nee, daar komt pa weer met z'n Hebreeuwse oertekst in plaats van dat hij een verhaal vertelt dat het vrome volk doet sidderen. Op mijn zestiende moest ik weinig hebben van zijn geleerdheid, maar misschien rekende hij die zelf wel tot de enige vruchten die de magere oorlogsjaren hem hadden geschonken.

Van Baal volgde in het kamp de colleges kerkgeschiedenis van pastoor Raats uit Flores. Hij woonde eveneens de colleges van pastoor Moolenaars bij over logica en thomisme. Want Van Baal, die uit een streng gereformeerd gezin in Scheveningen kwam, koos juist lezingen uit die hem iets vertelden over de rooms-katholieke denkwijze. Wat hem overigens op de lange duur maar matig beviel, het was hem allemaal veel te dor. Hij leefde pas weer op toen hij naar de zendingstaalgeleerde Louis Onvlee kwam luisteren, die van het eiland Sumba kwam. Van Onvlee leerde hij dat het Sumbanees geen woorden kent als *zonde* en *schuld*, *liefde* en *genade*, *vergeving* en *verzoening*, wat het knap lastig maakte om het Evangelie te vertalen. Van Baal vroeg zich af hoe het leven eruitzag als je geen flauw benul van zonde hebt en ieder gevoel van schuld je vreemd is. Het was inderdaad een prikkelende exercitie. Deed mijn vader eraan mee?

Het meeste leerde Van Baal van pater Mommersteeg, die diep geïnteresseerd was in de cultuur van de Ngad'a van Flores en fascinerend kon vertellen over hun offerrituelen en mythologie. En hij moest erg lachen om pastoor Simon Buis, die aan telekinese deed: op een bord liet de pastoor een gouden vingerhoed en een wijnbeker dansen. Een wonderlijke man, die Buis, in Noord-Holland geboren, in Chicago tot priester gewijd, naar Flores getrokken om er documentairefilms te maken over een symbiose tussen lokale gebruiken en het katholieke geloof. In 1940 was hij met een soortgelijke missie aan de slag gegaan in Jembrana op Bali. De jongens in het kamp zagen hem als tovenaar, Buis deed aan hocus pocus; de ouderen keken geamuseerd toe hoe hij, met drie man rond de tafel, net zolang bleef zitten tot de vingerhoed en de wijnbeker loskwamen van het bord. Wat bij het zwakke licht van een olielamp nauwelijks zichtbaar was. De bisschop van Makassar kwam op een gegeven moment tussenbeide en verbood de spiritistische sessies omdat ze 'heidens' waren. Hij nam de wijnbeker in beslag. Waarna pastoor Buis aan Willem Wijker vroeg een nieuwe voor hem te maken zodat hij, althans voor zichzelf, door kon gaan met telekinese, want dat vereiste veelvuldige oefening in concentratie.

Af en toe woonde Van Baal ook de bijeenkomsten bij van

een groep die zich onder leiding van bestuursambtenaar Mendelaar boog over de toekomstige politieke structuur van Indonesië. De vraag was wat de mannen van het Binnenlands Bestuur moesten nastreven als ze na de oorlog naar hun posten zouden terugkeren. Voor bijna iedereen stond het vast dat de volken van Indonesië een grote politieke zelfstandigheid moest worden toegekend die de basis zou vormen voor de latere onafhankelijkheid. Een soort stappenplan: eerst grotere autonomie, dan langzaam maar zeker baas in eigen huis. Het eenzijdig uitroepen van de republiek zou slechts tot chaos leiden. De communis opinio onder de bestuursambtenaren was dat bewust op een geleidelijke ontwikkeling aangestuurd moest worden. Met een figuur als Soekarno diende echter ieder contact vermeden te worden. Door zijn verregaande collaboratie met de Japanners en zijn ongenuanceerde afkeer van Nederlanders was hij niet de man om de toekomst van Indonesië gestalte te geven. Ai ja, ze vergisten zich ook, die mannen in het kamp. Of ze deden aan wishful thinking.

'Wacht gelopen met Brokken.' Dat was het enige wat ik in een paar flarden uit een dagboek over mijn vader tegenkwam. Niets vreselijks, evenmin iets verheffends of heldhaftigs. Een man, Verhagen, voor de oorlog inspecteur van politie en controleur Binnenlands Bestuur in Mamuju in West-Celebes, had twee nachten wachtgelopen met Brokken. Geen voornaam, de geïnterneerden spraken elkaar met de achternaam aan. Bij de jongsten ging aan de achternaam *Boy* vooraf.

Er waren zeventien *boys* in het kamp. Ze hadden namen als in een jongensboek. Willy Badenbroek, Dennis Burger, Freddy de la Fuente, Jan de Keizer, Jan van Driest, Danie van Doornen, Co de Hamer, Paul Wherens, Joost Logeman, Just Roele, Wiebe Seth Paul, Willem Wijker.

Brokken moest wachtlopen om Boy de la Fuente te vervangen, die in de ziekenboeg was opgenomen.

Heiho's bewaakten het kamp, inheemse hulpsoldaten, of zoals ds. Bikker het vilein formuleerde, 'Indonesische militie, die hulpdiensten verrichtte ten behoeve van het Japanse leger, om op deze wijze de dank van Indonesië voor de bevrijding aan Dai Nippon in daden te tonen'. De meesten van hen waren Boeginezen, die een vijandige houding tegenover de geïnterneerden aannamen en hun Japanse meesters vrij goed nabootsten in het schreeuwen van commando's. Tijdens het appel, als de gevangenen moesten buigen voor Nippons overmacht, liepen de heiho's achter de Japanners aan en droegen hun de bamboestokken na waarmee ze de straffen konden uitdelen. Reden voor straf was bijvoorbeeld een niet dichte knoop van een overhemd. Of een buiging die niet diep genoeg was.

De Toradja's waren minder fel tegen de blanda's. Hun voornaamste taak was smokkel van voedsel, tabak en bovenal kranten en brieven tegen te gaan, maar ze zagen veel door de vingers, ook omdat ze graag een centje bijverdienden aan het gesjoemel. De gevangenen mochten geen snippertje nieuws vernemen over het verloop van de oorlog of de omstandigheden waaronder hun vrouwen en kinderen verkeerden, daar was de jap streng in.

Heiho's lieten zich 's nachts assisteren door geïnterneerden die bij toerbeurt rondjes langs het prikkeldraad liepen. Bij onraad moesten ze op een fluitje blazen, de heiho's kwamen dan zelf in het geweer. Wachtlopen was vooral vervelend omdat je overdag gewoon je werk als dwangarbeider moest doen. Aan het einde van de dag kon je dan niet meer op je benen staan van vermoeidheid.

'Wacht gelopen met Brokken.' Het staat er even duf als

het geweest moet zijn. Niet: 'Goeie grap met Brokken uitgehaald tijdens de wacht.' Evenmin: 'Leerzaam gesprek met Brokken gehad.' Geen bijzonderheden.

'Wacht gelopen met Brokken.'

Soms valt er ook helemaal niets over een oorlog te vertellen. Is het stom tijdverdrijf. Hoewel ik het met opluchting las. Brokken had niets gedaan waarvoor hij zich later hoefde te schamen, hij had vijf nachten achtereen wachtgelopen en was niet één keer in slaap gevallen.

7

'Vandaag zette ik 'n ding op,' schreef Hofker op 2 januari 1939 over het schilderij *Ni Dablig en Ni Tjawan*, een van de werken die hij, afgaand op zijn herinnering, in 1944 in het kamp naschilderde. 'Twee vrouwen die samen naar een tempel gaan in feesttooi. Ben benieuwd of het iets worden wil: 'n nieuw modelletje; 'n zalig onnozel boerendeerntje. Gaaf en rond, en bruin als 'n kastanje. Samen met het Lègong danseresje: oosters verfijnd, haast geraffineerd – maar 't lijkt me ('t is zeker) 'n echte tropenweelde – helemaal in 't brokaat. Goede combinatie, of tegenstelling.'

De invloed van Isaac Israëls bleef zichtbaar in zijn werk, zelfs in het werk dat hij in het kamp maakte. Israëls was een van zijn leermeesters geweest. Hofker neigde naar het sensuele en het stoffelijke. Het zijde van een kostuum schilderde hij als de huid van een Balinese danseres. Je hoort de stof knisperen en ruikt de huid als je zijn schilderijen dicht nadert. Net als bij Israëls, die trouwens ook een periode in Indië heeft doorgebracht en zich daar naar eigen zeggen 'half dood schilderde', zo prachtig vond hij het op Java. Met Israëls had hij verder een vrije, zwierige, impressionistische toets gemeen, werkte hij graag buiten, in de natuur, was hij niet vies van erotiek en beschikte hij over een breed kleurenpalet. Op het schilderij *Ni Kenjoeng bij de waringin* uit 1943, een van de laatste werken voor hij gevangen werd genomen en naar kamp Parepare werd afgevoerd, vangt Hofker het vroege ochtendlicht dat op Ni Ketut Kenjoeng valt, 'een nobel meisje' volgens Hofker, tegen de achtergrond van de waringin, de vijgenboom die steunt op zijn luchtwortels en bij de ingang van een tempel uit de achtste eeuw staat, de Purung Gunung Lebah in Ubud. Het meisje is halfnaakt en lijkt zich bewust van haar sierlijke verschijning. Hofker laat de band tussen hemel en aarde, geest en natuur, licht en donker zien, en plaatst het Balinese meisje in het centrum van het universum. Een zinnelijk universum, het zou tot in het midden van de twintigste eeuw duren voor de meisjes en vrouwen van Bali hun bor-

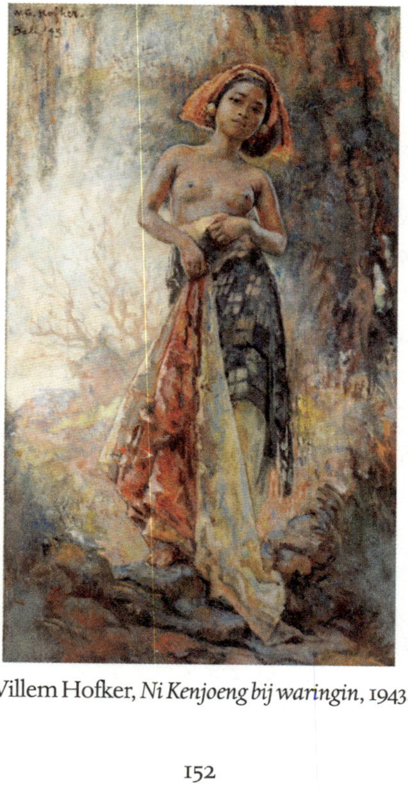

Willem Hofker, *Ni Kenjoeng bij waringin*, 1943.

sten moesten bedekken; hetzelfde gold trouwens voor Makassaarse vrouwen en Toradja-meisjes en -vrouwen. Het besluit dat naakte borsten in het openbaar moest tegengaan, werd op Bali door de eerste gouverneur in het onafhankelijke Indonesië genomen, door de linksgeoriënteerde Anak Agung Bagus Sutéja, in 1958. De maatregel moest het sensatietoerisme tegengaan en Bali een modern en bovenal zedig aspect geven. Twintig jaar eerder hadden koloniale ambtenaren in opdracht van resident Moll hetzelfde geprobeerd. Zonder succes. Moll, die bekendstond als een unverfroren fatsoensrakker, riep de toorn op van zowel de hoogste als de laagste kasten en haalde bakzeil. Ook de brahmapriesters keerden zich tegen hem.

Door een laag standpunt te kiezen trekt Hofker op *Ni Kenjoeng bij waringin* alle aandacht naar haar blote bovenlijf, dat van een bijna onwerkelijke pracht is. Het hele schilderij heeft trouwens iets dromerigs, ook de doek die Ni Kenjoeng voor haar sarong houdt en die suggereert dat ze bezig is zich uit te kleden.

Heeft mijn vader het gezien? Vond hij het schunnig? Of, zoals hij het uitgedrukt zou hebben, 'een beetje te veel van het goede'?

Ik weet niet of de naam Hofker hem al iets zei voor Willem een van zijn kampgenoten werd. Of hij voor de oorlog al eens een schilderij van hem had gezien. Werk van Hofker werd eenmaal op Bali tentoongesteld en kort daarop een keer in een galerie in Batavia. Veel van Hofkers schilderijen kwamen echter in omloop door de reizende tentoonstellingen van de Indische Kunstkring in Bandung, Surabaya, Jember, Malang, Semarang, Buitenzorg en Solo, verkooptentoonstellingen waaraan meerdere schilders deelnamen. Er verschenen geïllustreerde artikelen over in de Indische pers, ik kwam bijvoorbeeld een recensie in de *Makassaarsche Courant* tegen. Blijft de vraag of mijn vader die opgemerkt heeft. Hij was voor de oorlog bijna voortdurend op reis en verbleef vaker buiten Makassar dan in de stad.

Ik weet trouwens niet of er ook maar iemand van de geïnterneerden een glimp kon opvangen van de schilderijen die Hofker in het kamp vervaardigde. Voor de tekeningen stonden de gevangenen model, maar bij het schilderen duldde hij, denk ik, geen pottenkijkers. Hij was een verlegen man die ook voor de oorlog al het liefst een teruggetrokken leven leidde. Hij meed ieder contact met de jappen en boog braaf en diep voor de rijzende zon op de Japanse vlag tijdens het appel. Als persoon wilde hij zo min mogelijk opvallen en zichzelf het liefst uit het beeld wissen. Dominee Bikker trad als zijn agent op en stelde de voorwaarden voor de levering van de schilderijen aan de kampcommandant. Niet iets wat je verwacht van een christelijk-gereformeerde predikant, maar Bikker liet zich niet in een hokje plaatsen, hij hielp Hofker waar hij helpen kon en gaf de schilder krediet bij de andere gevangenen. Het geld dat de schilderijen opbrachten kwam in de kampkas, zodat er extra voedsel en vooral extra medicijnen van gekocht konden worden. Niemand betwistte daardoor de uitzonderlijke positie die de kampschilder innam.

Het viel de gevangenen op dat Hofker altijd voorovergebogen en met bedachtzame passen liep. Hij was een grote man, brede schouders, 1 meter 91 lang, maar leek zichzelf onzichtbaar te willen maken. Hij zag er ouder uit dan hij in werkelijkheid was; het verbaasde de gevangenen toen ze hoorden dat hij aan het begin van zijn kamptijd pas eenenveertig was.

Of de uitdagend geschilderde meisjes mijn vader geschokt of juist verlekkerd hebben, is het domein van speculatie; ik zou het niet weten. Misschien was hij slechts lichtelijk getroffen door hun bekoorlijkheid, wat althans beter is dan nuchtere onverschilligheid. Ik weet niet of ik een juist beeld van hem schets als ik speculeer dat hij het magnifiek vond hoe Hofker de danseressen in het Balinese decor wist te plaatsen en verrast was door de vaardigheid waarmee de schilder alle tinten van de tropen wist te vangen, de flamboyante maar ook de zachte en geheimzinnige halftinten. Hij was beslist geen doorsneeman, maar hij kon ook dor burgerlijk zijn; Olga maakte zich er in haar brieven aan huis vrolijk over dat hij liever een uitsmijter at dan zich aan de uitbundige smaken van de Chinese keuken te wagen en dat hij zich na het zoveelste bord rijst afvroeg waar de aardappelen met jus bleven.

Echt een kunstminnaar was mijn vader niet, ik kan me niet herinneren dat hij me ooit een keer meegenomen heeft naar een museum. Maar zijn moeder was een Schotel en kwam uit een familie van zee- en rivierschilders. Han was vernoemd naar de zeeschilder Johannes Schotel, de meester van de nietige scheepjes, de woeste golven en de dreigende luchten – echt ongevoelig kan het hem niet gelaten hebben. Hij droeg de voornaam en de voorletters van J.C. Schotel, gaf die voornaam en voorletters aan mij door, en hing een reproductie van *Storm op zee* boven zijn bureau. De familie Schotel, die in de negentiende en vroege twintigste eeuw negen schilders voortbracht, acht maritieme schilders en Christina, die uitmuntte in bloemstillevens, viel uiteen in een Dordrechtse en een Rotterdamse tak. De Rotterdammers zetten zich af tegen de burgerlijke Dordtenaren en kozen voor opstand en revolutie. Mijn grootmoeder kwam uit de Rotterdamse tak, net als de graficus Andreas Schotel, die niet schepen maar havenarbeiders als onderwerp koos en een van de weinige Nederlandse kunstenaars was die het socialistisch realisme tot wasdom probeerden te brengen.

Er was veel verf in de familie Schotel, en veel chagrijn en schande – mijn grootmoeder was een ongetrouwde moeder met een zoon van vier toen ze met mijn grootvader in het huwelijk trad. De oneer was zo groot dat mijn vader me nooit over zijn oudste broer heeft verteld, laat staan dat die acht jaar oudere jongen zijn halfbroer was – ik weet het pas sinds kort van een neef. Het kan een van de redenen zijn geweest dat Han zijn heil in Indië heeft gezocht. Niemand ging zomaar naar de koloniën, dat kon je wel bijna een wet noemen. De andere reden was dat de zending de studie van Han bekostigde, mijn grootvader was daartoe niet in staat, en zelfs wanneer hij het geld had gehad, zou hij dat nooit aan een studie theologie van zijn zoon hebben gespendeerd. Net zoals Andreas Schotel, de graficus en etser, was mijn grootvader zo rood als Troelstra en Lenin tezamen.

8

Zoekend naar Willem Hofker buig ik me over boeken met illustraties waar de warmte vanaf dampt, ook als het onderwerp een Zeeuws meisje in de duinen bij Zoutelande is, of Maria, die uitkijkt op de Besthmenerberg in Salland, een stuwwal uit de ijstijd. Hofker zocht overal naar een humane gloed. Aan verachtelijke mensen ging hij voorbij, hij vond ze het uitbeelden niet waard. In het kamp portretteerde hij niet één van de opeenvolgende commandanten; de Japanse bewaker in de wachttoren gaf hij geen gelaatsuitdrukking mee, geen ogen, neus, mond, alleen een vlerkerige houding. Lang voor het deel ging uitmaken van zijn overlevingsstrategie zocht Hofker al naar het sierlijke in de mens, niet naar het afzichtelijke. Vanuit historisch oogpunt is dat jammer, ik had bijvoorbeeld graag geweten of 'Harry' en 'Mietje' er even meedogenloos uitzagen als iedereen beweerde. Vanuit menselijk oogpunt is het echter begrijpelijk: door het niet vast te leggen, zou de herinnering sneller vervagen.

Natuurlijk was Hofker als alle andere gevangenen getuige van stompzinnig geweld, onmogelijk om daaraan te ontsnappen. Bijvoorbeeld die keer in blok 1. Bij binnenkomst van de Japanse korporaal bogen de gevangenen niet diep genoeg. De korporaal was de geduchte Mietje. Hij dankte zijn bijnaam aan vermeende homoseksuele contacten met inlandse bewakers en veranderde in een furie als hij ergens in het kamp 'Mietje' opving. Wanneer hij in de buurt was, heette hij de 'Gouvernante'. Zijn werkelijk naam was Mori. Hij gebood de mannen van blok 1 nogmaals te buigen, maar ze deden het weer niet diep genoeg. Hij sleurde toen de braafste uit de rij, dat was Hemsing, een bestuursambtenaar uit Bulukumba, en sloeg hem hard in het gezicht. Mietje eiste vervolgens dat alle andere mannen uit blok 1 zijn voorbeeld zouden volgen. De blokoudste moest dat als eerste doen, hij aaide Hemsing over de wang en kreeg een geweldige opdoffer van de korporaal. Nummer twee, misschien was dat wel mijn vader, zijn brits stond in blok 1, deed hetzelfde, een aai over de wang in plaats van een klap, waarna Mietje een stok pakte en hem op de rug mepte. De volgende was de kamparts Cees de Moor. Hij legde zijn bril op tafel en zei: 'Ik kan dit niet.' Hengst op de rug. Niemand ontkwam eraan, iedereen moest slaan en niemand sloeg Hemsing in het gezicht. Dat ze zelf een harde dreun kregen gaf eerder voldoening, ook al stonden bij sommigen de bloedsporen op de rug.

'Moet je tekenen,' zeiden de mannen tegen Hofker. Maar dat lukte hem niet. Hij vereenzelvigde zich totaal met zijn onderwerp, hij voelde wat de ander voelde, en die pijn en vernedering wilde hij niet.

Hofker was een groentje in Indië. Een *totok*. De schilder woonde en werkte in Amsterdam toen hij in 1936 de opdracht kreeg voor een portret van koningin Wilhelmina, dat in de centrale hal van het hoofdkantoor van de Koninklijke Paketvaart Maatschappij aan het Koningsplein in Batavia zou komen te hangen. Een staatsieportret ter gelegenheid van haar veertigjarig regeringsjubileum. Voor de ceremoniële overdracht in februari 1938 nodigde de directie de schilder en zijn vrouw uit naar Batavia te komen. Willem en Maria maakten een dansje in huis toen ze het hoorden en begonnen de volgende dag met pakken. Eenmaal op Java ontvingen ze twee open tickets van de rederij voor een reis langs de Indische eilanden en kregen ze de gelegenheid om vijf maanden rond te reizen. Als tegenprestatie moest Willem elke maand tien tekeningen maken van 'de Indische mens en de Indische cultuur', die de KPM als promotiemateriaal zou gebruiken op kalenders, bagagelabels en brochures.

In Batavia, Buitenzorg en Bandung kwam Hofker er snel achter dat Javanen vanwege hun islamitische geloof niet geportretteerd wilden worden en met geen mogelijkheid tot poseren waren te bewegen. Het was een van de redenen waarom Willem en Maria Hofker in juni 1938 naar Bali reisden – het hindoestaanse geloof maakt geen bezwaar tegen het afbeelden van mensen. De andere reden was het klimaat. Willem reageerde slecht op de overgang naar de tropen en was op Java vaak ziek. Hoog in de heuvels van Bali kon hij echter vrij ademhalen.

Willem en Maria troffen een eiland aan dat, zoals Willem naar huis schreef, 'schoonheid en schaterende humor verenigt'. Dat hij direct oog had voor de 'schaterende humor' was opmerkelijk, de meeste kunstenaars beleden Bali met de mond in de plooi, als een hoogmis. Willem en Maria trokken in bij de Indische art-decoschilder René Gockinga, die een huis aan de door palmen omzoomde weg van Denpasar naar Sanur bewoonde en twee kamers overhad. Op het terrein liet Willem een eenvoudig bamboe huisje optrekken, dat zijn atelier werd. Het huisje lag tegenover de belangrijkste tempel in de desa, waar dagelijks de gamelanspelers oefenden en de *lègong*-danseressen Ni Sadri en Ni Tjawan hun gebaren verfijnden. Willem keek toe alsof hij een andere beeldtaal leerde.

In december 1938 stuurde hij een tekening van Ni Sadri naar zijn vroegere hospita in Amsterdam, juffrouw Jas. Hij had het bijzonder goed kunnen vinden met de kunstgevoelige dame en schreef: 'Een Lègong meisje voor uw verjaardag bestemd. Nachtelijke Lègongdans: als tere prinsesjes uit 'n

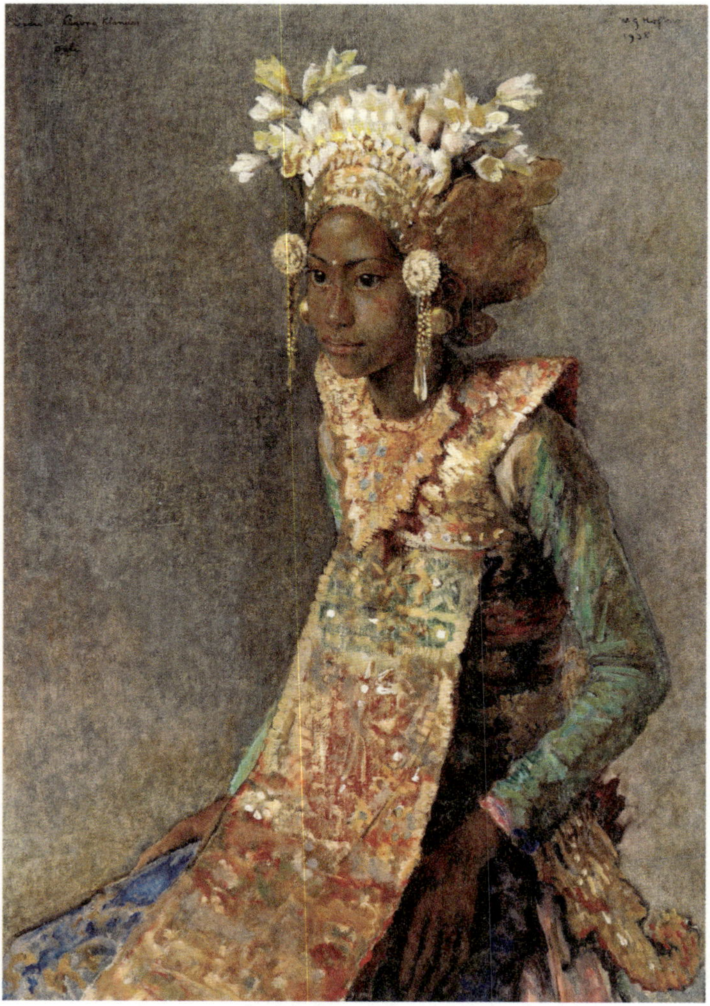

Willem Hofker, *Ni Sadri, Lègong Klandis*, 1938.

Italiaans vroegrenaissance schilderij van Benozzo Gozzoli, of Pisanello, doemen de Lègong danseresjes uit het warme, tropische nachtdonker op. Flikkerende goudglanzen en bedwelmend geurende Tjempaka en Djapoen bloemen (op de hoofdtooi) verraden dan, dat de tempeldanseresjes tussen de Gamelanspelers aangekomen zijn.'

Hoofdtooi, kostuum en sieraden bestudeerde hij tot in de details en gaf hij met een wellustige aandacht weer. De hoofdtooi mocht de tempel eigenlijk niet verlaten, maar door zijn model vijftien cent extra te betalen kon ze de goden met een offer om vergeving vragen. Voor het poseren zelf ontving ze een gulden per dag, een vorstelijk salaris op het toenmalige Bali. Hofker had het er graag voor over. Toen Ni Sadri voor het eerst voor hem poseerde, was ze nog geen twaalf jaar, maar al wel een ster. Ze ontbrak op geen enkele dansuitvoering in Ubud of Denpasar en kreeg onveranderlijk de eerste plaats toebedeeld, in het midden, vooraan. Vanwege haar gratie en niet minder vanwege haar grappige gezicht. Ze was zijn ideale model.

Net als haar echtgenoot raakte Maria op Bali onder de bekoring van de vrouwen, maar ze ging ze anders afbeelden dan Willem: ze laat ze water dragen op het hoofd, schrijft eronder: 'Bali, vrouwen aan het werk', en: 'Opgedragen aan W.G. Hofker, vrouwen op Bali zoals hij ze niet schildert.' Zoals hij ze níét schildert, want zijn danseressen zijn bekoorlijk, uitdagend, elegant, exquis, en verleiden op twaalf- of dertienjarige leeftijd alsof ze nooit anders hebben gedaan. Maria ziet vooral wijsheid in de vrouwen, een wijsheid die ze niet geheel kan bevatten maar waar ze zich voor openstelt en waar een enorme kracht van uitgaat.

Toch laat ook Maria zich door Ni Sadri overrompelen. De

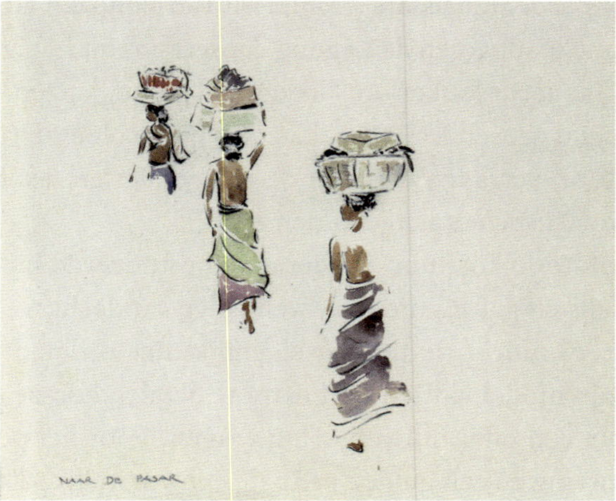

Maria Hofker-Rueter, *Naar de pasar (markt) – Vrouwen op Bali zoals hij ze niet schildert*, 1943.

danseres veinsde zo perfect verlegenheid dat Maria het graag wilde geloven. 'Ze is helemaal in goud,' schreef ze aan haar jongste zus in Nederland. 'Bladgoud op haar zijden mouwen en sarong en opgetuigd met verguld karbouw leer, vergelijkbaar met de wajang poppen voor de haardracht en kraag. Wim heeft haar een paar keer getekend, maar schildert haar momenteel als danseres in het rijke danskostuum en de gouden hoofdtooi, versierd met flagrante witte bloemen.' *Ni Sadri, Lègong Klandis* zou een van zijn beste schilderijen worden.

Willem en Maria kunnen er niet meer toe komen het eiland te verlaten, 'het Eiland van de Goden', zoals Maria naar huis schrijft. Als het Duitse leger Nederland binnenvalt, neemt de geschiedenis de beslissing voor hen: ze kunnen de terugreis voorlopig vergeten. Ze betrekken een huisje in Kernang te midden van de sawa's. Anderhalf jaar later verhuizen ze naar een erf met een aantal optrekjes in het hoger gelegen, dus koelere Ubud. De behuizing is eenvoudig, de inrichting simpel, het meubilair van bamboe. Tegen Olga zou ze later zeggen dat ze met weinig had leren leven, en ik ben er wel zeker van dat Olga dat in haar waardeerde.

Maria kwam uit een kunstenaarsfamilie. Ze was de dochter van de grafisch ontwerper Georg Rueter, die haar als meisje vereeuwigde op de eerste Nederlandse kinderpostzegel, uit 1924, en Gerarda de Lang, die boekbanden en kalenders ontwierp. Haar broer Pam zou als grafisch ontwerper bekend worden om zijn ex libris, haar zus Gerarda zou beeldhouwer worden. Bij de Rueters, die in een zeventiende-eeuws huisje aan het dorpsplein van Sloterdijk woonden, kwamen de Amsterdamse Joffers over de vloer, de acht schilders uit Amsterdam die duidelijk maakten dat vrouwen net zo goed als mannen konden schilderen; het was alles kunst wat Maria om zich heen zag. Ze volgde de Dagteken- en Kunstnijverheidsschool voor meisjes en trouwde in 1930 met Wim.

Ook onder schilders was het toen nog wet dat de vrouw in dienst moest staan van de man. Eenmaal op Bali gingen al haar zorgen en aandacht naar Wim uit. Als ze moeder was geworden, zou ze zich waarschijnlijk blijvend in die dienende rol hebben geschikt, maar ze kreeg geen kinderen. Net als Wim ervoer ze dat als een verschrikkelijk gemis, ofschoon het hun band eerder versterkte dan verzwakte. Ze waren erg close en zouden dat hun hele leven blijven.

Maria's eerste specialisatie was boekbinden geweest; daar kon ze op Bali weinig mee. Algauw legde ze zich toe op aquarelleren en begon ze verhalen te schrijven over het dagelijkse leven op Bali, die ze in verschillende tijdschriften en in het *Indisch Weekblad* publiceerde, met slechts af en toe een tekeningetje in de kantlijn. In het najaar van 1941 reisde ze alleen, zonder Wim, naar Zuid-Celebes en de Toradjalanden en begon ze haar impressies rijker te illustreren. Als kunstenaar kwam Maria pas tegen haar veertigste tot ontplooiing.

Heel anders dan Willem, die een voornaam had gekregen die hem de weg wees in het leven: hij was vernoemd naar Willem Witsen, een vriend van zijn vader. De fameuze Willem Witsen, sleutelfiguur van de Tachtigers, een groep kunstenaars die zich beschouwden als de grote vernieuwers van kunst en literatuur. Witsen stond voortdurend in contact met de vader van Willem, met Gerrit Jan Hofker, een PTT-ambtenaar die schreef en dichtte en in de redactie zat van *De Nieuwe Gids*, de spreekbuis van de Beweging van Tachtig. Witsen doneerde flinke sommen aan *De Nieuwe Gids*, dat mede daardoor kon uitgroeien tot een toonaangevend literair tijdschrift. Dankzij zijn eigen familiekapitaal en dat van zijn eerste vrouw was hij gefortuneerd; hij onderhield de meeste van zijn schilders- en dichtersvrienden en verleende ze dikwijls onderdak. Zowel vader als zoon Hofker liepen rond in afgedankte kleren van Willem Witsen.

Willem Hofker begon zijn opleiding aan de Haagse Academie en vervolgde zijn studie aan de Rijksacademie van Beeldende Kunsten in Amsterdam. Hij was zestien jaar toen hij de eerste lessen van zijn peetoom Witsen kreeg, die niet alleen een begaafd schilder van stadsgezichten en donkere wintertaferelen was, maar ook een volleerd etser en fotograaf. Op voorspraak van Witsen ging Hofker vervolgens in de leer bij Isaac Israëls en George Hendrik Breitner, de onbetwiste meesters van de jaren tien en twintig. Ze brachten hem een grote verscheidenheid aan technieken bij en konden het nauwelijks bevatten dat Willem, zo jong als hij was, in alles excelleerde: in olieverf, aquarel, contékrijt, potlood- en pentekeningen, etsen, mezzotinten – het etsen in halftinten met een grotendeels donkere achtergrond – en niet te vergeten, in lithograferen.

Hofker keerde zich nooit van zijn leermeesters af. Bali zag hij als 'een goed avontuur voor m'n werk en schilderwijze'. Met als voornaamste doel: 'Ik hoop als een Isaac Israëls terug te komen.'

Voor Israëls, Witsen en Breitner had kunst een bij uitstek esthetische functie, geen morele. Kunst moest geen andere boodschap uitdragen dan het aanbidden van de schoonheid. Het werk van Hofker is en bleef doordrongen van dat ideaal.

De smerigheid van een kamp lijkt me bij uitstek de plek om over deze schoonheid te praten, als laatste halm om je aan vast te klampen of als een vergezicht dat je uit de zompige realiteit haalt. Ik hoop dat mijn vader dat met Hofker heeft gedaan. Hij had zijn hele jeugd gelezen, gelezen – ook, of misschien vooral, als vlucht uit het gezin waarin hij opgroeide, met een altijd zieke en altijd bedlegerige moeder, die, denk ik nu, de schande van haar ongehuwde moederschap nooit te boven was gekomen, en met een vader die zijn troost in de jenever zocht en geen dag nuchter eindigde. Tot enige pathetiek was mijn vader niet in staat, maar hij zei me eens dat boeken zijn jeugd en misschien zelfs wel zijn leven hadden gered. Literaire boeken, welteverstaan, romans, dichtbundels.

Ik kan me niet voorstellen dat hij géén contact met Hofker heeft gezocht, dat hij niet heeft gevraagd: 'Kwam Willem Kloos bij jullie thuis?' 'Lodewijk van Deyssel? Frederik van Eeden, die zo geobsedeerd was door liefde, lijden en dood en dat samenbalde in *Van de koele meren des doods*? Of Louis Couperus, die je de stille krachten van het Oosten liet voelen?' Want het antwoord zou 'ja' zijn geweest, ze kwamen hun kopij voor *De Nieuwe Gids* brengen; vader Hofker was de secretaris van de redactie. Of dat Han gevraagd zou hebben: 'Hoe was dat nou met Witsen? Was hij even bedrukt en depressief als zijn schilderijen?' En Breitner ja, bestond er een sensitiever schilder dan George Hendrik Breitner? Als je zo iemand op je zestiende of je zeventiende als leermeester hebt gehad, dat moet toch een bijna hallucinerende ervaring zijn geweest?

Ik moet me heel sterk vergissen, mijn vader eigenlijk niet kennen zoals hij geweest was, als hij daar niet alles over had willen horen, zeker ook om te ontsnappen aan de gesprekken om hem heen, die dag in, dag uit over de stank van de latrines gingen en het laatste sliertje vlees dat in de rijst was aangetroffen, een onduidelijke substantie die evengoed afkomstig kon zijn van een slang of een rat. Want, o ja, dat liet mijn vader zich wel eens ontvallen: als je honger hebt, smaakt het beetje vlees dat aan een rat zit lang zo slecht nog niet.

9

Na Ni Sadri raakte Hofker in de ban van de danseres Ni Goesti Compiang Mawar. Hij beeldde haar verschillende malen af, in olieverf of met potlood en pastelkrijt, met de *Gelungan*-haartooi en de kraag en waaier van de lègongdanseres. Op de krijttekening doet haar ietwat afzijdige blik vermoeden dat ze in trance is; de lègongdans moet uiteindelijk leiden tot een totale overgave van de danseres aan de goden.

Ook Ni Goesti Ayu Oka gaf hij in trance weer. Zij was de dochter van de Balinese schilder, tekenaar, beeldhouwer en architect I Goesti Nyoman Lempad, die alleen al door zijn hoge leeftijd een legende zou worden: toen hij stierf was hij naar schatting honderdzestien jaar. In de tijd dat Hofker hem leerde kennen, was hij al oud, hij vertelde graag dat hij al getrouwd was toen hij de reusachtige knallen hoorde waarmee de Krakatau tot uitbarsting kwam. Dat was in 1883. Lempad stond aan het hoofd van een groep beeldhouwers die de tempels en paleizen in en rond Ubud decoreerden. Hij had het beeldhouwen en het tekenen van zijn vader geleerd, waardoor Hofker een goed inzicht kreeg in de tradities waarin de Balinese kunstenaars stonden. Hofker bezocht Lempad vaak, hij woonde even verderop bij hem in Ubud, en kwam via hem in contact met de groep internationale kunstenaars die in de jaren twintig en dertig op Bali was neergestreken.

Centrale figuur van die groepering was Walter Spies, een schilder, schrijver, musicus en fotograaf, die in 1923 naar Java was gekomen en sinds 1927 in Ubud op Bali woonde. Spies was in Moskou geboren als zoon van een Duitse consul die het grootste deel van zijn leven in Rusland had doorgebracht, hij was koopman en honorair consul, en van een Duitse moeder die zich als een Russische gravin gedroeg. Op zijn vijftiende werd Walter naar een kostschool in Dresden gestuurd maar bracht nog altijd de zomers door op een buiten ten zuiden van Moskou. Tijdens de Eerste Wereldoorlog nam hij vrijwillig dienst als verpleger en verkeerde onder Tataren en Kirgiezen. De kunstacademie bezocht hij toen hij weer terug was in Dresden, maar hij had weinig affiniteit met de Duitse mentaliteit en meer in het algemeen met West-Europa. Heel even nog genoot hij van Berlijn, het woeste, wufte Berlijn waar de vrouwen zich als mannen kapten en kleedden en de mannen hun sigaretten in ivoren pijpjes staken zoals vrouwen dat deden, maar toen joeg hij een jeugddroom na en vluchtte naar Azië, waar volgens hem alles heftiger en intenser was.

Spies viel voor Java en Bali tijdens een bezoek aan het Koloniaal Instituut in Amsterdam, het huidige Tropenmuseum. Hij kwam daar voor het eerst in aanraking met de kunst van Bali en hoorde voor het eerst de gamelan. Op Goede Vrijdag, 30 maart 1923, woonde hij de uitvoering van de Matthäus Passion in de Grote Kerk in Naarden bij, en ofschoon hij die als hoogtepunt van zijn muzikale vorming beschouwde, een moment dat hem zo aangreep dat hij zat te beven en te trillen in de kerkbank, besloot hij de volgende dag 'weg te vluchten' uit Europa.

Op Bali ging hij in de leer bij de archeoloog Roelof Goris, die misschien wel de grootste kenner van het oude Bali was, en bij de taalkundige Christiaan Hooykaas, specialist in de

Balinese rituelen en religieus-ritualistische literatuur. Hooykaas woonde in Singaraja, zijn kantoor was gevestigd in het huis van Kirtya Liefrinck-van der Tuuk, de stichting voor wetenschappelijk onderzoek van de taal-, land- en volkenkunde van Bali en Lombok, die vele Balinese en Oudjavaanse manuscripten beheerde. Hooykaas had een ware hartstocht voor documentatie. Hij kopieerde *lontars*, manuscripten op gedroogd palmblad, en zette ze in het Latijnse schrift over. Bij zijn werk werd hij geassisteerd door de Balinese geleerde I Wayan Bhadra, die niet alleen het Balinees beheerste maar ook het vrijwel uitgestorven Oudbalinees. I Wayan Bhadra ging op zijn beurt te rade bij brahmapriesters en *pandits*, de priesterlijke deskundigen, die de werkelijke dragers waren van de Balinese religie en Balinese cultuur en het kastensysteem tot in de finesses kenden.

Vrijwel alles wat Spies over de rituelen van Bali wist, wist hij van Goris en Hooykaas. Het pleit voor hem dat hij juist deze geleerden opzocht en als zijn leermeesters beschouwde. Spies is maar al te vaak als een showfiguur afgeschilderd, met name door zijn beroemde bewonderaars uit New York en Californië. Het ging hem echter om de kern. Hij wilde leren, begrijpen, doorgronden, opgaan in een andere cultuur die hij beter bij zichzelf vond passen dan de wereld waar hij uit voortkwam. Naïef misschien, idealistisch zeker, nieuwsgierig bovenal.

De Balinese schilder- en beeldhouwkunst leerde Spies net als Hofker kennen van I Goesti Nyoman Lempad, en van vele andere schilders en handwerkslieden. Op zijn beurt droeg hij kennis van moderne technieken en materialen op Balinese kunstenaars over. Hij was een van de oprichters van de Pita Maha Artiesten Coöperatie, waarin honderdvijftig kunstenaars en handwerkslieden samenwerkten om tot een moderne Balinese kunst te komen.

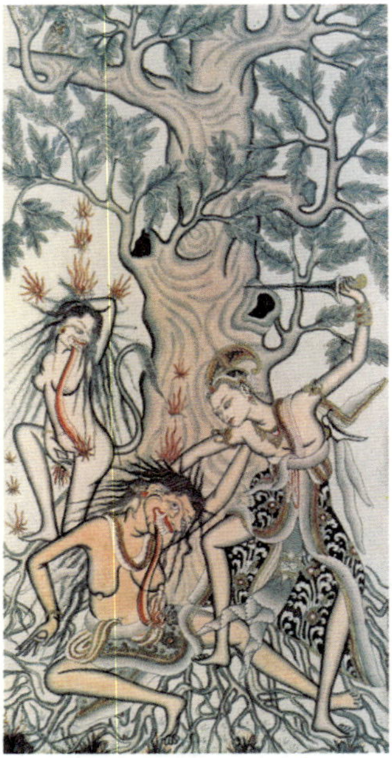

I Goesti Nyoman Lempad,
Tanting mas, vroege jaren dertig.

Tussen de Hofkers en Spies klikte het meteen, hoewel Spies tijdens hun eerste ontmoeting in februari 1939 vooral geïnteresseerd was in het werk van Maria, in háár tekeningen en háár aquarellen. Spies was niet alleen een bijna volleerd antropoloog, hij was ook geobsedeerd door alles wat kroop en bewoog in de natuur, en Maria tekende volgens hem insecten op een buitengewoon consciëntieuze manier. 'Een Nederlands echtpaar is hier aangekomen, beiden schilders,' schreef hij aan zijn moeder. 'Ik ontmoette hen een paar dagen geleden. Het zijn werkelijk lieve vriendelijke mensen, en ik hoop ze nog vaak te zien.'

Even voortvarend was hij Vicki Baum tegemoet getreden. 'Ze is zo verschrikkelijk aardig,' schreef hij aan zijn moeder, '*so wahnsinnig nett*.' Nadat Spies de Oostenrijkse schrijfster in vogelvlucht Bali had laten zien, drukte hij haar op het hart binnen een paar weken, maar liever binnen een paar dagen, terug te keren naar het eiland, 'u hoeft alleen een tandenborstel mee te nemen', en een roman over liefde en dood op Bali te schrijven – de titel was er meteen al. Vicki Baum gaf gehoor aan zijn verzoek, keerde een klein jaar later naar Bali terug, woonde van mei tot oktober 1936 in een bungalowtje op het erf van Spies en zou, als in trance, voortdurend bijgestaan en aangemoedigd door haar gastheer, *Liefde en dood op Bali* schrijven.

Voor Vicki Baum werd Bali de meest heilzame periode uit haar leven. Al in 1931 had ze haar geboorteland verlaten uit weerzin tegen het opkomend nazisme. Tijdens de boekverbranding van 1933 ontbrak geen van haar titels, de nazi's karakteriseerden haar als een 'joodse asfaltschrijver' van 'oppervlakkige, amorele, sensationele romans'. Vicki Baum emigreerde naar Californië, waar ze als een fenomeen werd begroet. Geen wonder, ze was opgeleid tot harpiste, had in een Weens symfonieorkest gespeeld, was gaan schrijven omdat ze uitgekeken raakte op de harp en had gebokst, met als trainer Sabri Mahir, een zwaargewicht die bekendstond als de 'Verschrikkelijke Turk'. Hij maakte haar lenig als een kat, rekbaar als een danser en bovenal modern, in die zin dat hij geen onderscheid maakte tussen mannen en vrouwen. In zijn Studio für Boxen und Leibeszucht aan de Kurfürstendamm in Berlijn keek Vicki vol bewondering naar een andere vrouw die geen krachttraining oversloeg: Marlene Dietrich.

Baum was een ster geworden dankzij haar roman *Menschen im Hotel*, die in 1932 onder de titel *Grand Hotel* werd verfilmd met Greta Garbo en Joan Crawford in de hoofdrollen. *Grand Hotel* werd een van de grootste Amerikaanse kassuccessen van de jaren dertig. Bij haar eerste bezoek aan Hollywood kon Vicki Baum direct een contract met MGM tekenen als scenarioschrijver. Maar al dit klatergoud was niets vergeleken bij Bali, waar ze zich leerde verzoenen met ziekte en dood en waar ze naar eigen zeggen 'een spirituele dimensie toevoegde aan haar leven'. Op Bali vond ze een vredige, beschaafde cultuur die het Nu heiligt, en tegelijkertijd drong het tot haar door dat het leven misschien wel een 'benauwde gevangenis' is, en dat 'ergens buiten' de grote vrijheid ligt, het Niet-Leven, als een belofte.

Zinnen die mijn vader met rood potlood onderstreepte en van uitroeptekens voorzag in zijn Duitse editie van het boek. Het leven een gevangenis, het niet-leven de vrijheid, 'ergens buiten' – misschien moet je in een kamp hebben gezeten om de volle omvang van dat idee te begrijpen.

Vicki Baum wist wat ze waard was en noemde zichzelf 'een eersteklas schrijver van de tweede orde'. Ze schreef voor een groot publiek, maar haar hotelromans geven een haarscherp beeld van de vele dolende zielen in de late jaren twintig en kunnen gerust tot de hoogste Exilliteratuur gerekend worden.

Met *Liefde en dood op Bali* steeg Baum boven zichzelf uit. Spies leidde haar rond op het eiland, introduceerde haar bij markante figuren en vertelde haar tot in de details over de Balinese cultuur en geschiedenis. Baum fictionaliseerde hem in de roman als de Nederlandse arts dr. Fabius, een zonderling en buitengewoon groot kenner van de Balinese volksaard, iemand die in zijn denken en zijn manier van leven 'een halve Balinees' was geworden. Hij zette haar op het spoor van de *puputan,* die het einde van het oorspronkelijke, door lokale vorsten geleide Bali inluidde.

Vicki Baum raakte gegrepen door het verhaal van de verovering van Zuid-Bali door de Nederlanders in 1906 en de puputan van de koning van Badung en zijn hof. *Perang Puputan* is het hindoeïstische ritueel waarin een verslagen vorst verkiest om samen met zijn familie en zijn gevolg, geheel in het wit gehuld, voor het oog van de naderende vijand collectief zelfmoord te plegen, met de kris of de lans. Bij de puputan van Badung naderden de radja en zijn gevolg de Nederlandse troepen tot op dertig meter. De radja stapte uit zijn draagstoel, gaf een teken aan een priester, die een kris trok en het hart van de vorst doorboorde. Zijn familieleden volgden zijn voorbeeld, broers en zusters staken elkaar neer, waarna de Nederlandse troepen het vuur openden op al zijn volgelingen, die neergehurkt in gebed verzonken waren. Aan het einde van de dag bleken meer dan 3500 mannen, vrouwen en kinderen te zijn gedood – verreweg de lafste overwinning die Nederland in zijn toch al lugubere koloniale geschiedenis boekte.

Veel liefde is er niet in *Liefde en dood op Bali*, wel veel onbegrip, misverstand en onverzoenlijkheid, met de dood als gevolg. Vicki Baum vertelt het verhaal vanuit het oogpunt van de Balinese vorst en de Hollandse bestuursambtenaar, maar bovenal van de eenvoudige Balinese boer Pak.

Ik las het boek op weg naar Bali en ik herinner me nog hoe ongelooflijk boos het me maakte. In totaal vonden op Bali en Lombok zes Perang Puputans plaats, en steeds herhaalde hetzelfde tafereel zich: de Nederlandse troepen schoten op mensen die de eer aan zichzelf wilden houden.

Maar boer Pak wankelt niet, dat is het mooie van *Liefde en dood op Bali*. 'Ik ben tevreden,' murmelt Pak na alle ellende. 'Mijn voeten zijn tevreden, mijn handen zijn tevreden na het werk. Mijn ogen zijn verheugd als ze naar de sawa zien en het leven is zoet.' Wat culmineert in de slotscène: 'Pak knielde neer en legde zijn gevouwen handen tegen zijn voorhoofd.

Hij was maar een eenvoudig man en te dom om te bidden. Hij dankte voor niets en bad om niets, voelde alleen dat alles zijn bestemming had en dat het gebeurde zoals de goden het beschikten. Hij verheugde zich op de rijst voor zijn avondeten, op zijn hanen en op het slapen bij zijn vrouwen. Hij verheugde er zich op de gong te slaan als de gamelan speelde, en met de mannen over belangrijke dorpszaken te spreken en nieuw stro op zijn muren te leggen. En hij verheugde zich op zijn rust en dat de oorlog voorbij was. Zijn kinderen waren gestorven en zijn vader was gevallen. Maar zijn hart was tevreden met een tevredenheid die de blanke niet kent.'

Ik raakte onder de indruk van de precisie waarmee Vicki Baum het Balinese leven beschrijft. De Balinese huizen, die uit vijf, zes, zeven, acht verschillende gebouwtjes bestaan, al naargelang de kaste van de hoofdbewoner. Ze zagen er exact zo uit als toen ik er in 1979 plaatsnam, te beginnen in het eerste gebouwtje, waar de gasten werden ontvangen. Rond de erven de bruinrode muren, onderbroken door hoge poorten die toegang gaven tot de huizen. 'Tussen de kruinen van de palmen en de zware vruchtbomen,' schrijft Baum, 'lagen de zonnestralen als zilveren balken op de dampige ochtendlucht. De grote geribbelde bladeren van de pisangbomen werden met het stijgen van de zon lichtende, transparante groene schijven. Achter iedere muur bloeiden de hibiscusbloemen om de huisaltaren.'

Met evenveel gemak beschrijft ze de geuren en klanken. 'Ze is er geweest,' zou mijn vader zeggen, en dan bedoelde hij: ze heeft het beleefd, ze heeft er deel van uitgemaakt. Voor hem waren er twee soorten mensen: mensen die ergens waren geweest en mensen die in hun hele leven nergens waren geweest, hoe vaak en lang ze ook gereisd hadden. 'Ik heb me opgenomen gevoeld in de kringloop van de dingen,' schreef Vicki Baum, 'en heb er deel van uitgemaakt.' Voor haar zou Bali nooit veranderen, ondanks de toeristen die al in de jaren dertig naar het eiland kwamen. 'Het leeft volgens oude wetten, die onaangetast zijn gebleven. De bergen, de ravijnen, de rijstvelden, de palmheuvels en de mensen zullen hetzelfde blijven. Het zijn dezelfde mensen die altijd terugkeren, de meesten zijn opgewekt en zachtmoedig en vergeetachtig, en wij zullen ze nooit helemaal begrijpen en nooit hun stilzwijgendheid en gelatenheid kunnen leren. Velen zijn kunstenaar en zullen altijd nieuwe gamelanmuziek componeren en nieuwe figuren uit hout en steen snijden en nieuwe toneelstukken dichten en nieuwe dansen dansen. Maar de goden veranderen niet en zolang deze nog in duizend tempels tronen en in elke rivier of berg of boom of veld, zal Bali niet veranderen.'

Ik onderging hetzelfde toen ik op Bali was en in het dagboekje met de blauw linnen kaft schreef: 'Zolang de dansen nog gedanst worden en de offerandes nog gebracht worden, zal alles hetzelfde blijven hier, onder welk regime dan ook.' En, voegde ik eraan toe: 'Hoewel... nergens werden in 1965 zoveel communisten in zo korte tijd gedood als in de dorpen van Bali. De gevolgen van de massamoord klinken hier tot op de dag van vandaag door. Iedereen weet hier wie de sadisten waren die vader, moeder, broer of zus op gruwelijke wijze om het leven hebben gebracht. Iedereen weet wie de dorpen platbrandde waar een meerderheid voor de PKI was, niet eens uit afkeer van de feodale aristocraten uit de hoogste kaste maar uit protest tegen de revolutionairen, die hun belofte het land onder de arme boeren te verdelen niet waren nagekomen. Het bloed stroomde van de sawa's naar de dorpen. Het vredige Bali was opeens wreed. Ook in een paradijs kunnen de demonen plotseling toeslaan. Afijn, dat wisten mijn ouders al...'

IO

Toen ik terugkwam uit Bali, vertelde mijn vader me dat hij Walter Spies had ontmoet. Ooit, lang geleden, vóór de oorlog. Ze hadden uren met elkaar gesproken, in het Duits. Voor de generatie van mijn vader was Duits wat Engels voor mijn generatie is. De meeste van zijn studieboeken waren in het Duits geweest, de theologische boeken alsook de wetenschappelijke werken over de islam. Walter Spies sprak Maleis en de vier talen van Bali, maar het zal hem toch plezier hebben gedaan dat hij in zijn eerste taal, de taal uit zijn jeugd, werd aangesproken. Want hoewel in Moskou geboren, spraken zijn ouders Duits met elkaar en met de kinderen.

Han was voor een zendingsconferentie in Denpasar die drie weken duurde en hem enige vrije tijd overliet om Bali te verkennen en in contact te treden met Spies. Of hij zomaar op de bonnefooi bij hem aan de deur heeft geklopt of dat iemand hem heeft geïntroduceerd bij Spies, misschien de taalgeleerde dr. Hooykaas, weet ik niet meer. Over dat soort details stapte mijn vader makkelijk heen, het ging hem meer om 'de essentie', een woord dat hij vaak gebruikte. Wat hem direct aan Spies beviel, was diens veelzijdigheid. Naast schilder, schrijver en – mogen we gerust zeggen – cultureel antropoloog, was hij ook een begaafd musicus en een niet onverdienstelijke componist. In zijn jonge jaren leerde hij Rachmaninov en Skrjabin kennen, de invloed van Aleksandr Skrjabin zou hem nooit verlaten, zijn eerste eigen composities lijken variaties op de Etudes van Skrjabin. Han vond het jammer dat Olga niet met hem mee had kunnen reizen naar Bali, want zij zou veel beter dan hijzelf met Spies over Rachmaninov en Skrjabin hebben kunnen praten – hijzelf hoorde de naam Skrjabin voor het eerst en wist niet goed of Olga zijn muziek kende en ooit iets van hem op de piano had gespeeld. Rachmaninov natuurlijk wel, als Han treurig was vroeg hij Olga een van de *Moments musicaux* van Rachmaninov te spelen.

Wat later, tijdens de Eerste Wereldoorlog, raakte Spies gefascineerd door de zangen van de Tataren en de Kirgiezen, en dat was al bijna oriëntaalse muziek. Toen hij nog maar pas op Java was, vroeg prins Djojodipuro hem de leiding over te nemen van het Orkest van de Sultan van Djokjakarta, een orkest dat zowel Javaanse als Europese muziek uitvoerde. Walter Spies dirigeerde het orkest van Djokja van 1924 tot 1927, woonde met zijn moeder, die hem uit Europa achterna was gereisd, en zijn Javaanse vriend in een van de paviljoens van de Kraton. Hij maakte zich vertrouwd met de gamelanmuziek en trok toen naar Bali, waar alle kunst stoelt op de sacrale dansen. In de schilderijen en tekeningen die Spies maakte, zie je complete choreografieën terug. Want Spies was in zijn jonge jaren ook nog eens een getalenteerd balletdanser geweest. Ik hoor mijn vader zeggen: 'Je zou een boek over hem kunnen schrijven'; hij sloeg hem beslist hoger aan dan de *Sunnyboy* voor wie velen hem hielden.

Spies was een sociaal dier, hij was toegankelijk voor iedereen en trok talent naar zich toe. Zo raakte hij bevriend met de Oostenrijkse schilder Roland Strasser, die na de Eerste Wereldoorlog Europa was ontvlucht en in de schaduw van de vulkaan Gunung Batur, met zijn 1717 meter de hoogste van Bali, de innerlijke vrede vond waarnaar hij tijdens talloze reizen door Azië had gezocht. En met de Zwitserse schilder Theo Meier die, aangetrokken door het werk van Paul Gauguin, naar Tahiti was getrokken, maar daar tot zijn teleurstelling een 'volslagen cultuurloze samenleving' had aangetroffen. Het van kunst en kunstzinnigheid doortrokken leven, waarnaar Meier zocht, vond hij op Bali. Meier vestigde zich in Sanur en trouwde een Balinese vrouw. Jean Le Mayeur deed dat ook, hij trouwde met de bijna zestienjarige danseres Ni Pollok – zestien jaar is de leeftijd waarop lègongdanseressen naar de religieuze voorschriften moeten stoppen. De in Brussel geboren Le Mayeur – zijn volledige naam luidde Adrien-Jean Le Mayeur de Merprès – had tijdens de Eerste Wereldoorlog de slagvelden getekend, geschilderd en gefotografeerd, en was de halve wereld door gereisd om de geziene verschrikkingen te vergeten. Ook hij trok naar Tahiti maar verliet het eiland al weer snel omdat hij er niet de drie dingen vond die hij zocht: schoonheid, zonlicht en stilte. Hij kocht in de jaren dertig een stuk grond in Sanur, dat toen nog slechts enkele optrekjes telde en een dromerig vissersdorp was, en bouwde er een huis en een atelier. Ook hij trad toe tot de kring rond Spies.

Allemaal schilders dus en allemaal met weerzin tegen Europa, maar Spies vergat zijn muzikale achtergrond niet. Veel van zijn kennis van de gamelan gaf hij door aan de Canadese componist Colin McPhee, die van 1931 tot 1938 op Bali verbleef. 'Mijn hart ligt in het Oosten,' schreef Colin McPhee in zijn boek *A House in Bali*. 'Alles wat ik wil is me afsnijden van die verschrikkelijke nachtmerrie die men beschaving noemt.' Met die beschaving doelde hij op de beschaving van het Avondland, waarvan zoveel kunstenaars aan de vooravond van de Tweede Wereldoorlog de buik vol hadden.

Colin McPhee componeerde een werk voor twee piano's en orkest, *Tabuh-Tabuhan*, waarvan de repetitieve thema's en opzwepende ritmes ontleend zijn aan het gamelanorkest. In 1941 zette hij in een studio in Londen zijn werk *Balinese Ceremonial Music* op de plaat. Met verleidelijke titels als *Rebong (Love Music From Shadow-Play)*. Het droeg bij aan de faam die Bali zou krijgen als centrum van kunst en cultuur en als mix van religie, magie, mythe en sensualiteit.

Voor Colin McPhee gingen de natuurlijke vruchtbaarheid en de intense schoonheid van Bali samen met de culturele erupties. Bali was voor hem een schatkamer van de natuur, en ieder deel van de dag liet een facet uit dat trezoor zien. In de ochtend was dat 'de gouden frisheid' die het eiland deed druipen en glimmen van het vocht, 'zoals een bloementuin in de etalage van een bloemist'. Midden op de dag werd Bali 'hard en zakelijk', want de Balinezen vergaten nooit dat er aan haar schoonheid verdiend kon worden. In de namiddag en de avond kwam echter de ware gedaante van het eiland naar voren en werd alles 'onwerkelijk, overdadig en theatraal als ouderwetse operadecors'.

Mijn vader zei over Walter Spies: 'Alles trok zijn aandacht, de natuur en de mensen, de muziek en de schilderkunst, Bali maar ook Java, en hij wilde van mij alles weten over Celebes en de Toradjalanden, hij wilde absoluut naar Makassar en Rantepao, ik heb hem bij ons thuis uitgenodigd, dacht dat je moeder het fantastisch zou vinden als hij bij ons zou logeren en achter de piano zou schuiven, maar het is er nooit van gekomen, hij overleefde de oorlog niet...'

Olga was niet met hem meegereisd naar Bali. Han kreeg slechts één derdeklas passagebiljet vergoed en bootreizen waren duur in Indië, te duur om van een bescheiden traktement te betalen. Bali ging aan haar voorbij, en dat zou haar altijd dwars blijven zitten. Bali mocht dan voor de oorlog al als een toeristenoord gelden, in 1938 werd het jaarlijks door tweehonderd buitenlandse bezoekers aangedaan. Het viel dus nogal mee met dat toerisme. Han zag een samenleving die snel en sterk aan het veranderen was, die internationaal in de aandacht was komen te staan maar die haar ziel nog niet aan de duivel had verkocht in ruil voor guldens en dollars.

Natuurlijk zocht Spies ook contact met de Nederlandse kunstenaars die naar Bali waren gekomen. Met in de eerste plaats Rudolf Bonnet, die zich in 1929 op Bali had gevestigd. Bonnet onderhield goede contacten met Balinese schilders, hij was ze van betere materialen gaan voorzien, van betere verf, kwasten, doeken, hij gaf ze, een beetje paternalistisch maar altijd goedbedoeld, adviezen en werkte nauw met hen samen. Precies zoals Spies het zelf wilde doen, zonder een greintje superioriteit en louter om kennis en ideeën uit te wisselen.

Tussen Spies en Bonnet ontstond een hechte kameraadschap; 'ze gingen als een tweeling door het leven,' schrijft Hans Rhodius in zijn monografie over Walter Spies. Ofschoon ze beiden homoseksueel waren, is niet bekend of ze ook intiem met elkaar omgingen; waarschijnlijk niet. Ze deelden een en dezelfde overtuiging. Beiden probeerden te redden wat er te redden viel van wat zij zagen als het oorspronkelijke Bali, beiden streden tegen een te grote westerse invloed, zowel in de kunst als in de bouw van huizen, hotels en overheidsgebouwen en zelfs in de kleding – ze vroegen de resident of de Balinese jongens weer in de traditionele *kain* en met bloot bovenlijf naar school mochten in plaats van in zwarte broek en wit overhemd. Bonnet protesteerde ook tegen het onderwijs aan de H.I.S. (Hollands Indische Scholen), dat zo sterk op Hollandse leest was geschoeid en zo weinig op de Indische. Het tekenonderwijs werd bijvoorbeeld gegeven uit het boekje *Gauw en goed,* dat absoluut niet aansloot bij de artistieke aanleg van de Balinezen. 'Bali, dat met zijn belangrijke en levende kunst zo een uitzonderlijke plaats in onze Oost inneemt,' drong Bonnet aan, 'kan misschien en behoort misschien ook wel in zijn onderwijs wat uitzonderlijk behandeld te worden.' En hij kreeg dat voor elkaar.

Het was in het huis van Bonnet waar Willem en Maria Hofker voor het eerst Walter Spies ontmoetten. Bonnet introduceerde de Hofkers bij tal van Balinese schilders en beeldhouwers. Ze raakten bevriend met elkaar, goed bevriend, een vriendschap voor goede en slechte tijden. 'Het was Rudolf die voor ons de betoverende deuren naar Bali opende en ons hielp de schoonheid ervan te waarderen, zowel de zichtbare als de ongrijpbare,' zou Maria decennia later in het voorwoord van de biografie van Bonnet schrijven.

Rudolf Bonnet, Willem Gerard Hofker en Maria Hofker-Rueter zouden nog iets delen: ze zouden halverwege de oorlog van Bali naar Celebes worden overgebracht en daar hun kamptijd doorbrengen, Maria in Kampili en Rudolf en Willem in Parepare. Waardoor het kamp waar mijn vader zat niet één, maar twee schilders zou herbergen.

II

Net zomin als van Hofker, had ik ooit van Bonnet gehoord. Of misschien toch wel, heel lang geleden, toen ik op Bali een museum bezocht waar werk van hem hing, maar had dat geen blijvende indruk op me gemaakt en was ik zijn naam vergeten. Thuis hoorde ik nooit over Bonnet – je spreekt zijn naam op zijn Nederlands uit, met een t aan 't eind.

Johan Rudolf Bonnet was vijftien jaar ouder dan mijn vader, een mooie man zie ik op de vele foto's die op Bali van hem zijn gemaakt, met wit achterovergekamd haar en een bril met een doorzichtig montuur. Zelfs in het kamp bleef hij er nog decent uitzien, getuige het zelfportret dat hij daar tekende. Bonnet maakte alle etappes van de internering mee, van het kamp in Parepare naar het noodkamp in Bodjo en naar het kamp in Bolong, aan de rand van het oerbos.

In *Djoenkeng Owari* komt hij niet voor, dat wil zeggen, hij staat in de Lijst van Geïnterneerden, met een verkeerde tweede voorletter, een B. in plaats van een R., maar in de verhalen speelt hij geen rol. Hij had kennelijk geen zin om net als Hofker achter het prikkeldraad te tekenen en die tekeningen aan de Japanners te verkopen, hij draaide gewoon mee met de corvees en viel niet op. Na de oorlog schreef hij aan zijn moeder dat hij in het kamp met al die mensen om zich heen niet veel had kunnen doen. Sterker dan Hofker had hij rust en afzondering nodig om tot iets te komen. Het kan ook zijn dat hij zich bewust gedeisd hield. Over zijn geaardheid tastte men in het kamp in het duister; in ieder geval was hij een mooie, elegante man, en ongetrouwd. Hij had zijn hele leven geprobeerd aandacht te vermijden, in het kamp zal hij extra voorzichtig zijn geweest. Of hij homo was, kon niemand met stelligheid bevestigen, ook voor de oorlog niet. Hij wilde in niets opvallen om geruchten en misschien ook wel pesterijtjes te vermijden. Vanwege zijn leeftijd was hij vrijgesteld van dwangarbeid. Zelf zei hij meer last te hebben gehad van de kou dan van de honger die in Bolong heerste. Hij kreeg alle ziektes die er in het kamp te krijgen waren, met uitzondering van beriberi; tijdens de laatste maanden van de oorlog kwam hij de ziekenboeg amper uit. Weer in tegenstelling tot Hofker; na de oorlog was Bonnet er nog verbaasd over en schreef aan zijn moeder: 'Wim, die toch helemaal niet sterk leek, is zelfs nooit ziek geweest.'

Bonnet tekende zichzelf met ingevallen maar gladgeschoren wangen en maakte drie studies van een oude man met een uitgemergeld gelaat die hij de titel 'De Arabier' meegaf. Hij tekende ook het portret van Jan van Baal, en kreeg daar vijf gulden voor – hoe Van Baal aan dat geld kwam kon hij zich niet meer herinneren, in ieder geval was hij buitengewoon content met het resultaat en zou het portret altijd in zijn studeerkamer hangen, waar die studeerkamer zich ook bevond. Max Lindner, een bestuursambtenaar uit Lombok, telde eveneens vijf gulden neer voor een portret dat Bonnet van hem maakte. Naakte schouders, bruinverbrand lijf, goed bijgeknipte baard, krachtige gezichtsuitdrukking: deze man was het tegendeel van de ziekelijke Bonnet.

Een nauwkeurige tekening van de dysenteriebarak in Bodjo waarin hij moest worden opgenomen, bleek bij nader on-

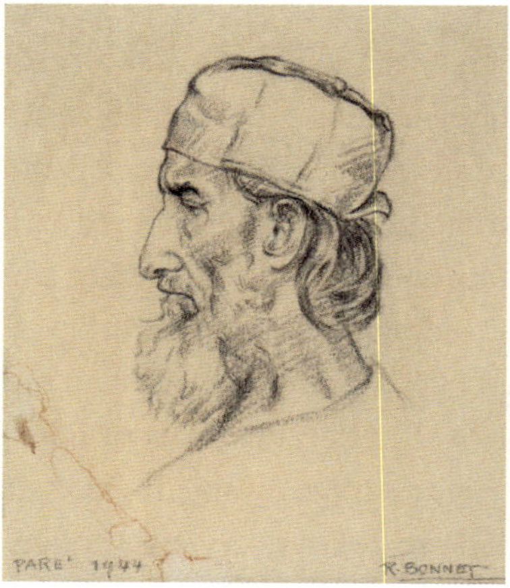

Rudolf Bonnet,
De Arabier, 1942.

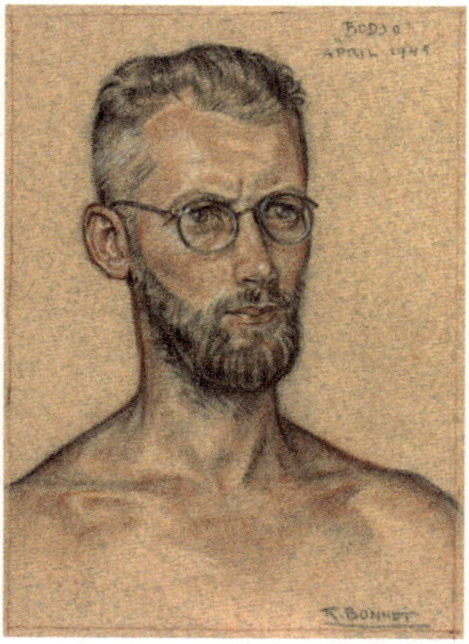

Rudolf Bonnet,
Max Lindner, april 1945.

derzoek niet van Bonnet te zijn maar van een kampgenoot, Symon Pars. *De eendenhoeder van Bodjo*, een tekening die pas recent boven water kwam, is om den duvel wel van Bonnet, en het meest karakteristieke werk dat hij in het kamp maakte.

Voor de eendenhoeder stond een jongen van zeventien model, Denis Burger, die vanuit Kampili naar Parepare was overgebracht omdat hij te oud was geworden voor het vrouwen- en kinderkamp. In Parepare werd hij enkele maanden later verenigd met zijn vader, de voormalige resident van Zuid-Celebes, Eduard Burger.

Aan het portret dat Bonnet in april 1945 met potlood en wit krijt van hem tekende, gaat een geschiedenis vooraf, die Denis Burger zelf beschreef, in het Engels, want na de oorlog zou hij naar Australië emigreren.

Nadat bommen het kamp Parepare hadden verwoest, liepen de gevangenen als een troep landverhuizers over de weg naar het zuiden. Alles moesten ze zelf dragen. In vodderige kleren met grote bundels spullen, die gerold zaten in matjes en op onmogelijke manieren bij elkaar gebonden waren, droegen ze kippen, potten, pannen en ander keukengerei met zich mee. Een stelletje schobbejakken leek er niks bij.

Ik zie het voor me, met tussen die schooiers mijn vader. Eigenaardig misschien, maar ik zie mijn vader liever zo dan als een dominee die in een toga van zwart fluweel staat te preken. Dit is een man die tot de bodem moet gaan en zich met het weinige dat hij nog bezit voortsleept door de blubber.

Denis had zijn spullen in zijn slaapmat gerold en droeg die bij elkaar gebonden op zijn rug. Zo trok hij samen met zeshonderdtwintig gevangenen richting Bodjo. Vele uren liepen ze achter elkaar, zonder eten en drinken, geleid door de kampoudste dominee Bikker en de Japanse commandant met zijn bewakers. Plotseling kwam er vanuit het zuiden een

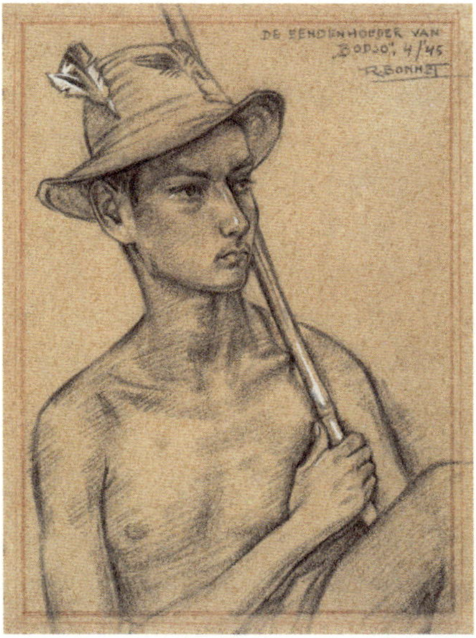

Rudolf Bonnet, *Denis Burger, De eendenhoeder van Bodjo,* april 1945.

vliegtuig op hen af, heel laag en onafgebroken schietend. Iedereen dook in de greppel naast de weg; Denis hoorde het fluiten van de kogels vlak boven zijn hoofd, maar de greppel gaf goed dekking en niemand raakte gewond.

Ze vervolgden hun weg en namen evenwijdig aan de rivier een onverhard pad dat moeilijk begaanbaar was door de overhangende begroeiing – je moest oppassen je armen en benen niet open te halen. Na zo'n tweehonderd meter passeerden ze een waterplas. Eigenlijk was het niet meer dan een modderpoel waarin karbouwen een bad namen, maar in het midden zag Denis helder water. Hij had een enorme dorst gekregen en bezweek zowat van uitputting; het enige wat hij nog kon zien was dat beetje heldere water in het midden. Hij wierp zich in de modderpoel en dronk. Niet gek natuurlijk dat hij de volgende dag vreselijke dysenterie kreeg die wel drie weken aanhield.

De weg ging verder over kronkelende paadjes en door dichtbegroeide jungle. Na nog een paar uur te hebben gelopen stonden ze voor een klein stenen huisje, waar de Japanse bewakers direct hun intrek namen, en zeven oude vervallen barakken op bamboepalen met een doorzichtige dakbedekking van *atap* – gedroogde palmbladeren. Wanden waren er niet, Denis zag direct voor zich wat na de eerste tropische regenbui zou gebeuren: alles wat hij nog bezat, zou wegspoelen.

Dit zou dus hun nieuwe kamp worden. Aan de noordkant was het omsloten door een serie heuvels die zich tot aan de oostkust uitstrekten. Op de eerste heuvel maakte de Japanse kampleiding een wachtpost. Aan de zuidkant lag de rivier de Bodjo, die naast de barakken breed en ondiep was met stenen en rotsen, en die dienst ging doen als toilet. Stroomopwaarts werd de rivier smaller en dieper en vormde voor de heuvels nog een klein meer. Dat was de oostelijke grens van het kamp.

Onder de gevangenen was een kerel, volgens Denis nogal

een scharrelaar, met de naam Pötger. Hij nam de jap zo vaak als hij kon in de maling en smokkelde alles wat los en vast zat. Toen hij een keer gesnapt werd, kreeg hij een vreselijk pak rammel, waar hij tot ieders verbazing weer bovenop kwam. Op zekere dag kwam deze Pötger – volgens de kampadministratie was hij hoofdagent van politie, geboren in Kotabaru op Borneo, getrouwd, vader van drie kinderen, laatste verblijfplaats Malino – naar Denis toe en vroeg of hij belangstelling had voor een baantje als eendenhoeder. Denis dacht meteen: Makkelijk baantje. En stemde toe.

Denis moest elf eenden hoeden, op de manier die ik op Bali zag: hij moest achter de toom aan lopen, de eenden naar de pas geoogste rijstvelden brengen waar ze makkelijk voedsel konden vinden en ze de weg wijzen met een lange zwiepende bamboestok waaraan een wit vlaggetje was bevestigd. Pötger zei: 'Denk erom dat je altijd met elf eenden terugkomt in het kamp, anders heb je grote problemen met de jap.' Denis vond een lange bamboestok, tooide zijn hoed met een witte pluim en bracht de eenden tot voorbij de bocht in de rivier naar een hoger gelegen meertje, waar ze tussen de eenden uit een nabijgelegen kampong konden scharrelen. Aan het einde van de middag scheidde hij elf eenden van de rest en liep terug naar het kamp. Bij het nachthok nam Pötger ze weer van hem over.

Op een ochtend, toen Denis de eenden uit hun hok haalde, telde hij er maar tien. Een paar dagen later waren het er maar negen. Tot viermaal toe vulde hij het ontbrekende aantal aan met eenden uit de kampong. Hij verdacht de jap ervan de verdwenen eenden te gebruiken voor een smakelijk avondmaal. Of was het Pötger die ze clandestien verhandelde? Het ging goed tot een woedende hoofdman zich bij de kampcommandant meldde. Hij beschuldigde Denis van het stelen van eenden uit de kampong. De commandant – dat was inmiddels de tweede luitenant Tsuda, die pronkte met de sterren op zijn uniform en daarom 'Sterremans' werd genoemd – beende weg, keerde met een stuk hout terug, begon ermee te zwaaien, brulde waar de man het lef vandaan haalde iemand uit het kamp van stelen te beschuldigen en dreigde hem met de stok dood te slaan. De hoofdman rende in paniek het kamp uit en liet zich nooit meer zien. Het aantal eenden liep echter geleidelijk aan terug; ze moesten wel degelijk in de maag van Tsuda verdwijnen of in die van zijn assistent Olakia.

Op het portret dat Rudolf Bonnet van Denis tekende is hij een sterke jongen met een daadkrachtige blik in de ogen. De bamboestok ligt op zijn schouder, hij trekt er vol goede moed op uit, ofschoon hij naar eigen zeggen het tegendeel was van een avonturier. Het mooie is dat je ook dat in het portret van Bonnet ziet: achter zijn doortastendheid schemert iets van aarzeling en verlegenheid.

Dat de kampcommandant Denis verdedigde bewijst dat de Japanners de lokale bevolking lang niet altijd opstookten tegen de Nederlanders, zoals dat in de geschiedschrijving als vaststaand feit wordt aangenomen. De Boeginezen en Toradja's die goederen leverden of op een andere manier iets van doen hadden met het kamp, kregen even vaak slaag als de gevangenen. Ze werden veel zwaarder gestraft: de maximale straf binnen het kamp was vijftig stokslagen, daarbuiten honderd. De haat die de Boeginezen en Toradja's tegen de Japanners koesterden was even groot als de haat van de mannen achter het prikkeldraad, zeker ook omdat ze vaak bestolen werden door de kampcommandant en zijn lijfwachten.

Denis kon op een gegeven moment het hoeden van de eenden staken, nadat ook de laatste exemplaren waren verdwenen. Hij zou toch profijt trekken van de kennis die hij als eendenhoeder van de omgeving had opgedaan. Zijn vader moest met ernstige tyfus in de ziekenbarak worden opgenomen – een bamboe hut die op zo'n honderd meter van de barakken lag om besmettingen te voorkomen. Eduard Burger kreeg geen vast voedsel meer door de keel. Alleen rauwe eendeneieren konden zijn leven nog redden. Als je geld had, kon je in het kamp aan gesmokkelde waren komen, zoals eendeneieren. Dennis had lang niet voldoende. Maar hij kende de paden inmiddels, hij kende de rivier en wist waar zich een Boeginese smokkelaar ophield. Denis verdween uit het zicht van de Japanse bewakers en zwom naakt de rivier over – een natte broek zou hem verraden. In het struikgewas trof hij de man aan, slapend, hij maakte hem wakker en sloot een deal. De man was een smokkelaar, niet? Voor het beetje geld dat hij bij zich had, zou hij zeven eieren kopen. En hem niet aangeven bij de jap.

In de verte hoorde hij een fluitje, zijn vrienden waarschuwden hem dat de bewakers in aantocht waren. Denis wikkelde de eieren in een doek en zwom onder water naar de overkant van de rivier. Hij hield zich een halve middag schuil in een kuil achter een metersdikke boom, onder een bladerdek, en pas tegen de avond sloop hij naar het kamp terug, nog altijd naakt, want zijn vrienden hadden uit voorzorg zijn kleren meegenomen. Vlak bij het kamp trof hij een gevangene die hem een broek wilde lenen, en nog diezelfde avond kon hij zijn vader het eerste rauwe eendenei laten doorslikken.

Uitgehongerd en afgemat haalde Eduard Burger het einde van de oorlog. Maar hij was op. Hij overleed in 1948 aan een beroerte en een hartaanval, nog geen zesenvijftig jaar oud. De ernstige ondervoeding en de mishandelingen in het kamp waren hem uiteindelijk toch fataal geworden.

Op 5 augustus 1945, een kleine twee maanden voordat Eduard Burger naar Makassar kon terugkeren, tekende Willem Hofker zijn portret. Met grijze baard en grijzig haar ziet hij er dan al slecht uit, maar hij is toch nog in staat een beminnelijke glimlach op zijn gezicht te toveren.

Zijn zoon Denis emigreerde in 1956 naar Australië. In de woonkamer van zijn huis in de buurt van Melbourne kwamen twee portretten te hangen: dat van hemzelf als eendenhoeder, getekend door Rudolf Bonnet; en dat van zijn vader, getekend door Willem Hofker. 'Waar ik ook in de kamer zit, mijn vader kijkt en waakt over mij.' Het gaf hem naar zijn eigen zeggen moed, en de portretten bleven er hangen tot Denis in 2021 de laatste adem uitblies. Hij werd vierennegentig jaar oud.

12

Bonnet was een beetje schimmig, een omschrijving die hem zelf bevallen zou zijn, want hij was niet iemand die zich op de voorgrond drong. Hij hield van de coulissen. Maar naarmate ik meer over hem hoorde en de vele brieven las die zijn achterneef Arend de Roever me toespeelde, begon ik respect te krijgen voor de integere persoon die hij was. Bonnet was een heer, in Bali en tot aan zijn laatste snik in Nederland. Alle keren dat hij, lang na de oorlog, eenmaal bejaard, bij het gezin van zijn achterneef Arend op bezoek ging, kondigde hij niet alleen per briefkaart aan op welk uur hij met de trein zou arriveren, maar ook op welk uur hij weer zou vertrekken, zodat ze niet zouden denken dat hij de hele avond zou blijven plakken. Toen Arend me dat *de vive voix* vertelde, dacht ik: een man naar mijn vaders hart.

Ook toen hij nog gewoon Han was, zes-, zeven-, achtentwintig jaar oud, had mijn vader een formele kant, in zijn kleding, zijn handelen, zijn manier van praten. Met Bonnet had hij bovendien gemeen dat hij anderen niet tot last wilde zijn. Op de vraag van Maria Hofker of het als kunstenaar uit te houden viel op een klein eiland als Bali, zei Bonnet: 'Je kunt op Bali heel gelukkig leven, als je maar genoeg aan jezelf hebt.' Of in het geval van mijn vader: als je maar genoeg hebt aan een stoel en een goed boek.

Rudolf Bonnet was het vijfde van de zeven kinderen van een Amsterdamse bakker. Pech, denk je dan, arme jeugd, maar nee, zijn vader was dankzij een slimmigheidje een welgestelde middenstander. In het bakkerijtje aan de Jodenbreestraat 1, de Bakkerij aan de Sluis, vond Jean Bonnet een manier om vloerbrood niet aan de hete bodem van een stenen oven te laten vastklitten, heel eenvoudig, door waardeloze pindadoppen tussen de onderkant van de broden en de ovenvloer te stoppen. Hij vroeg patent aan op de vinding, kocht een huis aan de Weesperzijde, en algauw een ander aan de Valeriusstraat, deed zijn bakkerij van de hand en ging rentenieren.

Jean Bonnet stamde uit een hugenotenfamilie die via Duitsland in Nederland terecht was gekomen; hij huwde Elisabeth Elsina Mann, telg uit een Duitse immigrantenfamilie. Je zou kunnen zeggen dat het emigreren Rudolf in het bloed zat.

Hij kwam in Amsterdam ter wereld, op de Jodenbreestraat 1, schuin tegenover het huis waar Rembrandt eeuwen eerder, en negentien jaar lang, tekende, etste en schilderde, en wilde een soortgelijk leven leiden. Voor zijn vader waren kunstenaars echter flierefluiters en lanterfanters. Rudolf zette door, verliet de hbs en werkte zich stapje voor stapje omhoog, van de Hendrick de Keyserschool, een avondschool die opleidde tot technisch tekenaar, naar de Rijksschool voor Kunstnijverheid en uiteindelijk naar de Rijksacademie voor Beeldende Kunsten.

Anders dan Rembrandt, wiens enige reis die van zijn geboortestad Leiden naar Amsterdam was geweest, wilde Rudolf de wijde wereld in – eerst Italië, waar hij van 1920 tot 1928 woonde en werkte, in het kunstenaarsdorp Anticoli Corrado in de Sabijnse bergen, zestig kilometer ten zuidoosten van Rome. Hij ontmoette daar de schilder, illustrator en reisschrijver W.O.J. Nieuwenkamp, die hem voorhield dat er eigenlijk maar één plek op de wereld was waar hij thuishoorde: Bali. Nieuwenkamp, telg uit een Amsterdamse redersfamilie, was al in 1904 langdurig op Bali geweest, toen het eiland nog bestuurd werd door de lokale vorsten en de westerse invloed op leefwijze en cultuur nagenoeg nul was. Na de Perang Puputan was Nieuwenkamp in 1906 en 1907 naar Bali teruggekeerd, en de titel van het boek dat hij schreef en illustreerde, kon haast niet anders luiden: *Bali, toen het nog een paradijs was.* Voor het definitief verpest zou worden, moest Bonnet er volgens hem heen. Het was niet echt nodig hem te overtuigen, hij stapte op de boot naar Batavia. Met weer zo'n merkwaardig detail: hij nam zijn ouders mee.

In een catalogus las ik dat de ouders van Rudolf Indo-Europeanen waren. Indo's. Ai ja, veronderstelde ik, in dat geval nam Rudolf zijn ouders niet mee naar onbekende streken, maar bracht hij ze thuis. Het bleek echter een van de vele mythes te zijn die rond zijn persoon werden gesponnen; zijn ouders hadden geen druppel Indisch bloed. Ze reisden graag, en twee van hun kinderen, een zoon en een dochter, werkten als arts in Indië. Ze gingen op bezoek bij hun kinderen.

Rudolf verbleef enige tijd bij zijn zus in Semarang op Midden-Java en trok vervolgens naar het eiland Nias, ten westen van Sumatra. Een afgelegen plek waar de gebruiken, rituelen en kunsten nog als in de oertijd waren, voor hindoeïsme, boeddhisme en islam hun invloed op de Indische archipel lieten gelden.

Bonnet reisde er samen met de etnomusicoloog Jaap Kunst heen. Kunst maakte een studie van de inheemse muziek die uiteindelijk in 1939 gepubliceerd zou worden, *Music in Nias*, en een van zijn baanbrekende werken zou zijn, tezamen met *Muziek van Java* en *De toonkunst van Bali*. Jaap Kunst werd mondiaal dé specialist van de Indonesische muziek. Bonnet fotografeerde hem terwijl hij met zijn fonograaf, een Edison Amberola model 50, geluidsopnames op wasrollen maakte. Kunst was een bezeten onderzoeker, hij kocht lokale zangers om met sigaretten en spiegeltjes en nam hun traditionele zangen op. Hij verzamelde alle instrumenten die hij vinden kon. Na zes weken keerde Kunst naar Batavia terug, maar Bonnet bleef een kleine twee jaar in de ban van het ongerepte leven op het zuidelijk deel van Nias. Hij tekende er vissers en ergerde zich aan de zending die bezig was de cultuur van Nias te vernietigen. Bonnet nam zich voor een boek te schrijven dat *Stervende schoonheid op Nias* zou gaan heten, het verscheen nooit, maar hij publiceerde wel een vlammend protest tegen de zending dat in het *Koloniaal Weekblad* van 6 augustus 1931 verscheen en stuurde een overdruk naar de gouverneur-generaal van Indië. Er school een kleine Multatuli in Bonnet.

In 1931 vestigde hij zich definitief op Bali. In de kunstenaarskolonie Ubud begon hij als secondant van Walter Spies en groeide uit tot een van de belangrijkste schilders van het eiland. Hoe zijn dagen eruitzagen, weten we van een journalist, John H. Houbolt, die op Bali malaria kreeg en een maand bij Bonnet thuis ziek te bed lag. In het Indische dagblad *De Locomotief* schreef hij hoe Bonnet om half acht 's morgens polikliniek hield, want er was in Ubud nog geen gezondheidspost. Dankzij de lapmiddeltjes van de schilder, of misschien ook wel: niettegenstaande zijn zalfjes en kruiden, genazen de meeste patiënten. Hun dank, uitgedrukt in materiële zaken, wees hij van de hand, maar als iemand zich aanbood als model nam hij dat maar al te graag aan. Spontaan bood geen Balinees zich namelijk aan en modellen waren schaars. Na half acht ging Bonnet aan het werk en wilde dan niet gestoord worden. Na het middagmaal maakte hij een wandeling met zijn apen, tot schrik van de bevolking, want de apen gedroegen zich zelden zoals het hoorde.

Bonnet sloot vriendschap met de vorst van Ubud, Cokorde Gde Agung Sukawati, en met I Gusti Nyoman Lempad, die als een van de eerste Balinese schilders naar vernieuwing zocht. Kunst was op Bali heilig, dat wil zeggen, ze werd gemaakt voor de duizend tempels op het eiland en voor de *puri's*, de paleizen van de Balinese vorsten. Ze was onderhevig aan strenge voorschriften die sinds de komst van het hindoeïsme op Bali in de zevende eeuw nagenoeg niet waren veranderd. Een kunstenaar kopieerde, nam geen enkele vrijheid en was naamloos. Door de komst van de Nederlanders in 1905 en 1906 verloren de vorstenhoven aan invloed. De grote gamelans kwamen in bezit van de dorpsgemeenschappen, die minder strenge religieuze eisen stelden. 'De veranderende geestesgesteldheid van een volk,' schreef Bonnet in een verhandeling over de Balinese kunst, 'zal zich het eerst en het makkelijkst openbaren in die tak van kunst die het minst is gebonden aan de stof: de muziek.' Met de muziek veranderde de dans, die minder sacraal werd en niet uitsluitend meer de goden wilde behagen maar ook de toeschouwers. In de beeldende kunst zette een beeldhouwer de eerste stap naar vernieuwing: I Tegelan maakte een langgerekte vrouwenfiguur uit een stuk hout dat Walter Spies hem had gegeven. Hij liet zich waarschijnlijk inspireren door de langgerekte gezichten die Rudolf Bonnet schilderde en door de figuren van de Mexicaanse kunstenaar Miguel Covarrubias, die naast de beeldhouwer was komen wonen. Maar Bonnet wees die invloeden als fabels van de hand, de beeldhouwer zou zijn inspiratie uit de lange poppen van de *wayang kulit* halen en uit de eenvoudige vormen van de hoogste Balinese godheid Sang Hyang Tunggal, die als animistische macht werd vereerd.

In de jaren dertig ontstond een ware run op Bali. Door Walter Spies, die razend graag als gids van beroemdheden fungeerde, en dankzij Bonnet, die een hecht contact met zowel de lokale kunstenaars en ambachtslieden als met de Nederlandse bestuursambtenaren had opgebouwd. Een van de eerste wereldsterren die op het eiland neerstreken was Charlie Chaplin. Na het succes van *City Lights* (1931) maakte hij, vergezeld door zijn broer Sydney, een rondreis door Java, Bali en Sri Lanka. Er zijn documentaire beelden van, het is ontroerend om te zien hoe Chaplin een kinddanseresje probeert na te doen dat net les heeft gekregen van haar moeder. Met twee, drie gebaren en twee, drie passen danst hij de lègong na en verzucht: '*What does a career matter in this natural way of living.*'

Walter Spies dwong zijn bezoekers álles van Bali te zien, álles te bekijken, álles te ondergaan, álles mee te maken. De Engelse toneelschrijver Noël Coward, die vrijwel gelijktijdig met Chaplin op Bali verbleef, raakte daar een tikkeltje overspannen van.

As I mentioned this morning to Charlie, schreef hij in een gedicht dat even grappig is als zijn toneelstukken:

There is far too much music in Bali,
And although as a place it's entrancing,
There is also a thought too much dancing.
It appears that each Balinese native
From the womb to the tomb is creative.
From sunrise till long after sundown,
Without getting nervy or rundown,
They sculpt and they paint and they practice their songs,
They run through their dances and bang on their gongs,
Each writhe and each wriggle,

Each glamourous giggle,
Each sinuous action,
Is timed to a fraction.
And although all the 'Lovelies' and 'Pretties'
Unblushingly brandish their titties,
The whole thing's a little too clever
And there's too much artistic endeavour.

Wie dat eigenlijk ook vond, was Margaret Mead, een andere gast van Spies. De toen al wereldberoemde Amerikaanse antropologe – ze had haar onderzoek naar puberteit bij meisjes op Samoa al gepubliceerd, alsook haar studie naar seksualiteit en temperament bij drie natuurvolken van Papoea-Nieuw-Guinea – vond dat het er nogal overspannen aan toeging op Bali. De Balinese cultuur was volgens haar zo overgeorganiseerd dat de bevolking onder constante druk leefde en naar een uitweg zocht in demonische dansen, trance en emotionele uitbarstingen. Geheel naar de geest van de tijd verklaarde zij het gedrag van de Balinezen op freudiaanse wijze en zag zij frustratie als voornaamste oorzaak van het overdadig kunstzinnige gedrag. Om haar theorie kracht bij te zetten, verzamelde Margaret Mead met hulp van Spies tientallen schilderijen van Balinese kunstenaars en gebruikte ze bij haar analyse honderden foto's. Vele daarvan werden in haar boek *Balinese Character, A Photographic Analysis* gepubliceerd – de studie verscheen in 1942.

Miguel Covarrubias, 'een man van veel talenten', zoals hij werd genoemd, streek in 1933 op Bali neer, samen met zijn vrouw Rosa Rolanda. Hij was toen al een beroemdheid, als illustrator en cartoonist van *The New Yorker* en *Vanity Fair*. Samen met Rosa, die de foto's voor haar rekening nam, stelde hij een boek samen, *Island of Bali*, dat een gigantisch verkoopsucces werd en Vicki Baum deed besluiten naar het eiland af te reizen.

Zo rond 1935 was heel New York crazy van Bali, zo leek het althans. In ieder geval kwam de rijkste vrouw van Manhattan, Barbara Hutton, naar het eiland, waar ze op slag verliefd werd op Walter Spies. Voluit heette ze Barbara Woolworth Hutton, de bron van haar rijkdom lag in die tweede naam, Woolworth. Ze behoorde tot het type miljardairs dat tweeënvijftig Rolls-Royces bezit, voor iedere week van het jaar één. Voor haar ritjes koos ze de kleur van de Rolls die het beste bij haar mantelpakje paste. Ze had een derde deel geërfd van het reusachtige vermogen van warenhuistycoon Woolworth, trouwde zeven keer met de mooiste mannen van de wereld, onder wie Cary Grant. Graag had ze Walter Spies aan haar stal toegevoegd, want ze speurde naar uitzonderlijke mannen zoals andere rijkaards naar renpaarden. Ofschoon Spies louter op jongens viel, wist Hutton hem toch mee te tronen naar Angkor in Cambodja. Terug op Bali kocht ze voor heel veel geld een paar schilderijen van hem, en verdween. Volgens haar biografen – ze had er drie – viel haar excentriciteit terug te voeren op de zelfmoord van haar moeder. Barbara was vier jaar toen ze haar moeder dood in de slaapkamer aantrof. *Poor Little Rich Girl* luidt de titel van een van de biografieën.

Het was een komen en gaan van dit soort paradijsvogels bij Walter Spies. Bonnet zag het allemaal aan, maakte af en toe een foto, bijvoorbeeld van de innig gearmde Walter Spies en de beeldschone Angelica Archipenko, vrouw van de Oekraïense beeldhouwer Alexander Archipenko, die tot de avant-garde behoorde in zowel Parijs als New York. Maar Bonnet hield zich toch verre van het mondaine gedoe. Hij was een serieuze man die het betreurde dat het hoge peil van de Balinese tekenkunst langzaam maar zeker verdween en plaatsmaakte voor haastig werk dat als zoete broodjes aan toeristen werd verkocht. Het was niet langer nodig dat de kunstenaar zijn ziel reinigde met offers en dan een kunstwerk maakte dat aan de strenge religieuze eisen voldeed. In 1936 schreef hij dat de rustige kracht en de stijlzuiverheid die kenmerkend waren voor de Balinese kunst langzaam maar zeker hadden plaatsgemaakt voor 'nerveuze gecompliceerdheid en geraffineerde virtuositeit'. Hij gaf overigens niet alleen de buitenlandse invloeden en de komst van zoveel toeristen de schuld van de teloorgang, maar ook de veranderende geestesgesteldheid van de Balinezen en het losser worden van het gemeenschappelijke geloof.

Met Walter Spies vond hij een krachtig antwoord op de dreigende teloorgang van de Balinese kunst: de oprichting van een museum. Enerzijds zou dat museum de uitingen van de Balinese cultuur in stand houden en bestuderen, anderzijds zou het de Balinese kunst ook weer doen herleven, door in het museum een afdeling te vestigen die modern en kwalitatief goed werk van Balinese kunstenaars verkocht. Spies zou zich vooral bezighouden met het conserveren, Bonnet met de verkoop. Het resultaat was dat de Balinese kunstnijverheid kwalitatief en kwantitatief een forse ontwikkeling doormaakte. Want Bonnet was ook gewoon handig – iets wat hij ongetwijfeld van zijn vader had geërfd. Hij richtte een vereniging van Balinese kunstenaars op, stuurde werk van die vereniging naar jaarbeurzen in Hanoi en Bandung of naar kunstkringen alom in Indië; hij organiseerde eens in de week een borrel in het Bali Hotel en vroeg Spies zijn beroemde gasten daar mee naartoe te nemen. Die verlieten het eiland niet alleen met kunst, maar met góéde kunst waarvoor ze een stevig bedrag hadden neergeteld. De vereniging zette zich voort in de Pita Maha, een kunstenaarscoöperatie waarbij aanvankelijk 125 en uiteindelijk 150 Balinese kunstenaars zich aansloten.

Spies en Bonnet werden door de lokale kunstenaars en de lokale bevolking op handen gedragen: zij zorgden voor inkomsten. Pita Maha groeide uit tot een efficiënte en goedgeorganiseerde onderneming. De basis van het succes was de kritische keuring door de selectiecommissie, waarin behalve Spies en Bonnet minstens twee belangrijke Balinese kunstenaars zitting hadden. De commissie kwam iedere zaterdag bijeen, eerst in het huis van Spies, later in het huis van Bonnet. Sommige kunstenaars kwamen van ver, lopend of op de fiets. Tussen de kunstenaars onderling ontstond een hecht contact. De commissie hoefde niet veel werken af te keuren omdat de kunstenaars zelf hoge eisen gingen stellen bij de keuze van hun materialen en bij de afwerking.

Bonnet gaf zijn Balinese vakbroeders soms advies, maar alleen wanneer ze daarom vroegen. Een van hen zei hem bijvoorbeeld: 'Wat zijn uw schilderijen leeg.' Balinese kunstenaars hadden de gewoonte om zo veel mogelijk figuren op een schilderij te proppen om de omvang van een ceremonie weer te geven. Bonnet zei dan: 'Probeer het eens met twee of drie figuren.' Naderhand kwamen ze dan vragen hoe het eigenlijk zat met perspectief, want dat pasten ze oorspronkelijk niet toe op hun werken. Ook zagen ze bij Bonnet hoe ze binnen duidelijke contouren volume konden suggereren door schaduwen aan te brengen.

Natuurlijk kregen Bonnet en Spies naar hun hoofd geslingerd dat ze paternalistisch waren en koloniaal en dat ze de Balinese kunst in westerse richting hadden gestuurd. Alsof zonder hun aanwezigheid de Balinese kunstenaars niet in contact waren gekomen met westerlingen. De wereld werd nu eenmaal internationaler. Andersom leerden Bonnet en Spies, en later ook Willem en Maria Hofker, iets van de dynamiek die de schilders van Bali in hun werk wisten te leggen, een dynamiek zoals het eiland zelf uitstraalde, want altijd was er die gonzende gamelan en altijd was er dans.

Bonnet kon maar één boek meenemen naar het kamp. Een boek over Bali dat vlak voor de oorlog in Amerika was uitgegeven. Ik vermoedde eerst dat het om *Dance & Drama in Bali* van Walter Spies en Beryl de Zoete ging, waarvan de Engelse editie in 1938 was verschenen en de Amerikaanse in 1940. In een vooroorlogse brief schreef Bonnet er vol lof over. Aan een vriend met wie hij in 1946 in Makassar at, zei hij alleen dat hij 'een mooi boek over Bali' had meegenomen en dat het 'aan flarden was gelezen in het kamp'.

Uit een brief aan dezelfde vriend laat Bonnet in 1948 weten dat het ging om *Island of Bali* van Miguel Covarrubias, de editie uit 1937 met meer dan honderd foto's en negentig tekeningen van de Mexicaanse illustrator, waarvan vijf in kleur. Een boek over kunst, muziek, dans, theater van Bali, over de geschiedenis van het eiland, de religie, het bijgeloof en alle rituelen bij leven en dood. Bonnet had het in de kampbibliotheek ondergebracht en het was van hand tot hand gegaan, tot het volledig uit de band had gelegen. Achter prikkeldraad was lezen de beste manier om te ontsnappen; lezen of gewoon maar naar wat plaatjes kijken van het eiland waar het leven zo kleurrijk, intens en gelukkig was dat het alle grauwheid elders voor even deed vergeten.

13

Na de zes weken die ik in 1979 op Bali doorbracht liet ik mijn ouders de honderden dia's zien die ik had gemaakt van ceremonies, rituele dansen, tempels, crematieoptochten, en van de terrasvormige sawa's, die als architectonische wonderen in het landschap liggen. Wat mijn vader het meeste aansprak, was de volkomen harmonie die er op Bali heerst tussen de mens, de goden en het landschap. De beste opname vond hij de drie vrouwen die in traditionele kledij op het strand neerknielden en tot een voorouder baden wiens as boven zee was verstrooid. Het beviel hem dat ik op de bloem had gefocust die ze tussen de tegen elkaar gedrukte vingers hielden. Precies de kwintessens: bidden met een bloem tussen de gestrekte vingers. Volstrekte harmonie tussen natuur, leven en dood. De vrouwen namen dezelfde houding aan als tijdens de rituele dansen. Alle gebaren waren met elkaar vervlochten, als de bloemen, de klontjes rijst en de stengels van de offerandes. Niets stond apart, alles was met elkaar in evenwicht.

Nu ik het zo opschrijf bedenk ik dat mijn vader wel degelijk oog had voor het visuele. En dat hem dat toch dicht bij Hofker en Bonnet moet hebben gebracht, hoe eenzelvig de beide schilders ook waren. Andersom waren Bonnet en Hofker op zoek naar het typisch oosterse dat mijn vader scherp kon aanwijzen in de godsdiensten van de Indische archipel.

Willem Hofker was nog maar kort op Bali toen hij op 23 juli 1938 de sfeer van het eiland probeerde te vatten in een brief naar huis. Er was een feest in de dodentempel, op een groot veld met kale geestenbomen. En hij beschreef dat feest als in vervoering: 'Voor de tempelpoort "spokendansen" van duivels met maskers in de schemer. Opwindende gamelanmuziek jaagt door de lucht; krisdansertjes, jongetjes maar zonder kris, alleen alsof, in trance, op de boze geesten af... Als de gamelan somber raast, daalt een processie met lampen uit de tempelpoort. Er boven veel kleurige *pajongs* (zonneschermen) en de statige vrouwen in kleurige gewaden dragen "zetels" op het hoofd, voor de goden bestemd, in de vorm van gevleugelde leeuwen of stieren. Erachter komen drie levensgrote oosterse "carnaval"poppen (ook goden) – en alles lost

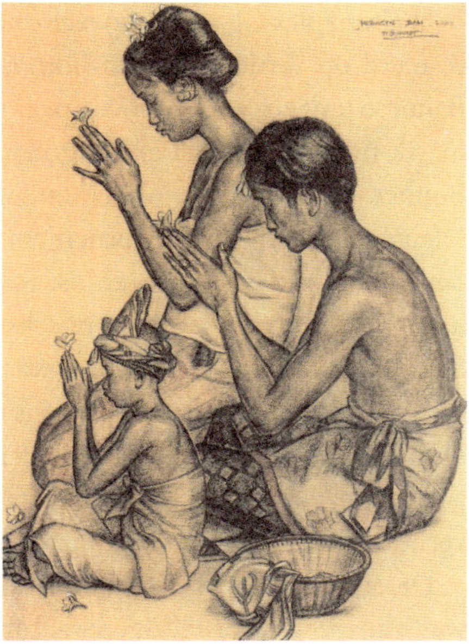

Rudolf Bonnet,
Merbakti, 1943.

zich in de duisternis op tot één groot fakkelfeest. Het is werkelijk iets heel bijzonders, dit leven op Bali.'

Met wat ik nu weet, denk ik: het kan toch niet anders of mijn vader moet hierover met Hofker hebben gesproken? Hofker, die tientallen danseressen in alle mogelijke houdingen had geschilderd, of vrouwen die zich vol vervoering aan rituelen overgaven. Of met Bonnet, die een encyclopedische kennis van de Balinese kunst had vergaard.

Ik weet dat mijn vader *Liebe und Tod auf Bali* een van de aangrijpendste boeken vond die hij gelezen heeft. Bij hem in de kast stond de Duitse uitgave, en die moest uiteindelijk mee naar het bejaardentehuis. We hebben toen over Vicki Baum gesproken en kwamen via haar op Spies, die zoveel indruk op hem had gemaakt. Toch vreemd dat hij toen niet in één adem door over Bonnet en Hofker heeft verteld. Of hield hij zijn mond vanwege het schandaal?

Walter Spies lag in 1939 zwaar onder vuur, hij werd gearresteerd op verdenking van homoseksuele contacten met Balinese jongens en moest een paar maanden de gevangenis in. 'Ik moet je nu snel ellendig nieuws meedelen,' schreef Bonnet op 9 januari 1939 aan zijn vriend, de schilder W.O.J. Nieuwenkamp. 'Het gouvernement is hier namelijk de kolder in den kop gevlogen (en) is, volgens nazi-systeem, een klopjacht begonnen op homoseksuelen en heeft Walter Spies (en ook Dr. Goris) in de gevangenis gezet. Het optreden van bestuur en moraalpolitie is zo weerzinwekkend geweest, dat ik mij tegenover de Baliërs schaam voor mijn eigen ras. De Baliërs begrijpen er niets van: een homoseksuele verhouding is voor hun niets bijzonders.'

De order om Java en Bali te zuiveren van homoseksuelen was van de gouverneur-generaal jhr. Tjarda van Starkenborch Stachhouwer gekomen. Van Starkenborch Stachhouwer had twee beeldschone dochters die op foto's als prinsessen aan de dis zaten in het paleis van de gouverneur-generaal in Buitenzorg. Rond dat paleis en in Batavia werd gefluisterd dat de jongeman die met een van de dochters was verloofd, en dus de schoonzoon van de G.G. zou worden, biseksuele neigingen had. Toen jonkheer Van Starkenborch dat vernam, zou hij in woede zijn ontstoken en met zijn Gronings accent hebben gezegd: 'Die mietn moetn deruut.'

Het Indische Wetboek van Strafrecht stelde homoseksuele contacten met minderjarigen strafbaar met een gevangenisstraf van ten hoogste vijf jaar. Maar wie was minderjarig? In de adat stond geslachtsrijpheid gelijk aan volwassenheid. Dat kon dus een veertienjarige zijn.

Eind 1938 volgde een klopjacht met tientallen arrestaties op Java, Bali en Sumatra. Aangemoedigd door een hysterische koloniale pers leidde die op 12 januari 1939 tot de twee belangrijkste wapenfeiten: de arrestatie van de resident van Batavia, mr. Fievez de Malines van Ginkel, en van Walter Spies. Want ook Bali, dat in de jaren dertig als een homoparadijs gold, moest aangepakt worden. Naast Spies werd de taalgeleerde en archeoloog dr. Roelof Goris gearresteerd. Hij zou als een gebroken man uit zijn gevangenschap komen en was zo verbolgen over de acties van zijn landgenoten dat hij besloot eens en voor altijd de zijde van de Balinezen te kiezen. Direct na de Indonesische onafhankelijkheid nam Goris de Indonesische nationaliteit aan, en tot aan zijn dood in 1965 zou hij op Bali blijven wonen en werken.

De arrestaties op Bali waren in gang gezet door de nieuwe resident, H.J.E. Moll, die de in zijn ogen veel te innige contacten tussen Europeanen en inheemsen ten strengste afwees. Zijn grootste zondebokken waren de kunstenaars. Bonnet ontsprong de dans door zijn voorzichtig optreden en het teruggetrokken leven dat hij leidde. Maar na de arrestatie van Spies liet hij alle behoedzaamheid varen. Net als Willem en Maria Hofker koos Bonnet openlijk partij voor Spies en briesste in het openbaar dat Bali nu definitief in handen was van de bekrompen ambtenaren van Binnenlands Bestuur en van de fatsoensrakkers van de zending.

Na de voorwaardelijke vrijlating van Spies in augustus 1939 is zijn woede nog niet bekoeld, en op 8 april 1940 schrijft hij aan Nieuwenkamp: 'Heb je het pas verschenen boek gezien van Walter Spies en Beryl de Zoete, *Dance&Drama in Bali*. Mooie foto's! Ja, dat kunnen de kruijeniers hier niet verdragen, dat zo iemand als W. Spies met zijn geniale en fijne gaven, ver boven hen uitsteekt, en daarom sluiten ze hem op. Je merkt het, dat het mij erg dwars zit. Het heeft mij ook zeer geschokt.'

Na zijn vrijlating verhuisde Spies van het culturele centrum Ubud naar een berghut in Iseh in het regentschap Ka-

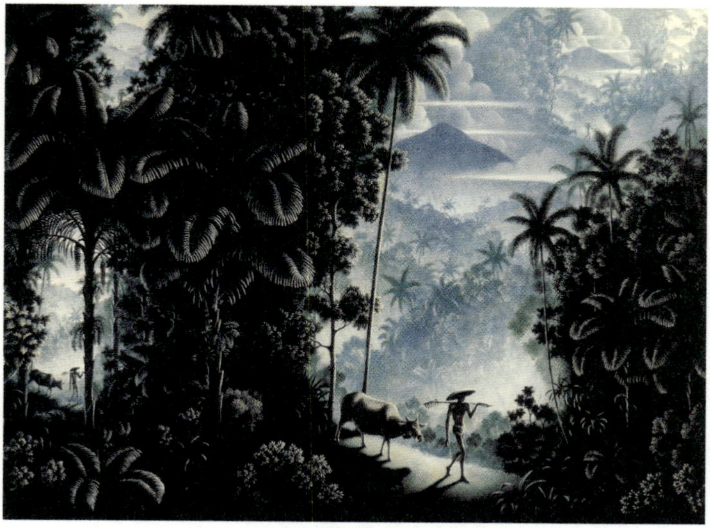

Walter Spies, *Die Landschaft und ihre Kinder*, 1939.

rangasem, in het oostelijk deel van Bali. Hij hoopte daar uit het zicht van de politie, de koloniale rechters, maar ook zijn langzamerhand veel te grote schare kunstbroeders en bewonderaars te blijven. Het lukte hem maar half; hij was een soort goeroe geworden met wie iedereen die uit Europa of de Verenigde Staten naar Bali kwam contact wilde hebben.

Spies was aangeslagen door de arrestatie en de ongekende hetze die tegen hem was ontketend, maar, zoals Bonnet in een brief schreef, 'zijn geestkracht brak niet en zelfs in zijn cel schilderde hij drie doeken'.

14

Bij het werk van Spies doet zich, voor mij althans, hetzelfde probleem voor als bij dat van Bonnet en van Hofker: het neigt soms naar een wat al te eenvoudige streling van de zinnen. Spies leverde grilliger schilderijen af dan Hofker, voegde aan zijn Balinese taferelen mythische dieren toe; toch vraag je je bij hen beiden af of het gespeeld primitivisme is dat ze beoefenen of een echte beleving. Beiden missen de magistrale creatieve kracht van Paul Gauguin, die uit de folklore van Tahiti een geheel eigen paradijs creëerde. Hofker is wel een veel betere portrettist dan Spies en doet in dat opzicht niet onder voor Gauguin. Niet alleen lijken zijn danseressen van het doek af te stappen en met de waaier in de hand naar je toe te wiegen, ook een oude Balinese boer zet hij zo trefzeker neer dat je de oude baas hoort brommen. Hij weet ook met een paar penseelstreken de verlegenheid van de Balinese meisjes te vangen, die eerder verleidelijk is dan naïef. In het kamp bleven die meisjes hem voor ogen staan en hij schilderde ze afgaand op zijn herinnering. Met dit verschil dat de contouren wat vager worden, alsof hij het zich niet meer precíés herinnerde. Vreemd genoeg maakt dat die schilderijen realistischer, alsof hij doelbewust een wereld neerzet tussen droom en werkelijkheid. Bonnet is stijlvaster, hij had lang voor zijn komst naar Bali al een eigen, verticale manier van portretteren ontwikkeld: zijn gezichten zijn altijd langgerekt. De oorlog zou daar niets aan veranderen, het werk van Bonnet was en bleef koel, afstandelijk en observerend.

Het staat buiten kijf dat Hofker intens van de Balinezen heeft gehouden, een diep en teder ontzag voor hen had, een eerbied die hij met zijn vrouw deelde en met Bonnet, zijn beste vriend op Bali. Het was overigens lang niet altijd koek en ei tussen de buitenlandse kunstenaars. Willem en Maria Hofker woonden in Denpasar naast de Italiaanse schilder Emilio Ambron. Ze kregen onenigheid toen Ambron gebruik ging maken van een model dat al voor Hofker werkte, Ni Tjawan. Ook als je de meisjes flink betaalde, was het niet gemakkelijk modellen te vinden; het vereiste dat je een goed contact met de familie opbouwde, wat soms maanden vergde, en je moest soms ook, boven het afgesproken bedrag, een gouden armband in de richting van het model schuiven. Hofker liet zich dus niet zomaar zijn stermodel afpakken. De vader van Ni Tjawan kwam op bezoek, het hoofd van de kampong mengde zich in de onderhandelingen, en na eindeloos veel verhalen en verdachtmakingen kwamen ze tot het compromis dat ze de ene week bij Hofker kwam en de andere bij Ambron.

Toen Walter Spies gearresteerd werd, stelden lang niet alle kunstenaars zich achter hem op. De Balinese kunstenaars in eerste instantie wel, ofschoon ze niet bij de resident durfden te protesteren, uit angst voor repercussies. De gamelanverenigingen bliezen op het laatste moment de protestdemonstratie af en trokken niet in optocht naar het huis van de resident, zoals ze zich hadden voorgenomen. Onder de buitenlanders heerste verdeeldheid. Louis van der Noordaa, een beeldhouwer uit de Amsterdamse School die in 1938 naar Bali was gekomen, sprak er zijn schande over uit dat Spies zo ruiterlijk uitkwam voor zijn homoseksualiteit en de kunstenaars op het eiland een slechte reputatie bezorgde. Hij moet niet de enige zijn geweest, want tijdens afwezigheid van Bonnet werd Spies uit het bestuur van de Pita Maha gezet.

Hofker was anders. 'Hij blijft altijd even gevoelig en zacht voor anderen,' schreef Maria over haar echtgenoot in een brief. 'Hij blijft volkomen zichzelf. Hij is nooit tot een oordeel over anderen te verleiden, dan een beetje ontwijkend of met een geestige woordspeling.' Net als Bonnet vond hij de arrestatie van Spies schandalig en zag er de hand in van het snel groeiende aantal fatsoensrakkers in de kolonie, maar hij klom niet op de barricaden.

Walter Spies vertrok naar de berghut in het oosten van Bali, Rudolf Bonnet bleef in het huis in Ubud achter dat hij in 1931 van Spies had overgenomen. Het stond bekend als het Waterpaleis, vanwege de vele vijvers. Bonnet vond er een weldadige rust en maakte er zijn beste werk. De Balinese jongens en meisjes die hij schilderde zijn frêler dan die van Hofker, misschien ook omdat Bonnet technisch minder begaafd was. Maar om de een of andere reden zijn ze 'echter' dan de perfect gestileerde danseressen van Hofker.

Bonnet kende alles en iedereen op Bali, van hem had mijn vader nog meer kunnen leren dan van Hofker. Maar ik heb toch de indruk dat Bonnet een stil en teruggetrokken leven leidde in het kamp en dat hij pas weer ging leven toen hij in 1946 vrij door Makassar kon kuieren. En, ook dat zal een rol hebben gespeeld, de haat tegen de zending zat diep bij Bonnet. Misschien zou mijn vader zich daar wel overheen hebben gezet. Bonnet interesseerde zich voor de oorspronkelijke godsdiensten van Indonesië en voor de vermenging van het hindoeïsme en animisme op Bali, iets waar Han ongetwijfeld meer over had willen weten. Maar misschien had Bonnet zijn buik wel vol van paters, fraters, zendelingen en dominees.

Omdat hij nog steeds de Duitse nationaliteit bezat, werd Walter Spies na de Duitse inval in Nederland door de Nederlandse autoriteiten gearresteerd en overgebracht naar het strafkamp Sibolga op Sumatra. In een van zijn laatste brieven schrijft hij dat hij de partituur van de *Symfonische dansen*, het laatste werk van Sergej Rachmaninov, heeft ontvangen en dat hij de orkestpartij voor enkele instrumenten aan het uitschrijven is, zodat de muziek met beperkte middelen in het kamp uitgevoerd kan worden. Hij heeft drie schilderijen voltooid, van één is de verf nog nat. Spies verloor zijn optimisme nooit, wat hem ook aangedaan werd.

Op 18 januari 1942, een maand voor de Japanse inval op de Indische eilanden, werd hij met 476 Duitse gevangenen op een schip gezet om naar een gevangenkamp in Ceylon te worden gedeporteerd. Nog dezelfde dag bombardeerden Japanse gevechtsvliegtuigen de Van Imhoff ter hoogte van het eiland Nias en brachten het schip tot zinken. 411 van de 521 opvarenden verdronken, bijna alle Duitse geïnterneerden, onder wie Walter Spies, en opmerkelijk veel Duitse Joden die meenden dat ze met hun vlucht naar Nederlands-Indië een veilig heenkomen hadden gezocht. Ze verdronken omdat de Hollandse bemanning de luiken van het ruim gesloten had gelaten, voordat de zeelieden zelf de reddingsboten hadden uitgezet en zich in veiligheid brachten.

15

Rudolf Bonnet, Willem Hofker en Maria Hofker-Rueter leken aan het begin van de oorlog te boffen met de Japanse commandant van Bali. Horiudsji Boutai was een ontwikkelde en kunstminnende man die de schilders in hun huis liet werken, zodat ze weinig merkten van de Japanse bezetting. Ze moesten op een gegeven moment wel een maand de gevangenis in en werden later nog eens tien dagen in een verlaten huis opgesloten, maar ze konden toch nog bijna anderhalf jaar in eigen omgeving blijven wonen en werken, met als enige restrictie een beperkte bewegingsvrijheid. Bonnet vatte die periode monter op. 'Om aan de kost te komen,' schreef hij in een brief over Hofker en hemzelf, 'verkochten we toen tekeningen van Bali meisjes met blote borstjes aan de toko's van Denpasar, die waren *lakoe* bij de Jap.'

Rudolf, Willem en Maria zagen elkaar om de twee, drie dagen. Nieuws over de oorlog drong vrijwel niet tot hen door, over de oorlog werd dan ook niet meer gesproken. Theedrinken werd tot ceremonie verheven en keer op keer beluisterden ze de enige twee klassieke grammofoonplaten die Bonnet bezat: het Vijfde pianoconcert van Beethoven en Händels *Water Music*.

In haar *Indische Impressies* zou Maria later schrijven dat ze de anderhalf jaar vrijheid onder de Japanners als een van de hoogtepunten van haar leven beschouwde. 'Teruggeworpen worden op jezelf. Je leeft van wat Bali voortbrengt: rijst, groente, een eendenei, een pisang. 's Avonds een lampje met klapperolie en vroeg naar bed. Overdag genieten van het weergaloos mooi landschap, maar vooral... tekenend en schilderend.'

Of de Hofkers het bericht uit Batavia bereikte dat direct na de Japanse bezetting het staatsieportret van koningin Wilhelmina uit het hoofdkantoor van de KPM was gedragen en in het openbaar, midden op het Koningsplein, in brand was gestoken, weet ik niet. Bali was in die periode hermetisch van de wereld afgesloten. Hofker vernam wel dat werken die sterk op de zijne leken in Surabaya aan de man werden gebracht met de signatuur Miss Manx. Geen onbekende voor hem, Miss Manx was het pseudoniem van een Amerikaanse journaliste en zondagsschilderes die enige jaren op Bali had verbleven en die Hofker naar het adres in Semarang had gevraagd waar hij zijn schilderijen had opgeslagen. Ze beloofde die voor hem mee terug te nemen naar Bali. Enige tijd later doken de Balinese danseressen van Miss Manx op – een Japanse officier stelde hem hiervan op de hoogte. Ik denk niet dat diezelfde officier hem heeft verteld over het staatsieportret, want toen Hofker in 1947 de zekerheid kreeg dat het schilderij inderdaad was vernield, werkte hij ogenblikkelijk een voorstudie van het portret uit en kleurde die met krijt in. Als hij het eerder had geweten, was hij er eerder aan begonnen.

Het tij keerde op Bali toen commandant Boutai het veld moest ruimen. Zijn opvolger begreep dat je het niet ver schopte als je inschikkelijk was. Leden van de Balinese aristocratie kregen het zwaar te verduren, een religieuze leider werd dagenlang ondersteboven opgehangen omdat hij Japanse militairen de toegang weigerde tot de tempels. Nederlanders moesten afgevoerd worden naar de kampen, zoals overal elders. Bij een foto van *Ni Gedoer in Djangèr*, een olieverf op doek uit december 1943, schreef Hofker: 'Het laatste schilderij door mij op Bali gemaakt.'

Voor het schilderij poseerde Ni Gedoer drie dagen, elke dag vanaf acht uur 's ochtends. Op de derde dag was het schilderij van boven tot het middenrif klaar. Toen, alsof ze aan een parachute uit de hemel waren komen vallen, stroomden de militairen het atelier binnen. Hofker schrok op, de Japanners stonden met geweer en bajonet in de aanslag. Hij hielp Ni Gedoer uit de majestueuze kleding, nam haar de sieraden af en zei dat ze zo snel mogelijk het atelier moest verlaten. 'Ik was dertien,' herinnerde Ni Gedoer zich driekwart eeuw later, 'en ik weet dat nog zo goed omdat ik kort daarop voor het eerst menstrueerde.' Ze herinnerde het zich ook nog

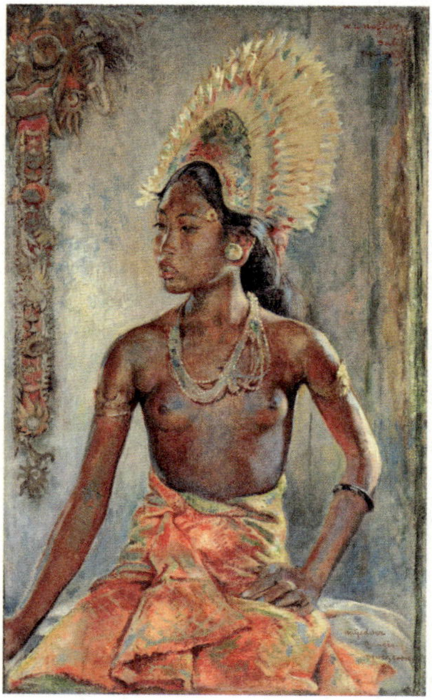

Willem Hofker, *Ni Gedoer in Djangèr*, december 1943.

goed omdat ze door het overhaaste vertrek niet betaald had gekregen voor het poseren. Seline Hofker, die het leven van haar oom Wim en haar tante Maria bijna van dag tot dag reconstrueerde en tijdens haar reizen naar Bali de acht nog levende modellen opspoorde, kon dat alsnog goedmaken.

'Op een dag werd het ernst,' schreef Maria Hofker-Rueter in haar korte terugblik op de oorlog, die ze de titel *Blijvende waarden* meegaf en die is opgenomen in *Djoenkeng Owari*. 'Barse, gesloten gezichten, bajonet op 't geweer, daarmee was ons erf ineens vol. Dadelijk meegaan, vlug, vlug. Op een vrachtwagen stormden we door het mooie, zonnige, weelderige land van Bali, van rijpende, afgeoogste en onder water staande sawah's. We keken er nog zo lang mogelijk naar, want we begrepen: dit wordt weer de gevangenis. (..) Na drie dagen worden we in het kleine, overvolle ruim van een Japanse motorprauw geladen. Tussen zakken met rijst, zout en twee auto's in, is nog net plaats voor ons. Op de planken boven het ruim, een soort "dek", mogen wij een uur in de namiddag doorbrengen, als we dit tenminste kunnen bereiken, langs een kabeltouw klimmend, dat in een lus naar beneden hangt. De reis over de Javazee is niet zonder gevaar en het weggevoerd worden van het ons zo dierbare eiland, stemt ook niet fleurig. In zo'n situatie komen de psalmen tevoorschijn en 's ochtends, als we zo'n honger en dorst hadden en nog niets kregen, gingen we in een van de auto's zitten en studeerden een paar psalmbewerkingen van Vondel in. Pastoor Buis, die met ons op transport was gesteld nadat hij anderhalf jaar in de gevangenis had gezeten, alleen in een cel, opzettelijk vergeten, ging de tweede stem zingen, ik de eerste. Tegen zonsondergang, toen we naar boven mochten en de zonnehitte wat bedaard was, klonken onder de blauwe hemelkoepel en over het blauwe watervlak, uit volle borst dank- en lofliederen en een weemoedige klaagzang. Aan ons was dit uur! Al voerde een Japanner het commando en wachtte ons een interneringskamp.'

Vondel zelf vond vertroosting in de psalmen. Na de dood van zijn zoon Joost jr., die op transport naar Indië was gesteld nadat hij zijn vrouw had mishandeld en zich op alle mogelijke manieren had misdragen, en die de reis naar de kolonie niet overleefde, schreef Vondel: 'Indien ik de troost en verquikking der Psalmen niet hadde, ik verging in myn elende.' Een paar van die door Vondel bewerkte psalmen had pater Buis van muziek voorzien.

Niet alle kunstenaars werden op transport gesteld naar Celebes. Louis van der Noordaa, de beeldhouwer die weigerde zijn steun aan Walter Spies te geven, kwam in een kamp op Java terecht. Hij kreeg het zwaar te verduren en overleed twee maanden na de Japanse capitulatie in een ziekenhuis in Batavia. De Belgische schilder Adrien-Jean Le Mayeur de Merprès, die met de Balinese lègongdanseres Ni Pollok was getrouwd, werd door de Japanse autoriteiten slechts onder huisarrest gesteld. De redenering was dat Nederland in oorlog was met Japan en België niet. Le Mayeur kon de hele oorlog lang op Bali blijven werken zonder dat hem iets werd aangedaan.

Volgens de Lijst van Geïnterneerden in *Djoenkeng Owari* kwamen Hofker en Bonnet op 9-5-1942 in Parepare aan, en pastoor Buis op 9-7-1942. Ze maakten deel uit van hetzelfde transport, dus dat moet een fout zijn. Het jaar klopt ook niet, en er staat dat Maria met een van haar twee kinderen in Kampili zat, wat Maria naderhand als bijzonder grievend ervoer – haar huwelijk was immers kinderloos gebleven.

Een aantekening van frater Geroldus Smulders zet alle feiten recht. De frater hield nauwkeurig bij wie in Parepare werd afgeleverd en wanneer. Hij schreef: 'Achtentwintig december '43 nog enkele achtergeblevenen van Bali, waaronder enkele schilders, die tot nu toe vrij waren geweest, en een pastoor die bij de bezetting van Bali in het hospitaal lag en verder al die tijd in de gevangenis had doorgebracht. Zijn baard hing op zijn buik en zijn hoofdharen ver over zijn rug. Het leek een verschijning uit de tijd van Hildebrand.'

Voor hun deportatie naar Celebes probeerden Hofker en Bonnet nog een deel van hun schilderijen en pasteltekeningen op een veilige plaats onder te brengen. Een aantal belangrijke werken van Hofker werden opgeslagen in een loods in Batavia. Deze zijn jaren na de oorlog opgedoken in de kunstcollectie van president Soekarno. Maria bracht een deel van haar eigen werk en dat van haar man in een loods onder bij een bevriende Hollandse familie op Java. De familie werd uiteindelijk ook geïnterneerd, de kist met schilderijen en tekeningen ging verloren, of is in ieder geval nooit teruggevonden.

Het had Hofker beter geleken om de opgerolde doeken die hij in haast uit zijn atelier in Ubud had meegenomen aan Maria mee te geven. Ze leken hem veiliger in een vrouwen- en kinderkamp dan in Parepare. Met een dikke rol onder de arm betrad Maria loods 11 in Kampili. Ze hoedde die schilderijen van haar man als een kip eendeneieren. Eind 1944 tekende ze die kip op een kaart om Willem te laten weten dat zijn werk bij haar nog steeds in goede handen was. Maar vlak voor het einde van de oorlog moest ze in de grootste paniek wegvluchten en ging de hele rol, tegen de honderd werken, in vlammen op tijdens het bombardement van 17 juli 1945. Ook haar eigen tekeningen gingen verloren, ze had niets, helemaal niets, kunnen redden, en zo zag Olga haar bij de brandende loods in Kampili staan: ontredderd en verbijsterd door het verlies.

Wat van Maria's werk overbleef, waren de tekeningen die ze in Kampili had tentoongesteld en de Indische impressies die ze aan Wim had meegegeven. Ze hadden hun werk onder elkaar verdeeld, ook als herinnering aan elkaar. Tijdens het bombardement van Parepare had Wim haar aquarellen en tekeningen wel weten te redden. Maar heel veel was dat niet.

Hofker zou het verlies van een groot deel van zijn werk gelaten opvatten. Op zijn herinnering afgaand schilderde hij direct na de oorlog een aantal werken opnieuw. Maria zat evenmin bij de pakken neer. Na de oorlog zou ze een geheel eigen weg gaan. De kiem van het succes lag volgens haar eigen zeggen op Bali. De brieven die ze naar huis stuurde liet ze vergezeld gaan van tekeningen en aquarellen op prachtig stevig aquarelpapier, die ze als kaarten bij de brieven stopte. Ze beeldde alle soorten planten en vruchten af die ze niet kende. De natuur had haar van kinds af aan betoverd maar op Bali realiseerde ze zich des te sterker hoe overweldigend de natuur is als je je erin verdiept en als je zoekt naar wat de natuur je precies wil laten zien.

De brieven aan haar ouders gingen verloren, de illustraties erbij zijn bewaard gebleven. Ze gaven de aanzet tot haar latere jaarboeken, boeken die de natuur in haar volkstuin aan de rand van Amsterdam op de voet volgden. Van *Schatten van mijn tuin, uit de jaarboeken van M. Hofker-Rueter* zou ze in totaal eenenvijftig delen maken. Slechts delen uit haar jaarboeken werden daadwerkelijk uitgegeven, waarvan één in zijn geheel. Bekendheid kreeg ze met de beschrijving van haar volkstuin, die ze op haar jaarboeken baseerde. En toen ze eenmaal bekend was, kocht het Rijksmuseum een van haar jaarboeken aan en kwam het prachtig verstilde boekje *Maria Hofker's Indische impressies* uit, met de aquarel *Bali.*

Vrouwen aan het werk, opgedragen 'aan W.G. Hofker, vrouwen op Bali zoals hij ze niet schildert', en met de zes tekeningen van de broedende kip die mijn moeder Maria in Kampili zag maken.

16

De gevangengenomen Europeanen veronderstelden dat de oorlog hooguit een maand of tien zou duren. De algemene mening was dat de Japanse eenheden nooit lang zouden standhouden tegen de geallieerden. 'Het duurt nog maar een poepie dagen,' heette het in het kamplied 'Parepare'.

Laat je niet kisten door de zorgen van de tijd,
Blijft optimistisch, alle narigheid ten spijt.
Heus, het zal wel beter worden.
Sabar sadja, 't zal wel gaan.
't Duurt nog maar een poepie dagen
Dan breekt weer de vrijheid aan!

Gelukkig maar dat ze dat dachten, het optimisme hielp ze in ieder geval de eerste twee oorlogsjaren door.

Een van de gevangenen, Van Lier, noemde het leven in het kamp 'een bijna gunstige logeerpartij'. Ik lees dat in de biografie van Bonnet; misschien was Bonnet ook die mening toegedaan. 'Er waren ongeveer zeshonderd mannen, die werden bewaakt door vijf Japanners,' aldus Van Lier. Dat kon dus niet heel erg zijn. Van Lier noemt de heiho's niet en verzwijgt dat die vaak nog gewelddadiger waren dan hun Japanse superieuren. Ze vatten hun taak op als één lange training voor de komende onafhankelijkheidsstrijd en namen juist daarom de bikkelharde Japanse militaire discipline over en slikten alle vernederingen waaraan ze onderworpen waren. Zo kregen ze nog harder slaag dan de gevangenen als ze niet diep genoeg bogen voor de Rijzende Zon. Het kon ze niets schelen, ze leerden met moderne wapens omgaan, wat een andere vereiste was om de onafhankelijkheidsstrijd aan te gaan.

Voor Van Lier waren heiho's simpelweg onderkruipers met wie je het best op een akkoordje kon gooien, als je het een beetje handig aanpakte. Echt ellendig was niets in het kamp. De zeven artsen kregen grote hoeveelheden medicijnen uit Makassar, waardoor zij in staat waren de zieken goed te behandelen. In de ziekenboeg werkten inderdaad zeven artsen en twee verplegers, en zij voerden zelfs operaties uit, maar het tekort aan medicijnen was zo groot dat zij opdracht gaven een tuin met geneeskrachtige planten aan te leggen. Bijna iedereen in het kamp kreeg een keer malaria, bijna iedereen een keer dysenterie.

Van Lier legde zijn bevindingen vast in een brochure die de titel *Hemelrijk* kreeg, en Bonnet bewaarde die zorgvuldig, misschien omdat hij zichzelf even graag als Van Lier had voorgehouden dat het allemaal best meeviel.

Het appel? Vernederend? Ach welnee, 'er werd nauwelijks geteld'.

Van Lier was een employé van de KPM, de rederij die met een vloot van rond de honderdveertig schepen de verbindingen tussen de eilanden onderhield. Zijn laatste standplaats was Bima op Sumbawa geweest, een van de Sumba-eilanden. Een afgelegen oord, hij zal af en toe een passagebiljet hebben moeten uitschrijven, en voor de rest bestond zijn leven uit wachten op de volgende mailboot, die eens in de week afmeerde. Hij was getrouwd, één kind, maar vrouw en kind verbleven in Nederland. Het tweede kamp, Bodjo, waar zo'n beetje iedereen op bed lag te kronkelen door de aanvallen van dysenterie, omschreef hij als een ideale bestemming. 'Er was een schoon riviertje, waar heerlijk in gezwommen kon worden.' Maar wie eruit dronk, kreeg dysenterie. Er gingen daardoor binnen enkele weken eenentwintig mannen dood. 'Zij die dood gingen waren de pessimisten.' Toen ik dat las, moest ik aan de vriend van mijn vader denken. Han Verdenius wilde maar één ding: zo snel mogelijk met zijn vrouw en zijn drie kinderen herenigd worden. De pessimist was eerder mijn vader, die in de Tweede Wereldoorlog de ondergang van zowel de westerse als de oosterse beschaving zag. Toch ging Verdenius dood en zag mijn vader zijn vrouw en kinderen terug.

Oorlog leidt ook tot misplaatste generalisaties.

Goed, Van Lier, die nooit geslagen werd, had ook wel een beetje gelijk: als je de straffen vergat en de grillen van de eerste commandant, Yamadji, viel het in het begin nog enigszins mee. De omslag kwam in oktober 1944, toen het kamp door de bombardementen werd verwoest.

Hofker leek erdoor te ontwaken uit de valt-allemaal-best-mee-droom en maakte zijn eerste aangrijpende tekening uit de oorlog, potlood en conté op gepigmenteerd papier, 22,8 × 45 cm. Een loods die verwoest is alsof er een gierende orkaan doorheen is geraasd en vervolgens in brand is gevlogen. Hofker schreef er in blokletters onder:

> Ons 'Blok-7' 20 oktober Pare-Pare –, Tusschen de bombardementen van 19 en 21 october 1944. Op de voorgrond: Rudolf Bonnet zoekt naar verf-tubetjes.

Ook de schaarse bezittingen van de geïnterneerden zijn vernield of in vlammen opgegaan. Bonnet zoekt voorovergebogen onder het versplinterde hout naar een paar verftubetjes en lijkt op een doos met krijt en potlood te stuiten. Het zal zijn eigen tekendoos zijn geweest, of die van Hofker. Het is bijna filmisch getekend, je ziet Bonnet daar bezig, terwijl op de achtergrond twee mannen een plank wegtrekken uit een andere loods. Ze zoeken naar nog een laatste overlevende.

Schuilkelders waren er niet in het kamp. Toen het alarm afging met acht korte stoten, waren de gevangenen naar de greppels gerend die ze in de groentetuin hadden gegraven. Sommige van die greppels waren behoorlijk diep om de ouderen in onder te brengen, en juist daar drukten de brisantbommen de wanden weg, waardoor de mannen door de grond en het puin werden bedolven. 'Brokken hoorde diep onder de grond iemand kermen,' lees ik in een verslag. 'We groeven tot onze handen het begaven. Voor ze er allemaal uit gegraven waren, waren drie van hen gestikt, van twee anderen was de nek gebroken.'

De bommenwerpers kwamen van zee, achttien stuks in statige formatie. Ze kwamen recht op het kamp af, het zicht was helder, de gevangenen zagen de Amerikaanse toestellen naderen. 'Dat zijn nou je vrienden,' kraaide de assistent-resident van Bali en Lombok, G.Ch. Rapp, nadat hij een bomscherf tegen het hoofd had gekregen, 'moet je niet vragen hoe je vijanden zijn.'

Bij het volgende bombardement, op 21 oktober, kwamen nog eens twee mannen om en een jongen van zeventien; de volgende dag begon de exodus naar het noodkamp Bodjo. Op een paar handkarren die als regel door de houtploeg werden gebruikt om brandhout te halen, werden de ouden die niet konden lopen en de zieken met hun bagage geladen. De tocht ging behoedzaam en traag, het tempo werd aangegeven door hen die het slechtst vooruit konden komen. Er waren toch ook nog een paar mannen die te veel hadden meegenomen en het nauwelijks dragen konden. Als ze tot de keukenploeg behoorden, was dat begrijpelijk, want ook de overgebleven potten en pannen moesten mee. De stoet kwam in ieder geval maar langzaam vooruit. Ds. Bikker dacht aan de uittocht van de kinderen Israëls uit Egypte en begon te beseffen welke bovenmenselijke taak op Mozes rustte toen hij met ruim zeshonderdduizend mannen en een veelheid aan vrouwen en kinderen de woestijn in liep, op weg naar het Beloofde Land. Mijn vader zou vaak aan de tocht door de Schelfzee appelleren in zijn preken maar nooit het verband leggen met zijn eigen voettocht naar Bodjo.

Ook in het aan de rivier gelegen noodkamp tekende Hofker weer; zijn manier om grip te houden op de gebeurtenissen om hem heen. Het was niet eens zo dat hij naar nog wat schoonheid zocht in de oorlogsellende, hij moest gewoon vastleggen wat hij zag. Dat kon een wit hemd zijn dat te drogen hing op de armleuning van de trap die naar de ziekenbarak leidde. Of een dwangarbeider die de moestuin wiedt en de indruk wekt dat hij dat in vredestijd precies even rustig zou doen.

In *Djoenkeng Owari* zijn veertien tekeningen van Hofker opgenomen, waaronder vijf portretten. In het standaardwerk *Willem Gerard Hofker (1902-1981)*, dat Seline Hofker met assistentie van Gianni Orsini samenstelde, zijn uit Hofkers kampperiode zeven Balinese danseressen opgenomen, variaties op schilderijen die hij voor de oorlog maakte, in zijn hoofd meedroeg als een dichter een sonnet, maar die hij wat vager, mysterieuzer en donkerder maakte dan het origineel, zoals de kleuren in je dromen vaak matter zijn dan de tinten die je met een wakker oog hebt waargenomen. Zeven schilderijen, zeven potlood- en contétekeningen en achttien portretten.

Maar het zijn er heel veel meer geweest: Hofker tekende in het kamp minstens honderdvijftig portretten. Ook zelf noemt hij dat aantal in een brief van 27 september 1945: 'Er was altijd een grote vraag naar m'n werk. Ook vele portretten tekende ik van de pastoors, dominees en burgers, wel 150, en heb daar veel voldoening aan beleefd en ik bleef in training.'

Hij vroeg de mannen voor hem te poseren. Dat deden ze graag, het was een mooie afleiding in het monotone kampleven, maar ze mochten niet praten en moesten urenlang dezelfde houding aannemen. Veel portretten maakte hij in het varkenshok; 'daar zit ik gewoonlijk,' zei hij tegen pater Does, 'en daar ziet de Jap ons niet.' Hij tekende terwijl naast hem de varkens lagen te knorren.

Aan een portret werkte Hofker in het kamp niet sneller dan voor of na de oorlog, hij deed er minimaal drie dagen over. Ieder portret vergde de grootste inspanning van hem, het werd nooit routine. 'Weinigen vermoeden welk een hartenbloed zo'n tekening Wim kost,' schreef Maria voor de oorlog, in een brief van 24 maart 1939, verstuurd vanuit Bali. 'Hij offert alles op om zich in een tekening te kunnen uiten. Soms is hij helemaal leeg en moe na dagen inspanning, hij gaat zelfs slapen met de tekening naast zich.'

De tekeningen die hij voor zichzelf wilde bewaren, rolde hij samen met de andere tekeningen zorgvuldig op in een matje dat hij 's nachts als kussen gebruikte. Toen op een nacht het water in de rivier plotseling steeg en in een kolkende stroom dwars door de barakken joeg, hoefde hij alleen zijn kussen op te pakken en naar een hoger gelegen plek te rennen om zijn kostbare bezit te redden.

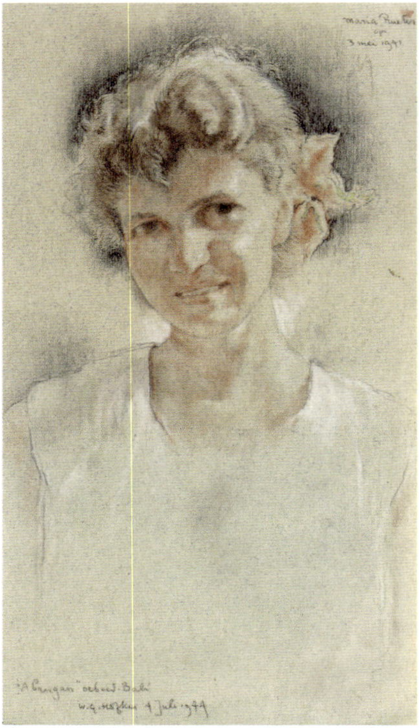

Willem Hofker, *Maria Hofker-Rueter 4 juli 1944*, naar een foto op Abangan van 3 mei 1941.

17

Met sommige van zijn portretten reageert Hofker indirect op misstanden in het kamp. Zonder te chargeren zou je die misstanden ook misdaden kunnen noemen, misdaden tegen de laatste restjes menselijkheid. Hofker klaagt niet aan, dat is hem te concreet; hij vangt in een blik of in een houding de psyche van de gevangene.

Op 19 maart 1945 maakt hij het portret van Wim Wijker af waaraan hij drie dagen heeft gewerkt. 'Wim Wijker, oud 18 jaar,' schrijft hij erboven, maar de jongen lijkt jonger en Hofker geeft hem zowel lef en kracht als een onschuldige argeloosheid mee. Een stoere jongen die graag aan zijn leeftijdsgenoten laat zien dat hij nergens bang voor is, zonder goed te beseffen dat hij daarvoor zwaar gestraft kan worden. Hofker schonk Wim Wijker de tekening uit dank voor het etensbakje dat de jongen voor hem had gemaakt. Maar het portret vertelt méér.

Wim Wijker werd betrapt op smokkel. Samen met Fred de la Fuente en Just Roele had hij die op poten gezet. Van de boys was alleen hij gesnapt. De smokkelwaar was nogal bijzonder, het ging om klompen voor het vrouwenkamp. In Kampili was een gebrek aan schoeisel. Alleen vrouwen die bij hun arrestatie de gelegenheid en de tijd hadden gekregen voor het zorgvuldig uitzoeken van hun bagage, zoals bijvoorbeeld de dochter van de gouverneur, en die bovendien onmiddellijk hadden beseft dat een extra paar schoenen geen luxe zou zijn in een kamp dat ongetwijfeld ergens ver weg in de natuur zou liggen, kwamen de oorlog door met waterdichte zolen en iets dat in vorm nog op schoeisel leek. De meeste vrouwen, Maria Hofker bijvoorbeeld, of Olga, hadden er geen meer, en de jappen lieten de vrouwen uren in de drassige grond werken of over de smerige vloer van de loodsen lopen op blote voeten, of, wat de meeste vrouwen deden, met hun voeten in doeken gewikkeld en met een touw vastgebonden. Maar die doeken lieten vocht door en veranderden in een mum van tijd in vodden.

Hoe ze dat in het mannenkamp Bodjo te weten waren gekomen, is een raadsel gebleven; in ieder geval begonnen de houtbewerkers in het kamp op grote schaal klompjes te maken, die via de Toradja-bewakers naar Kampili werden gesluisd. Toen een jongen uit het kamp de smokkelwaar aan de bewakers overdroeg, werd hij gesnapt. Die jongen was Wim Wijker.

In Bodjo werd veel gesmokkeld, met name door de boys. De rechterhand van de kampcommandant, de beruchte 'Mietje', besloot tot een strenge straf: vijftig stokslagen. 'Mietje' was de enige jap tegen wie ds. Bikker niet op kon. Hij leed aan toevallen, hallucinaties, aanvallen van razernij: een psychopaat die door het lint ging wanneer hij straffen uitdeelde. Vijftig stokslagen was een poging tot doodslag. Bikker stapte naar voren en zei: 'In mijn kamp worden geen minderjarigen geslagen.' Met dit soort statements wist hij meestal snel tot een vergelijk te komen met de bewakers. Echter niet met 'Mietje'. Die schreeuwde: 'Het kan me niet donderen wie, maar iemand moet de straf op zich nemen.' Bikker trok zijn overhemd uit en zei: 'Doe het dan maar op mij.'

Bikker had een methode ontwikkeld om lijfstraffen te verdragen. Hij hield zijn kampgenoten voor dat je niet moest gaan springen of ineen gaan krimpen om de slagen te ontlopen, want dan raakten ze je overal en sloegen ze er nog veel driftiger op los. Als je daarentegen rustig en bedaard bleef, raakten ze je alleen op je achterste. Je billen veranderden dan in biefstuk die door de gehaktmachine was gegaan, maar je overleefde de straf. Het kwam op zelfbeheersing aan, dan haalde je de vijftig slagen.

Alle gevangenen moesten het schouwspel bijwonen, ook de jongste jongens. Veel bloed en kapot vlees. Na zo'n twintig slagen vielen de eerste mannen flauw, bij rond de dertig stonden mannen te kokhalzen, bij de veertigste stonden grote, stoere kerels te huilen. 'Mietje' ging onverdroten voort, ds. Bikker haalde precies de negenenveertig stokslagen en viel bij de vijftigste bewusteloos neer.

Twee jongens droegen hem op een houten brancard naar de ziekenboeg. Het duurde een hele nacht voor hij weer bij bewustzijn kwam. Bikker overleefde de straf ternauwernood. '"Mietje",' schreef een kampgenoot, 'had hem bijna genekt.'

Twee of drie weken later kwam Jan van Driest naast mijn vader te liggen in de ziekenboeg – ze leden beiden aan dysenterie. Kwam mooi uit, schreef Jan in zijn dagboek, dan konden ze samen schaken. Jan won de eerste partij en zei: 'Dominee, ik ga me laten dopen.' Jan kwam uit een volslagen onkerkelijk milieu. Mijn vader vroeg waarom. Jan zei: 'Door de houding van dominee Bikker. Ik begrijp nu wat er bedoeld wordt met Jezus die de zonden op zich nam. Jezus heeft zichzelf gegeven en heeft zich willens en wetens laten geselen, zoals dominee Bikker heeft gedaan. En het bloed van Jezus Christus heeft dominee Bikker gered.' Zo zei Jan het, althans, zo vertelde hij het na de oorlog.

Jan van Driest zou zich na de oorlog inderdaad laten dopen en zou belijdenis doen. En uiteindelijk zou er een dikke zeventig jaar later op zijn graf komen te staan: 'Vrij gekocht door het bloed van Jezus Christus.'

Het gebeurde maakte diepe indruk op de anders zo flegmatieke Hofker. Hij tekende Wim Wijker als de personificatie van stoere oprechtheid. Het had een haar gescheeld of hij had een nobele daad met zijn leven moeten bekopen. Dominee Bikker had hem gered. Om te benadrukken hoe edelmoedig dat was geweest, zette Hofker de goedmoedige trekken in het gezicht van Wim Wijker nog eens extra aan. Iedereen zou deze jongen vergeven dat hij zich ingezet had voor de hulp aan vrouwen in Kampili, onder wie zijn eigen moeder. Maar niet de jap, niet 'Mietje'.

In juni 1945 maakte Hofker een tekening met potlood en conté van het hospitaal van dr. de Moor. Het bamboe gebouw met bladerdak ligt bijna buiten kamp Bolong vanwege het besmettingsgevaar. Linksonder leunt een man op een staf. Met zijn rode baard en in zijn halflange jas lijkt hij op een profeet uit het Oude Testament, getekend door Rembrandt. Op de achterzijde van de tekening schreef Hofker: 'Pastoor Simon Buis – van Bali – wandelt rond, herstellend van een malaria-aanval, en bezichtigt de nieuw aangelegde weggetjes en trappen.'

Die weggetjes en trappen leiden naar het hospitaal. Binnen in die barak ligt Han. Hij lijdt opnieuw aan dysenterie. Dat wil zeggen dat hij soms wel honderd keer per dag naar de latrine moet strompelen. Bij die latrines wemelt het van de vliegen. Ook door die vliegen kan de ziekte op de laatst overgebleven gezonde mannen overgebracht worden. Bij de wc's heeft zich de bisschop van Makassar geïnstalleerd. Nu bijna

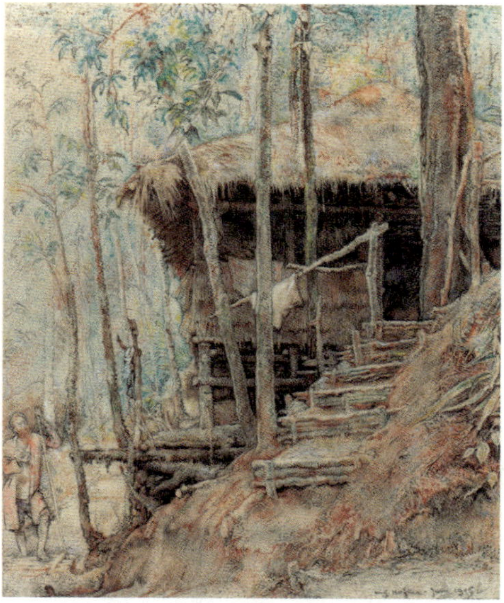

Willem Hofker, *Het hospitaal van dr. De Moor, Kamp Bolong*, juni 1945.

iedereen ziek is staat hij de hele dag met een palmtak de vliegen te verjagen bij de latrines.

Frater Geroldus schreef in zijn kampverslag, dat hij direct na de oorlog op papier zette en eind 1945 voltooide: 'Het hospitaal in Bolong was als alle andere barakken van alle kanten open en bloot. De mensen teerden weg. Iedereen zat onder de zweren. Het vechten tegen de dood was voor de doktoren bijna een onmogelijkheid. Met een aan één kant geslepen lepeltje schepten ze de wonden uit. De mensen vermagerden met de dag. Het halve kamp lag op bed, kon niet meer. Toen de nood het hoogst was, kwam gelukkig vrede.'

18

Bolong, het kamp in de bergen, tweehonderd kilometer van de kust, vond Hofker van een grote schoonheid. Hij schreef er lyrisch over in de eerste brief die hij na de oorlog naar huis stuurde: een mosbos in de bergen, druipend van het vocht en fantastisch door de luchtwortels van de pandanuspalmen. In de overdadige vegetatie had hij een open plek gehakt die hij als zijn atelier beschouwde. Maria Hofker schreef daar in dezelfde brief van 23 september 1945 direct achteraan: 'In die idylle, net door Wim beschreven, zijn de bosmannen bijna omgekomen van kou en honger. Er zijn er gestorven, maar de vrede kwam net op tijd om de andere tot geraamten geworden mannen te redden.'

Net als Hofker probeerde Bonnet na de oorlog te minimaliseren wat hem aan oorlogsleed was aangedaan, maar hij slaagde er niet in de rauwe werkelijkheid van Bolong volledig te verdoezelen. 'Het interneringskamp Bolong, waarheen de Jap ons in mei '45 bracht, lag in de bergen op een hoogte van veertienhonderd meter,' schreef Bonnet op 10 april 1946 aan zijn hoogbejaarde moeder. 'De barakken waren geheel open *balé*, weggestopt onder de bomen. Als het er niet mistte, motregende het. Als een enkele keer de zon scheen, was het een armzalig straaltje dat nauwelijks doordrong tot de barak. Het was een kille vochtigheid en 's morgens als we in het donker moesten opstaan om op tijd op het appel te komen was het soms acht graden. Nu kunt u begrijpen dat de meesten van ons, die niet veel meer dan tropenkleding en een deken hadden, onder de kou geleden hebben. Ik had gelukkig een sprei en 's nachts deed ik bijna alles aan wat ik aan kleren bezat. Behalve tegen de kou hadden we daar ook nog te vechten tegen de modder. Toen we er kwamen was het er een kledderboel. Tot over je enkels zakte je weg in de kille brij, want er zat niets anders op dan er op blote voeten door te baggeren. Onze klompen, nou ja, dat waren plankjes, bleven er in steken en zoiets kostbaars als schoenen kon je er niet aan wagen. Als we 's ochtends naar het appel moesten, moesten we een heuvel op en dan was het nog een toer om in 't halfdonker in de gladheid naar boven te komen.'

En dan was er de honger, die met de dag nijpender werd. De ergste straf die werd uitgedeeld was niet langer slaag maar een dag zonder eten. Frater Geroldus schreef in zijn dagboek dat het de bedoeling van de jap was 'om ons langzaam te laten uitsterven'. Jan van Baal ving bij de latrines een gesprek op tussen twee mannen, van wie er één een klinkende wind liet. 'Dat jij op dat voer nog zo'n scheet kunt produceren!' zei de ander bewonderend.

In de laatste oorlogsmaanden vreesde Hofker blind te worden door het tekort aan eten, door het schrijnende gebrek aan eiwit, wat inderdaad een oorzaak van ernstige oogziektes kan zijn. Een Balinese voorstelling ruilde hij voor twee eendeneieren. Het tekenen werd de laatst denkbare manier voor hem om fysiek ongeschonden de oorlog door te komen. Om er zeker van te zijn dat de tekening van Ni Tjawan aftrek zou vinden, dateerde hij die zowel met 1944 als met het Japanse jaargetal 2604.

Bijna iedereen had in Bolong 'kampogen'. En bijna iedereen zou er op de lange duur de gevolgen van ervaren. Van Baal was aan het einde van zijn leven zo goed als blind. Toen hij niet meer lezen en schrijven kon, hoefde het voor hem niet meer. En ja, het schiet me nu te binnen, toen ik niet zonder trots mijn eerste roman aan mijn vader overhandigde, bladerde hij in het boek en zei geschrokken: 'Maar jongen, wat een kleine letter.'

De naam Bolong viel nooit bij ons thuis. Ik heb er mijn vader niet één keer over gehoord. Dat 'Bolong' in het Barè, een der Toradja-talen, 'het gat' betekent, en in het Taé, een andere Toradja-taal, 'zwart' weet ik uit andere bronnen. Een zwart gat. Toen ik over Bolong las, vroeg ik me af of mijn vader daar werkelijk heen was gebracht met de andere gevange-

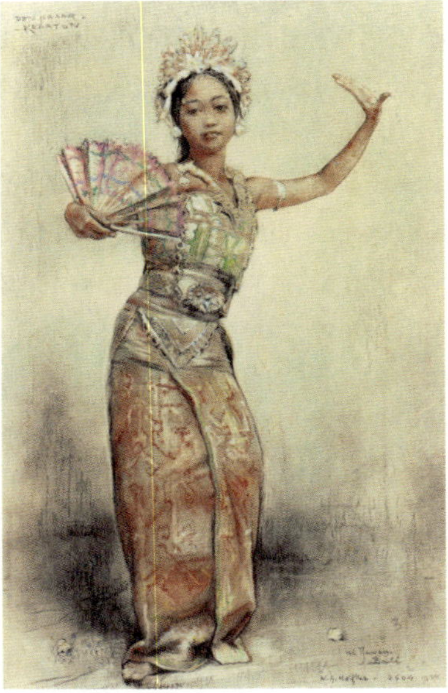

Willem Hofker, *Ni Tjawan, Lègong danseres*, 1944.

nen. Het kon niet anders, alle mannen werden in vrachtwagens op transport gesteld, maar dat hij zelfs de naam van het kamp waar hij de laatste drie maanden van de oorlog doorbracht nooit heeft genoemd, duidt op... Tja, zelfs dat weet ik niet, waar het precies op duidt. De trots van: Ik houd de slechtste ervaringen voor mezelf en praat hier niet meer over? Of een wanhopige serie beelden die weggemoffeld moest worden? Dat laatste ging hem direct na de oorlog misschien goed af maar werd, toen hij gedwongen naar Nederland terugkeerde, algauw moeilijker. Na een jaar of twaalf leek alleen drank er nog tegen te helpen, heel veel drank. En kalmerende middelen. En slaappillen, steeds meer slaappillen.

De vader van Ton Belksma overleed op 24 juli 1945 in Bolong als gevolg van voedselvergiftiging. Hij vond even buiten het kamp een knol en hij had zo'n ontzettende honger dat hij die opat, ofschoon hij op Celebes geboren was en wist dat wilde knollen meestal giftig waren. Acht uur later was hij dood, door blauwzuurvergiftiging.

Althans, zo beschrijft Van Baal het. Volgens zendingsarts Goslinga at Abraham Belksma een giftige paddenstoel, kreeg ernstige darmklachten en overleed vijf dagen later aan een maag-darmbloeding. Bram Belksma was weliswaar opgegroeid in Toradjaland (maar niet geboren) en sprak de taal vloeiend, maar dat maakte hem nog niet tot een kenner van inheemse planten. Als alle mannen in het kamp wist hij dat drie op de vier paddenstoelen of knollen uit het oerwoud giftig waren, reden waarom al het boseten getest werd door vrijwillige voorproevers, die meestal wel in de regio waren geboren. De honger was echter zo groot dat Belksma een paddenstoel verorberde toen hij met de houtploeg het woud was in getrokken om brandhout te sprokkelen. Hij was niet de enige die zich liet gaan, de hele houtploeg deed zich tegoed aan paddenstoelen, en iedereen werd ziek, zij het niet zo ernstig als Belksma. Zijn doodsstrijd was vooral zo zwaar omdat hij vijf volle dagen lang besefte dat hij zijn vrouw en kinderen niet zou terugzien. 'Het is vrijwel zeker,' schreef Ton me in een mail, 'dat uw vader bij de begrafenis van mijn vader aanwezig was en meegezongen heeft toen de mannen o.a. Psalm 103 hebben gezongen in de Toradjataal. Mijn vader had die psalm vertaald. Hij was zendeling-leraar in de Toradjalanden.'

Ik kreeg het even benauwd toen ik deze mail kreeg. Alsof ik nooit eerder beseft had wat het precies inhield om maanden en jaren achtereen in een kamp tegen je lot te vechten, tegen honger, ziekte en dood. Als mijn vader me uit de doeken had gedaan wat daar voorgevallen was, zou ik hem de drank en de pillen misschien vergeven hebben. En het feit dat

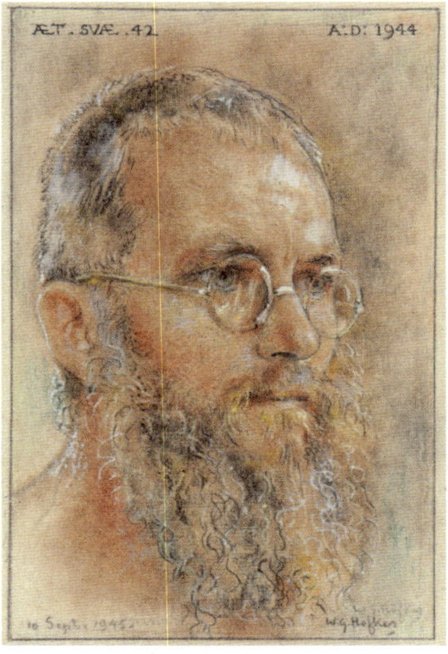

Willem Hofker, *Zelfportret*, 1944.

zijn KZ-syndroom, vooral het zijne, meer dan dat van mijn moeder en mijn broers, mijn jeugd had vergald, en nog menig moment ná die jeugd.

Een van de laatste portretten die Hofker in het kamp tekende, was een zelfportret. Hij ziet er met een sliertige baard waarin schurft zit en met zijn gemillimeterde haar, ook tegen de schurft, zo miserabel uit dat Maria, nog jaren na de oorlog, haar tranen niet kon bedwingen als ze die tekening zag. 'Je was er bijna geweest,' zei ze dan steeds weer, 'je was er bijna geweest.'

Toen ik dat portret zag, gaf het me een schok, of meer nog, een stroomstoot van honderd volt. Ik had menigmaal van mijn broers en van mijn moeder gehoord hoe mijn vader eruitzag toen hij uit het kamp kwam, ik had me er een vrij precieze voorstelling bij gemaakt, maar met dat portret op mijn schoot, een portret dat in een monografie over Hofker staat afgebeeld, zag ik voor het eerst hoe diep je vernederd kunt worden in een kamp.

Het was geen lolletje op te groeien met een vader die last had van de oorlog, om het eufemistisch uit te drukken. Maar door dat portret voelde ik uit welke strontzooi hij naar boven had moeten klauteren, en vergaf ik hem veel, hoewel lang niet alles. Per slot van rekening had hij kunnen praten, niemand dwong hem alles voor zichzelf te houden. Hij had kunnen vertellen wat ik in dat portret zie.

In de ogen van Hofker ligt een doffe wanhoop. En toch doemt achter die blik een kunstenaar op die nooit opgeeft en onder zelfs de ellendigste omstandigheden naar een restje humaniteit blijft zoeken. Uit dat zelfportret spreekt een magische kracht als uit de zelfportretten van Rembrandt.

Ik vraag me af of mijn vader ondanks alle beproevingen

ook zo heeft gekeken. En of Hofker hem met die blik in de ogen heeft geportretteerd.

Seline Hofker is al jaren bezig om alle kampportretten te achterhalen en te rubriceren. Ds. Brokken heeft ze niet gevonden. Wel dat van zijn beste vriend, ds. Verdenius, dat wil zeggen, ze weet dat dat portret bestaat en dat het bij Dien Verdenius-Habers terechtkwam, als laatste aandenken aan haar man, die op 8 november 1944 in het kamp Bodjo aan dysenterie overleed. Dien schonk het aan haar jongste zoon, die in de laatste maand van 1939 geboren was en in Kampili al zo goed als vergeten was hoe zijn vader eruit had gezien. Het kwam met het ms Tegelberg naar Nederland, met hetzelfde schip voeren Willem en Maria Hofker en mevrouw Verdenius en haar kinderen mee.

Uit een brief van mijn moeder weet ik dat zij en mijn vader Dien Verdenius en haar drie kinderen naar het repatriëringsschip hebben gebracht. Misschien liepen de Hofkers wel pal achter Dien de loopplank op. In haar bagage zat de tekening die Hofker van haar man had gemaakt, kort voor zijn overlijden in het kamp. Het was de enige tastbare herinnering aan hem die ze kon meenemen naar Holland.

Maar waar het portret zich nu bevindt, kon Seline niet achterhalen – en ik evenmin. Wel weten we dat Hofker zijn uiterste best op het portret heeft gedaan, want hij verstuurde het direct na de capitulatie, toen hij zelf nog moest aansterken voor hij naar Makassar werd overgebracht, naar Maria en schreef in een begeleidend briefje: 'dr. J.J. Verdenius is de neef van m'n oude duitsch leeraar.'

Verreweg het aangrijpendste werk dat Hofker maakte was het portret van A.L. van Wijngaerdt, een gepensioneerde politieman uit Denpasar. Hofker schetste hem eind 1944 voor het eerst, Van Wijngaerdt had toen al een door de honger getekend gelaat. Acht maanden na voltooiing schreef hij erboven: 'OBIIT 1945', gestorven in 1945, 'Balokan, 't honger- en koudekamp, Toradjaland, Celebes'.

Een dunne witte sliertige baard, de handen gevouwen, de ogen hol in de kassen: het portret van een moegestreden man die met een intens melancholieke blik berust in wat spoedig voor hem komen zou: de dood. A.L. van Wijngaerdt overleed op 2 augustus 1945 aan een longontsteking, twee weken voor de Japanse capitulatie en drie weken voor de bevrijding van het kamp.

Al de ellende van oorlog balde Hofker in dit ene portret samen. Je weet dat het hier om een oude, wijze man gaat, een fijne vent met een zachtmoedig karakter die in volstrekte eenzaamheid en in nare, vochtige kou aan zijn einde is gekomen. Ik zou bijna zeggen dat dit ene portret een heel kunstenaarsleven rechtvaardigt. Het origineel bevindt zich thans, terecht, in het Rijksmuseum in Amsterdam.

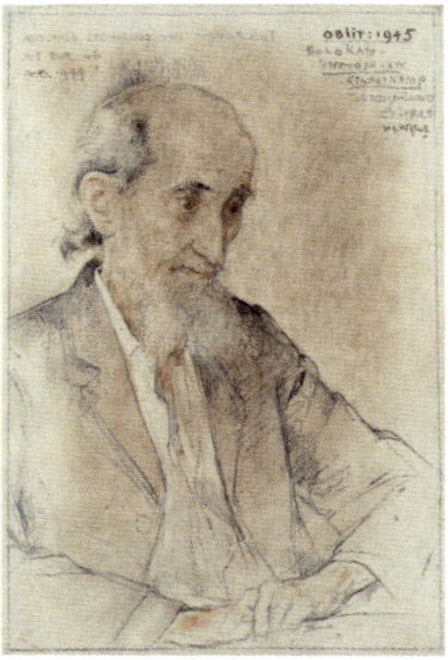

Willem Hofker, *A.L. van Wijngaerdt*, 1944

Twaalf dagen na de begrafenis van de politieman maakte de kampcommandant de Japanse overgave bekend met: 'Djoenkeng owari.' Geen woord meer, geen woord minder. Alleen: 'Djoenkeng owari.' 'Het appel is afgelopen.'

De mannen konden niet meer op hun benen blijven staan. Ze moesten eerst langzaam en behoedzaam bijgevoed worden voor ze naar Makassar konden. En eenmaal in Makassar moesten ze eerst in quarantaine.

Willem en Maria Hofker werden op dezelfde dag als Han en Olga met elkaar herenigd: op 25 september 1945. De vrouwen en kinderen van Kampili hadden het kamp al op 5 september mogen verlaten. Willem en Han moesten eerst naar een opvangkamp in Parepare, waar ze van alle vlooien en luizen waren ontdaan. Ze waren op besmettelijke ziektes gecontroleerd en toen ze niets meer onder de leden hadden, moesten ze toch nog in quarantaine in het Stella Maris-ziekenhuis in Makassar. Het duurde ongeveer vier weken voor ze het voedsel dat ze binnenkregen niet direct weer uitspogen.

Vanuit Parepare had Willem een pak met tekeningen naar Maria gestuurd. Het waren de portretten die hij in Parepare, Bodjo en Bolong had gemaakt. Maria deelde de tekeningen uit onder de vrouwen van Kampili. Achter sommige namen stond een kruisje.

Nog geen maand na de bevrijding portretteerde Hofker de Australische commandant van Celebes, brigadier Frederick Oliver Chilton D.S.O. – de letters staan voor Distinguished Service Order, een oorlogsheld. En maakte hij de ene na de andere tekening van de kinderen van zijn vroegere kampgenoten. Kinderen voor wie Kampili al bijna een herinnering

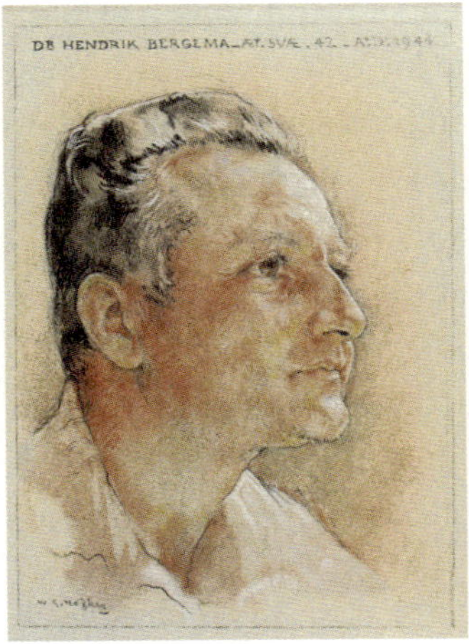

Willem Hofker,
Dr. Hendrik Bergema, 1944.

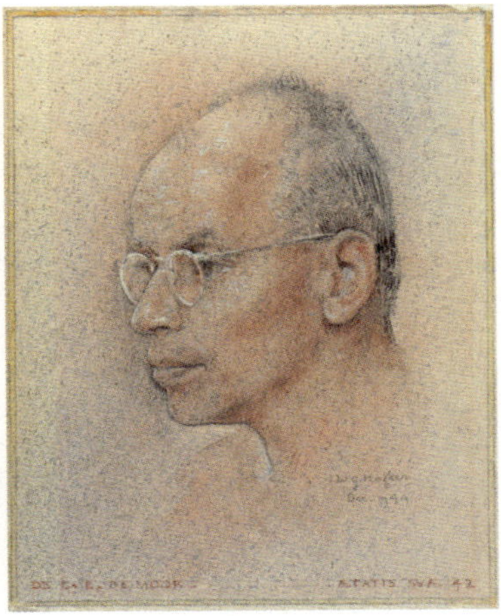

Willem Hofker,
Dr. Cees de Moor, 1944.

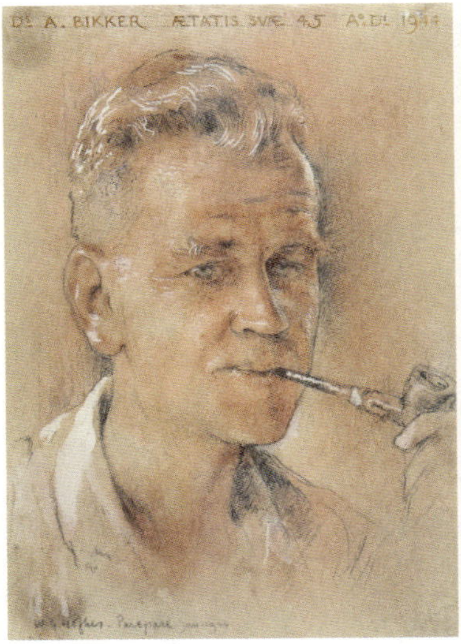

Willem Hofker,
Ds. Arie Bikker, 1944.

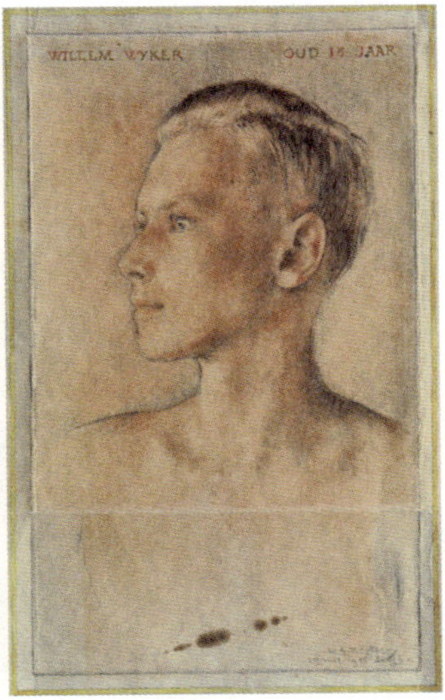

Willem Hofker,
Willem Wijker, 1945.

was geworden. Hij tekende Martijntje, Pieter, Elize, Ineke als gezonde snotapen die regelrecht uit een Hollands kinderboek kwamen. Want zo wilden hun ouders het jongetje en de drie meisjes zien: ongeschonden uit het kamp gekomen, levenslustig, niet geteisterd door wat dan ook...

Hofker bleef maar tekenen, aldoor, wachtend op het moment dat hij met Maria naar Bali kon terugkeren. 'Wat gebeurd is, is gebeurd,' schreef hij in de eerste naoorlogse brief aan zijn ouders, 'en het verleden dragen we onverwoestbaar in ons hart mee. Maar denken willen we slechts aan den opbouw van den toekomstige tijd.'

Zo moet mijn vader er ook over gedacht hebben. Denken aan wat komen gaat. Vergeten wat geweest is. Ook al zou hij daarin nooit slagen.

DERDE DEEL

Het Geishahuis en de Havenkazerne

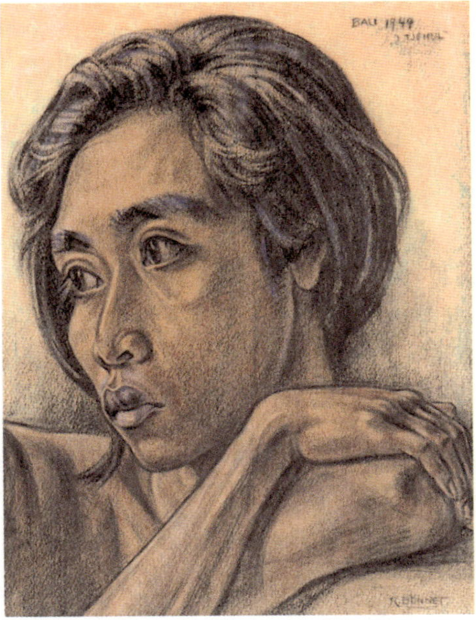

Rudolf Bonnet, *I. Tjemul*, 1949.

I

Een paar dagen nadat hij uit quarantaine was gekomen, slenterde Rudolf Bonnet door Makassar en genoot hij van de vrijheid, de zon en de brede, door statige tamarindebomen omzoomde lanen. Voor één huis bleef hij staan kijken, een huis waaraan, naar hem toescheen, 'de Jap iets had gedaan'. Hij schreef daarover in de brief die hij op 13 maart 1946 aan zijn moeder in Nederland stuurde.

Zijn neef Arend de Roever, die de nalatenschap van Bonnet beheert, gaf me een kopie.

'Toen ik daar zo voor dat huis stond,' schreef Bonnet, 'sprak een nette Indonesiër mij aan en vertelde dat hij de eigenaar was, en dat de Jappen zijn huis van binnen helemaal bedorven hadden en dat hij het nooit meer zou kunnen verhuren. Ik vroeg of ik het eens van binnen mocht zien en daar zag ik tot mijn niet geringe verrassing een prachtig Japans interieur van een uitstekende verzorgdheid en verfijning. Het huis was van binnen verbouwd tot een aaneenschakeling van een reeks van halfopen vertrekken. Het huis ernaast was ook op die manier ingedeeld en was ook nog eens uitgebouwd. Aan de achterkant was een toonzaal, nog half af, voor dansuitvoeringen vermoedelijk, die de twee huizen verbond. Tussen de twee huizen een tuin. Half in aanbouw was nog een grote keuken. De Jappen hadden op die wijze een soort restaurant met geisha's gemaakt voor hoge officieren en kosten noch moeite gespaard om er iets moois van te maken. Ik hoorde later dat ze er zelfs materiaal en kunstnijverheidslieden voor uit Japan hadden laten komen en er al bijna drie jaar aan hadden gewerkt. Het geheel maakte in zijn rustige eenvoud en vindingrijke versiering van prachtige materialen, vooral wondermooie houtsoorten, een uiterst aangename indruk. Ik dacht: "Al is dit dan ook van die rot Jap, zoiets moois moet behouden blijven." En ik ging meteen naar de burgemeester om hem mijn ontdekking te vertellen. Gelukkig was hij geïnteresseerd en ging dadelijk mee om het te zien.'

Die burgemeester was H.F. Brune, een kampgenoot uit Parepare. Hij was een goede bekende van de kampschilders, zijn brits had naast die van Hofker gestaan. Brune was voor de oorlog vijf jaar burgemeester van Makassar geweest en begon in september 1945 aan zijn laatste dagen op het raadhuis. De Britse autoriteiten waren het niet eens met zijn beleid en dwongen hem via de Nederlandse regering te vertrekken met zijn gezin – ze werden op een vliegtuig naar Australië gezet. Zijn opvolger, D.M. van Zwieten, had trouwens ook in Parepare, Bodjo en Bolong gezeten, het moet een kwestie zijn geweest van oude maten onder elkaar. Van Zwieten moest een jaar later het veld ruimen voor de eerste Indonesische burgemeester van Makassar, Abdoel Hamid. Die na een jaar gewipt werd. De ene na de andere bestuurder moest het veld ruimen, geen van hen kreeg vat op de situatie, er heerste onzekerheid, chaos, hoogspanning.

Maar Bonnet leidde Brune nog in het geishahuis rond alsof hij een geweldige archeologische vondst had gedaan. Terugdenkend aan het kamp, zei de burgemeester, die meerdere malen flink slaag had gehad van de jap: 'Hoe is het mogelijk, dat mensen die wij als grof, luidruchtig en wreed hebben leren kennen, zoiets fijns en intiems kunnen maken.'

'Die opmerking,' schreef Bonnet in de brief aan zijn moeder, 'heb ik later meer gehoord, maar ik denk dat dat alleen mogelijk was omdat, wat zij hier maakten, eigenlijk louter kopie was. Dit alles verschilde niet veel van wat zij al in de 14de eeuw maakten. Zij hebben zich voortdurend herhaald. Gebrek aan verbeelding. De burgemeester vond ook dat het niet afgebroken mocht worden, maar wat er mee te doen? Hij opperde er een museum van te maken, of het mooiste gedeelte ervan over te brengen naar een ander gebouw. Mij leek het het beste om er met enige wijzigingen een Chinees restaurant van te maken, maar daar wilde hij niet van horen, geen geschikte buurt, te veel onkosten enz. Ten slotte vond hij, dat ik er maar met de eigenaar en een paar vooraanstaande Chinezen over moest confereren en dat ik dan bij hem terug moest komen. Zo deden we het, en ten slotte bleek dat de enige manier om het te behouden was om er een Chinees restaurant van te maken. Toen gaf hij zijn fiat.'

Met Chinese *toekangs* (ambachtslieden) toog Bonnet aan het werk om aan het Japanse interieur een Chinees aspect te geven. Er hoefde feitelijk niet veel aan gedaan te worden, alleen te lage doorgangen moesten worden verhoogd. Met Chinese lantaarns en oud Chinees porselein werd algauw iets van een Chinese sfeer gesuggereerd. 'Ik maakte,' schreef Bonnet, 'in de bovenvakken van de vertrekken decoratieve schilderingen van bloemen en planten, met vlinders, kevertjes, hagedissen enz. die de twaalf verschillende maanden voorstelden. De Chinese gegevens hiervoor ontleende ik aan Chinese prenten die ik had opgescharreld bij een uitdragerij tegenover de Chinese tempel hier. Ik maakte er een half Chinees, half Europees iets van, waarin men geen spoortje Bonnet kon herkennen. Twee jonge Chinese schilders, Indo-Chinezen, liet ik, alleen in zwart, fijne schilderingen maken op de crèmekleurige wanden van de gangen en de doorgangen. Toen het af was gaven de Chinezen aan hun restaurant de naam "The Four Seasons" en aan mij f 800,- Het werd een bezienswaardigheid van Makassar en een reuze succes! Op de avonden, dat het strijkje in de tuin speelde, waren er stoelen te kort. Men danste zo'n beetje in de gangen. Later kwam ook de danszaal klaar. Het was echt iets waar men toen behoefte aan had, na de gore armoede in de interneringskampen. Op zo'n avond, heb ik wel eens gedacht, "als nou zo'n Jap, die hier vroeger zat, eens eventjes kon zien, wat ze van zijn geishahuis gemaakt hadden, wat voor een gezicht zou hij dan wel zetten!"'

Zo vermaakte de beau monde van Makassar zich in de laatste maanden van 1945 en de eerste maanden van het nieuwe jaar, toen iedereen zo'n beetje bekomen was van ziekte en geleden ontberingen, in het geishahuis waar de troostmeisjes uit Kampili de Japanse officieren hadden moeten vermaken. Geen wonder dat Olga niet meer wilde dansen na de oorlog, niet in Makassar althans, niet in de lounge van het Empress Hotel en zeker niet in The Four Seasons, het geishahuis waar alles in gereedheid was gebracht zodat de troostmeisjes uit Kampili aan de slag konden gaan. Een bezoedelde plek, als je de feiten op een rijtje zet. Het schrikbeeld dat veel vrouwen gedurende vele jaren voor ogen had gezweefd.

Niet dat Bonnet iets te verwijten viel; hij kende de achtergronden onvoldoende toen hij het interieur afmaakte en verfraaide. Maria Hofker had hem daarover tot in de details kunnen vertellen, maar zij was te druk bezig met het naderende vertrek. Bonnet wilde trouwens helemaal niets meer weten over wat er tijdens de oorlog was gebeurd, want ook voor hem was dat een hoofdstuk dat zo snel mogelijk moest worden afgesloten.

2

Hofker hoopte op een spoedige terugkeer naar Bali. Tegen de realiteit in, Bali bleef hermetisch van de wereld afgesloten. Britse militairen hielden het eiland in isolement zodat Balinese vrijheidsstrijders, die in Java waren opgeleid, niet naar hun thuisland konden terugkeren.

Het zou slechts een kwestie van maanden zijn, veronderstelde Hofker. Stilzitten lag niet in zijn karakter, en toen hij de mogelijkheid kreeg tot een expositie van eigen werk in de Vrijmetselaarsloge van Makassar, werkte hij als een bezetene om nog een paar grote werken aan de tentoonstelling te kunnen toevoegen.

Afgaand op zijn herinnering schilderde hij Ni Kenjoeng, met blote borsten, uitdagend leunend tegen een muur, Ni Rindit, met de hand op een in hout gekerfde Singha-leeuw, Ni Tjawan, met een rijkgevulde schaal met offerandes tegen de achtergrond van een tempelpoort in Denpasar. Voor Ni Tjawan werkte hij een vooroorlogse tekening op tot een uitbundige gouache met felgekleurde accenten in aquarel. Hoe meer kleur, des te meer geld hij ervoor kon vragen; het was een verkooptentoonstelling, kleur viel in de smaak bij de Australische militairen. Omdat hun terugkeer naar Australië aanstaande was, kochten zij de schilderijen als

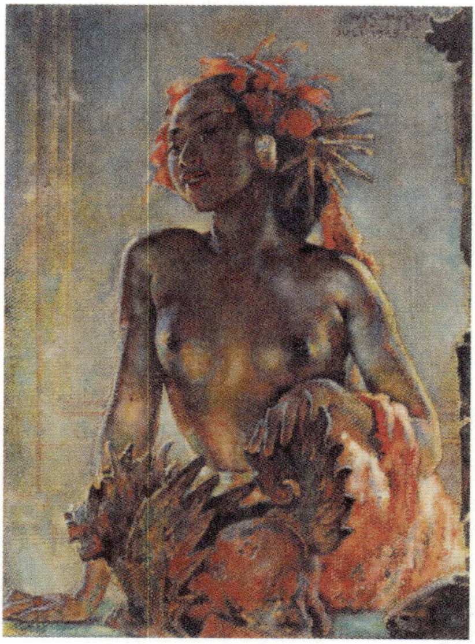

Willem Hofker, *Ni Rindit met singa*, juli 1945.

trofeeën, en Hofker had werkelijk geen cent meer te makken.

Was Zuidwest-Celebes niet het toneel van een bloedige opstand, van een kokende revolutie die razendsnel om zich heen greep en slechts door bikkelharde acties van de commandotroepen onder leiding van kapitein Raymond Westerling de kop kon worden ingedrukt? Door middel van martelingen, executies, beschietingen en het in brand steken van huizen en kampongs? Of was dat later?

Ja, later, dik een jaar later.

Toch een beetje vreemd te bedenken dat er van 11 tot 16 januari 1946 nog een tentoonstelling in Makassar kon worden gehouden van schilderijen en tekeningen die Willem Gerard Hofker in de kampen Parepare, Bodjo, Bolong en direct na de oorlog in een krap huisje aan de Bessieweg, en nog weer wat later in een nog kleiner huis met galerij aan de Tamarindeweg, had vervaardigd. En van Rudolf Bonnet, want ook hij nam met nieuw werk aan de verkooptentoonstelling deel. Een tentoonstelling onder auspiciën van de Regerings Voorlichtingsdienst, afdeling Grote Oost. Het had nog een officieel tintje ook.

Van mijn moeder heb ik altijd gehoord dat de ene oorlog in de andere was overgegaan, dat de situatie in het gehele zuiden van Celebes gespannen was, dat de onafhankelijkheidsstrijd in alle heftigheid was losgebarsten en het vanwege de sluipschutters gevaarlijk was je op straat te begeven. 'Iedereen schoot op iedereen.'

Er waren inderdaad schermutselingen, en overvallen, en aanslagen, waarbij het niet duidelijk was of die door revolutionairen, bandieten of smokkelaars werden gepleegd. De eerste grote uitbarsting van georganiseerd geweld kwam omstreeks december 1945, en was vooral in de kampongs gesitueerd. Gewapende *pemoeda's* – leden van de paramilitaire jeugdorganisatie – waren met bootjes vanuit Java naar Makassar gekomen om erop toe te zien dat de Indonesische Republiek zo snel mogelijk van de grond zou komen. Die Republik Indonesia was twee dagen na de capitulatie van Japan op 17 augustus door de nationalistische leiders Soekarno en Hatta uitgeroepen, maar de zucht naar onafhankelijkheid blies vooral op Java en moest, althans naar de mening van de jonge revolutionairen, in de buitengewesten flink worden aangewakkerd. De pemoeda's drongen de vier grootste kampongs van Makassar binnen en probeerden jong en oud aan hun zijde te krijgen. Als het niet goedschiks ging, dan kwaadschiks, hele families werden uitgemoord. Een ooggetuige zag een zwangere vrouw van wie hoofd, armen en benen waren afgehakt; het lijk was met een stuk bamboe door de buik opgehangen aan een boom.

De Makassaren aarzelden of ze de onafhankelijkheid van hun eiland misschien niet beter binnen een deelstaat Oost-Indonesië konden bereiken. Die deelstaat zou Celebes, de Molukken, Bali, Lombok en de Kleine Soenda-eilanden omvatten, met Makassar als hoofdstad. In navolging van Soekarno meenden de pemoeda's dat dit hun was ingefluisterd door de Nederlanders, die liever een zwakke federatie zagen ontstaan dan een sterke eenheidsstaat. Deelstaten zouden eerder naar hun onderlinge verschillen zoeken dan naar de vorming van een krachtige, eensgezinde republiek. Een federatie zou weinig meer dan een poppentheater worden, wajangs zonder enig gewicht.

Het klopte dat het federale idee een tactische afleidingsmanoeuvre van de Nederlandse regering was. Maar een niet gering aantal Makassaren, Boeginezen, Molukkers en Soendanezen vreesde een verregaand overwicht van Java ten koste van de andere eilanden. Met de komst van honderden pemoeda's zagen ze die vrees al direct bevestigd: de jonge revolutionairen kwamen nergens anders vandaan dan van Java, waren tot guerrillastrijder opgeleid door Javanen en, op hun eigen verzoek, gestuurd door Soekarno. Hun enig streven was erop gericht Celebes binnen de Republiek te trekken.

Met een reeks aan misdrijven, plundering, brandstichting wakkerden de infiltranten de chaos en de confusie aan. Op een nacht poogden ze de belangrijkste overheidsgebouwen in handen te krijgen. Door een gebrek aan munitie mislukte dat. Ze zagen hun kans pas weer schoon toen in januari 1946 het Australische 2/17 infanteriebataljon Celebes verliet, maar ze moesten direct inbinden, want dat bataljon werd vervangen door de 80ste Brits-Indische infanteriebrigade, samengesteld uit beroepsmilitairen, voor tachtig procent Gurkha's en sikhs. Die Gurkha's uit Nepal en sikhs uit Bombay kenden geen pardon, ze vochten omdat ze ervoor betaald werden, en ze wilden blijven leven zodat ze met dat zuurverdiende geld naar hun geboortegrond konden terugkeren.

Zo was de situatie, en dat komt overeen met een herinnering van mijn moeder: de lange lappen van de tulbanden van de sikhs die op de hekken van de *alun-alun* te drogen hingen, in het park tegenover het huis waar ze met drie andere gezinnen bivakkeerde. Het gaf haar voor even de indruk dat de lieve vrede eindelijk was ingetreden. En dat die mannen uit India haar en de kinderen zouden beschermen. Ze waren zo langzaam dat ze leken te treuzelen, maar als het erop aankwam waren ze zelfverzekerd in hun handelen. Ik geloof dat Olga graag een praatje met ze had gemaakt, maar de sikhs bleven op afstand van de bevolking, welke huidskleur die ook had.

In dat klimaat, chaos afgewisseld met korte momenten van rust, opstand gevolgd door repressie, exposeerden Hofker en Bonnet. En kon het publiek met een *splitje* in de hand – jenever met spuitwater – langs de schilderijen en tekeningen lopen, in de loge die nog altijd de vooroorlogse naam droeg – 'Arbeid Adelt' – alsof er feitelijk niets veranderd was in de kolonie en het uitroepen van de Indonesische republiek slechts het initiatief van een handjevol stokebranden was geweest. De tentoonstelling was door Bonnet geregeld, die was handig in dat soort dingen. Bonnet bood zelf ook twintig tekeningen ter verkoop aan uit het pak dat hij van Bali had meegenomen. Voor hem ook de hoogste tijd dat er wat geld binnenkwam: hij was platzak en at uit de gaarkeuken. Alleen al in dat opzicht was de expositie geslaagd, want Bonnet verkocht even goed als Hofker.

Tot op de dag voor de opening had Hofker nog werk voor de tentoonstelling gemaakt. Afgaand op zijn geheugen tekende hij Ni Sadri, de lègongdanseres die misschien wel de meeste indruk op hem had gemaakt. Hij tekende haar nog indringender dan in 1938 en legde een intense melancholie in haar ogen, een verlangen naar voorheen, dat het zijne moet zijn geweest. De kleuren van de tekening in contékrijt en gouache zijn vanzelfsprekend matter dan die op het grote schilderij dat hij voor de oorlog van haar maakte, maar als ik zou moeten kiezen tussen de twee, dan zou ik voor de tekening gaan. De oorlog had een ander mens van Hofker gemaakt en de tekening getuigt van een diep psychologisch inzicht. En van de wens alle overbodigheden weg te laten en tot de essentie te gaan.

'Wim,' schreef Maria op 18 januari in een brief uit Makassar, 'verkocht alle te koop staande tekeningen en de schilderijen op één na, en voor portretopdrachten zou hij hier nog wel een jaar moeten wonen.'

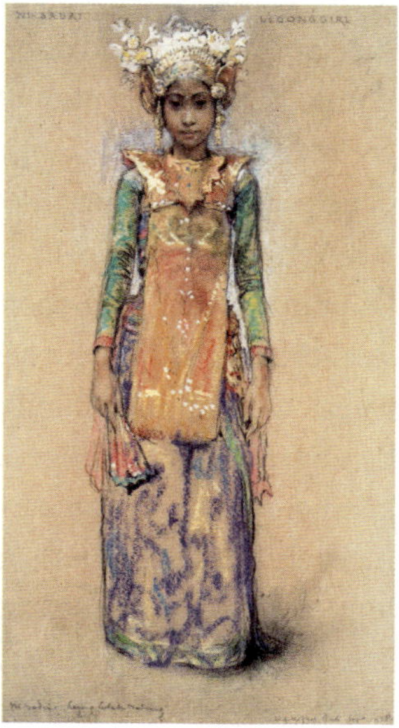

Willem Hofker, *Ni Sadri, Lègong Lebah,* 1938. Tekening in 1946 opgewerkt in kleur voor de tentoonstelling in Makassar.

Ongetwijfeld had hij ook zijn vroegere kampgenoten uitgenodigd voor de expositie. Niet dat ze op zoek waren naar iets fraais aan de wand. Niemand had naar zijn eigen huis kunnen terugkeren – alle huizen in de Europese wijk waren geconfisqueerd door de overheid en waren vervolgens toegewezen aan meerdere gezinnen per huis. Slechts de bestuurlijke elite kon rekenen op een vast inkomen. Han en Olga hadden bijvoorbeeld geen rooie cent meer en leefden van een karige lening. Nee, ik vermoed dat de meeste bezoekers Hofker en Bonnet wilden terugzien, hun oude maten uit het kamp. Een enkeling kon misschien een tekening of een schilderij kopen om mee te nemen naar Nederland, als aandenken aan Indië. Behalve sentimentele redenen waren er praktische. Het geld dat ze in hun portefeuille hadden zitten, mochten ze niet het land uit sluizen. Banktegoeden waren bevroren. Van je contanten kon je dus maar beter iets kopen. Niettemin gingen de meeste schilderijen naar Australische militairen die op het punt stonden naar huis terug te keren. Zij zaten goed bij kas.

Bijna al het aangeboden werk werd verkocht. Het moet een evenement zijn geweest in het naoorlogse Makassar. Toch zie ik als ik mijn ogen sluit Han niet rondlopen op de tentoonstelling. Ik zie hem zelfs niet *een beetje verdwaasd* van tekening naar tekening schuifelen. Of een praatje met de schilder maken. Ik weet wel bijna zeker dat hij op dat moment met heel iets anders bezig was. Dat hij nog een poging deed om zijn verblijf op Celebes te verlengen. Al weet ik de precieze datum niet, aan het begin van het nieuwe jaar reisde hij naar Rantepao om de hulp in te roepen van zijn vroegere kampgenoot, de zendingsarts Jouke Goslinga, die kort daarvoor naar de Toradjalanden was teruggekeerd. Of was dat later, in februari of maart 1946? Over Goslinga weet ik dat hij met een beveiligd konvooi naar zijn voormalige standplaats Rantepao terugkeerde. En dat hij alleen toestemming had gekregen van de Britse militairen omdat hij opgegeven had dat hij als legerarts in het ziekenhuis zou gaan werken. Het moet dus later zijn geweest dat Han op weg ging naar de Toradjalanden, toen het weer mogelijk was zonder militaire surveillance te reizen.

Mogelijk heeft hij eerst Watansoppeng aangedaan, om de steun te vragen van La Galiti, de leider van de islamitische bekeringsbeweging die hij voor de oorlog op het eiland Selayar tot christen had gedoopt en die naar het Boeginese Soppeng-district was getrokken om zijn beweging verder over Celebes te verspreiden. De beweging telde inmiddels meer dan drieduizend aanhangers en had haar eigen Boeginese predikanten. Maar, moet Han hebben gedacht, als het in de Toradjalanden niet lukt, kan ik het nog altijd bij de Boeginezen proberen. Naar Watansoppeng dus. Misschien was dat de keer dat hij onderweg zevenmaal werd aangehouden. Hij vertrouwde op de overredingskracht van zijn chauffeur, een Boeginees op wie hij erg gesteld was en die hem voor de oorlog al kriskras door Zuidwest-Celebes van de ene naar de andere zendingspost had gebracht.

Nee, met schilderijen was Han niet bezig. Hij was in een ander schuitje terechtgekomen dan Hofker. Van beiden was een substantieel deel van hun levenswerk in vlammen opgegaan. Han was bij terugkeer in Makassar wel vijf keer naar de plek gelopen waar zijn boeken waren verbrand, alsmede de tweeduizend archiefkaarten waarop hij de resultaten van zijn onderzoek naar islamitische bewegingen had genoteerd. Van al dat materiaal voor zijn dissertatie was slechts een hoopje as overgebleven in de tuin van hun voormalig huis aan de Tromplaan. Telkens wanneer hij naar die zwarte plek in het gras keek, zei hij zachtjes: 'De ziener in de oosterse godsdiensten.' Want dat zou de titel van zijn proefschrift worden. Ja, zijn 'ziener' was door de jap met benzine overgoten en verzengd door de vlammen. Symbolisch beeld, grappige paradox. Maar toen hij niet terug mocht naar het eiland Salayar om zijn onderzoek te hervatten en het bestuur van de Indische kerk hem liet weten dat hij beter zieltjes kon gaan winnen dan gewichtige studies over bekeringsbewegingen te schrijven, werd alles plotseling bittere ernst voor hem. Verdwenen, verwoest, vernietigd was wat hem zeven jaar lang intellectueel had gevoed en van idealen had voorzien. En ja, wat hield hij over? Iets wat men desillusie noemt maar wat hem het gevoel gaf dat de aarde onder zijn voeten was weggevaagd.

Voor Hofker moet het een even zware dreun zijn geweest om zoiets wezenlijks als zijn schilderijen te verliezen, maar toen hij van zijn vrouw had vernomen dat ze niets had kunnen uithalen toen de bommen met honderden tegelijk naar beneden kwamen, was hij onmiddellijk aan het werk getogen. Misschien had Han wel moeite met dat blijk van geestkracht. En was dat de diepste reden geweest dat hij verstek liet gaan bij de opening van de expositie. Want ja, je kunt je storen aan het optimisme van anderen als je zelf in de put zit.

Ik zie Olga evenmin op die tentoonstelling rondneuzen. Van haar weet ik alleen zeker dat ze na het kamp weer Bach speelde in het Witte Kerkje in Makassar, veel studeerde en om bladmuziek verlegen zat.

Of zou ze toch op de naam Hofker zijn afgekomen, in de hoop Maria terug te zien? Naast Dien had ze met weinig vrouwen in het kamp een betere band gehad, hoe schaars hun contacten ook geweest waren. Schaars zegt niets over de inhoud, voor Olga waren de korte ontmoetingen met Maria de beste manier geweest om op een andere manier naar de dingen te kijken, wat haar zowel hoop als kracht had gegeven.

In haar afwijzing van Yamadji was Maria altijd radicaal geweest. Over Yamadji had ze steeds weer gezegd: 'Hij is maangek. Bij vollemaan wordt hij knettergek, en razend gevaarlijk.' Maria was zeker niet iemand die een petitie zou ondertekenen om Yamadji's straf te verlichten.

Ja, mogelijk was Olga wel aanwezig op de vernissage en aarzelde ze of ze haar blik op een Balinese bajadère zou richten of op de uitgeteerde politieman uit Makassar die Hofker zo raak getroffen had in de eenzaamheid van zijn laatste dagen. Of hing dat portret niet op de tentoonstelling?

Het zou kunnen dat ik toch een verkeerde indruk heb gekregen van dat eerste naoorlogse jaar. Uit de brieven van Bonnet aan zijn moeder in Nederland doemt een beeld op dat vele malen bedaarder is dan ik het me voorstelde. Goed, misschien wilde hij zijn stokoude moeder niet al te zeer verontrusten en stelde hij het allemaal rooskleuriger voor dan het was. Maar in een brief die hij op 26 maart 1946 aan een vriendin in Bandung schreef, meldt hij dat 'de toestand in Makassar steeds gunstiger en normaler wordt', zeker in vergelijking tot Bandung of andere brandhaarden van de revolutie op Java. Alleen is alles erg duur, klaagt hij. En de huizen zitten propvol mensen. Maar verder, nee, het is zeker niet zo'n heksenketel als in Bandung of Surabaya. 'Alleen in de binnenlanden van Celebes zijn de nationalisten nog bezig.'

'Voor de meeste Hollanders is het hier afwachten,' schrijft hij in een andere brief aan zijn moeder, op 9 november 1945. Afwachten tot ze terug mogen gaan naar hun standplaats, naar hun onderneming, hun werk of hun woonplaats. Als het daar niet rustig is, mogen ze er niet naartoe. En daar wringt 'm de schoen: het gezag komt niet opdagen. Of het nu om het KNIL gaat of het Binnenlands Bestuur, geen Hollander te zien. KNIL-militairen zijn te zeer verzwakt door de dwangarbeid in de krijgsgevangenkampen of nog niet hersteld van de oorlogsverwondingen. De Britten vullen voorlopig het machtsvacuüm, maar zij nemen geen wezenlijke beslissingen en onderwijl neemt de verwarring toe. Zelfs op Bali wordt het onrustig. 'Holland is hier met alles te laat, te laat, te laat! Een fout die nooit meer te herstellen is.'

Het meest verbaasde me hoe Bonnet zijn terugkeer uit het kamp beschreef. 'Toen we uit het interneringskamp kwamen, werden onze auto's overal door de inlanders toegejuicht.' In een van die auto's zat mijn vader. In een lange colonne ging het richting zuiden. En overal langs de weg stond de lokale bevolking te zwaaien. Die weg langs de kust was honderdvijftig kilometer lang.

Mijn vader heeft er nooit iets over gezegd. Was hij bang voor een onverbeterlijke koloniaal versleten te worden? Hij heeft me wel verteld dat, aan het begin van de oorlog, de vrachtwagen waarin mijn moeder en mijn broers en een twintigtal andere vrouwen en kinderen naar het kamp werden afgevoerd, door Makassaarse vrouwen met stenen werd bekogeld. Maar niet dat Makassaren stonden te juichen toen de blanken uit het jappenkamp vrijgelaten waren en naar Makassar terugkeerden. Wantrouwde hij die plotselinge uiting van aanhankelijkheid? Of wist hij gewoon niet wat hij ervan denken moest?

Ik stuitte in de memoires van Jan van Baal op een passage die duidelijk maakt hoe zwaar ook de Makassaren onder het Japanse schrikbewind hadden geleden. In het krijgsgevangenkamp in de politiekazerne van Makassar zag hij hoe een Makassaarse jongen, die iets aan een Nederlander had verkocht, naar binnen werd gesleurd. Hij werd bewerkt met een ijzeren ketting. 'We telden meer dan honderd slagen terwijl hij over de grond rondtolde. Toen werd hij in het cachot gegooid. De andere ochtend kwam hij er tot onze verbazing levend uit en werd hij nog eens mishandeld. Daarna kon hij gaan. Het is ons altijd een raadsel gebleven dat hij inderdaad nog lopen kon!'

Misschien lag daar de oorzaak van het gejuich. De Makassaren waren op grote schaal mishandeld door de Japanners en ervoeren de Japanse nederlaag als een overwinning. Kort daarop zouden ze hun pijlen richten op die andere overheerser, op de oude vijand, de kolonisator, maar voor eventjes konden ze opgelucht ademhalen.

Als je midden in een belangrijke episode uit de geschiedenis zit, mis je het overzicht. Er komen duizenden tegenstrijdige gebeurtenissen op je af die je niet tot een fraaie, kloppende analyse aaneen kunt lassen, zoals de historici het later zullen doen. Van conflicten ken je de afloop niet, zodat je meer dan eens op het verkeerde paard dreigt te wedden. Het soortelijk gewicht van wat je meemaakt kun je niet meten. Wat je ziet hoeft niet precies te vertellen wat van belang is en wat er op de achtergrond speelt.

Dick Brune kwam tot een compleet andere conclusie op grond van wat hij gezien en meegemaakt had. De zoon van de burgemeester van Makassar, die met zijn één meter negentig zonder twijfel de langste jongen in Kampili was geweest, reed kort na de bevrijding met andere jongens uit het kamp in de laadbak van een vrachtauto naar Makassar terug. Het was feest, eindelijk was die kloteoorlog voorbij, eindelijk konden ze van hun jeugd gaan genieten. Plotseling trok een van zijn kornuiten Dick achterover. Over de weg was ijzerdraad gespannen, het scheelde weinig of Dick was onthoofd. Door nationalistische strijders die een signaal wilden afgeven dat de tijden veranderd waren en dat de heer en meesters voortaan een andere kleur huid hadden dan wit. Dus lang niet iedereen stond langs de kant van de weg te juichen.

Jan van Baal, controleur te Lombok, had weer een compleet andere ervaring. Toen hij in 1942 met een zevental bestuursambtenaren werd gearresteerd en op een erf moest neerhurken, stond een schare Indonesiërs met Japanse vlaggetjes te zwaaien. Vier jaar later keerden de Nederlanders met de wapenen in de hand naar Lombok terug en toen stond er weer een menigte te juichen, ditmaal met Nederlandse vlaggetjes. In zijn memoires vroeg Jan van Baal zich laconiek af waar al die vlaggetjes in de gauwigheid vandaan kwamen. Was er dan toch een vijfde colonne geweest?

Ik denk dat Han en Olga het ook allemaal niet meer konden rijmen. Als ze even de oren spitsten, hoorden ze het schieten in de nabijgelegen kampongs. Ze konden niet vrijelijk meer reizen op Celebes. Han heeft de Toradjalanden nog één of twee keer teruggezien, Olga, als ik het goed heb, helemaal niet meer. Ze waren dus beiden in bange afwachting wat komen zou.

Hoewel ik uit de laatste brief van Olga uit Makassar weet dat ze op 10 februari 1946 toch nog gewoon de kinderen uit school ging halen en dat ze toen alleen de regen vreesde.

'Het regent op 't ogenblik pijpenstelen, ik weet niet hoe erdoor te komen. We hebben een ontzettende regentijd dit jaar, we zeggen tenminste dikwijls: wat een geluk dat we niet meer in 't kamp zitten, wat zouden er weer een zieken zijn.'

In het hoofd waren ze nog niet helemaal bevrijd, maar voor de rest waren Olga en Han toch vooral bezig om samen met hun twee jongens weer een gewoon gezin te vormen. En om elkaar terug te vinden, na zo'n lange periode waarin ze zich zelfs geen voorstelling hadden kunnen maken van wat de ander meemaakte en doorstond. Het moet heel vreemd zijn om dan ineens avond aan avond in hetzelfde bed te slapen en iedere morgen bij het ontwaken elkaars ademhaling te horen. Hoe rook die ander ook alweer?

Of zijn dat indrukken die nimmer verflauwen?

Als je na drieënhalf jaar gedwongen scheiding eindelijk weer in elkaars nabijheid verkeert, ben je nog niet direct dicht bij elkaar.

Of is intimiteit iets dat je direct weer oppakt, zoals Olga direct weer Bach ging spelen toen ze in het opvanghuis een heel oude en volkomen valse piano zag staan?

Ik heb de indruk dat het behoorlijk lang duurde voor Olga en Han weer aan elkaar gewend waren, en dat ze vaak tegen zichzelf hebben gezegd dat het nooit meer worden zou als voor de oorlog. Niemand loopt ongestraft onder de bommen.

Maar van de hereniging weet ik alleen met zekerheid dat mijn broers vroegen: 'Mama, wie is die man met die vieze baard?'

Mijn vader zat, toen hij uit het kamp kwam, vingerdik onder de schurft.

3

Bonnet vond in Makassar onderdak in wat hij 'de Bijenkorf' noemde, een flatgebouw waar een twintigtal Hollanders waren ondergebracht, 'zonder vrouwen'. Zijn kamergenoot, schreef hij naar huis, bezat ondernemingen op drie eilanden nabij Nieuw-Guinea en was zo arm als de mieren. Net zoals Bonnet at hij uit de gaarkeuken. Wie nog geen baan had, kreeg van de overheid een uitkering, die later terugbetaald moest worden. Bonnet zag het als een hele vooruitgang dat hij na een tijdje de kamer voor zich alleen kreeg. Hij nam toen direct een Balinese bediende in dienst, een *djongos* uit Ubud. Er kwamen dikwijls Balinezen bij hem op bezoek. 'Ondanks alles zijn ze toch niet bedorven, bezitten nog hun gelukkige natuurlijkheid en aangeboren hoffelijkheid. Dat geeft me weer wat hoop voor de toekomst.'

De Hofkers zagen er kort na de succesvolle verkooptentoonstelling in Makassar van af naar Bali terug te keren. Als Willem in Indië bleef, zou hij gemobiliseerd worden. Hij zou dan dienst moeten nemen in het KNIL, en dat wilde hij niet. Zoals hij het zelf uitdrukte, vertikte hij het tegen zijn eigen mensen te vechten. Met die 'eigen mensen' doelde hij op de Balinezen.

Willem en Maria hadden het best goed in Makassar, ze

hoefden niet met andere gezinnen samen te wonen en het derde huisje dat ze toegewezen kregen lag aan de rustige Tamarindeweg en had een terras aan de voorzijde. Willem zat daar de hele dag te tekenen. Het portret dat hij van de zestienjarige Elize Wijker maakte, voltooide hij op 24 december 1945 op dat terras.

Elize kwam iedere dag langs het huis lopen als ze op weg was naar de hbs aan de Marosweg – die school was dus ook weer gewoon opengegaan. Maria Hofker herkende haar als het meisje dat in Kampili dikwijls de door haar beschilderde bamboe schutting kwam bewonderen. Willem was direct weg van haar gezicht, dat weliswaar van een Botticelli-achtige puurheid was maar ook een verdriet uitdrukte dat nog lang niet was verwerkt. Aan haar ogen, die toch proberen te glimlachen, kun je zien dat dit meisje drie jaar en zeven maanden kamp achter de rug had. Hofker tekende haar alsof hij in haar ban was, of in de ban van haar onschuld, terwijl zij drie ochtenden lang volslagen rustig in een verkoelend briesje naar de tuin vol bloemen zat te kijken. Toen Elize het resultaat onder ogen kreeg, wist ze niet of ze huilen of lachen moest, ze vloog uiteindelijk de schilder en zijn vrouw om de

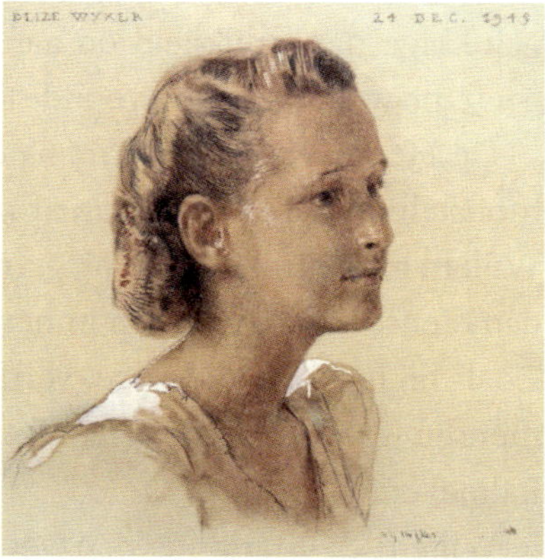

Willem Hofker, *Elize Wijker*, december 1945.

hals en stamelde: 'Ik wist niet dat ik er zo uitzag.' Want, kenmerkend misschien, ze had er nog nooit bij stilgestaan dat ze een mooi meisje was; in het kamp waren geen spiegels. Het portret ging mee naar Tasmanië, waar Elize tot op de dag van vandaag woont en de tekening haar dagelijks aan de maanden vlak na de bevrijding herinnert.

Maria trok af en toe de stad in en aquarelleerde. Op 29 januari 1946 maakte ze op mooi dik papier een waterverfschilderij van het ovenhuisje in de oudste Chinese tempel van Makassar. Wat bladeren in de luwte van een muur, twee knoestige boomstammen en het ovenhuisje, de crematieplaats; mooi verstild weergegeven, alsof de tijd geen vat had op deze plaats. Ze maakte nog iets: een tekening van een graf. Op verzoek van de familie tekende ze het graf van Jakob Stolk, die kort na het kamp was overleden. De familie vertrok naar Australië, maar wilde een aandenken aan het graf, dat ze niet meer zouden kunnen onderhouden. Maria tekende het – zo was ze.

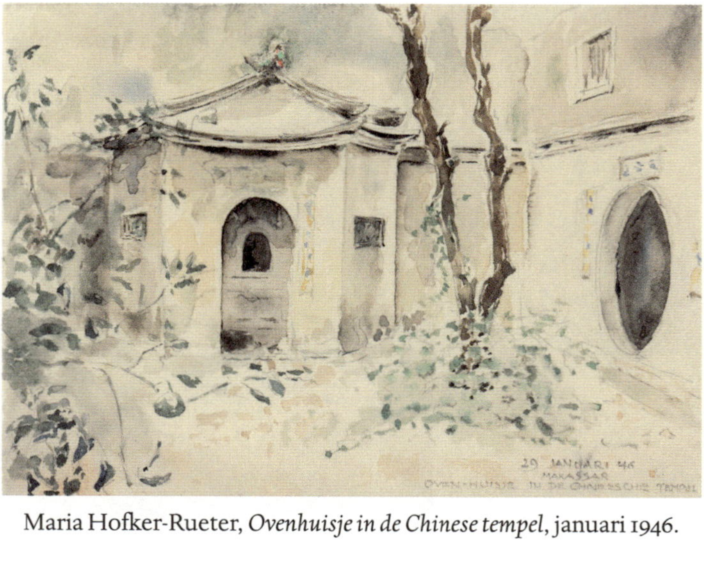

Maria Hofker-Rueter, *Ovenhuisje in de Chinese tempel*, januari 1946.

In februari kregen de Hofkers onverwacht de kans naar Nederland te vertrekken. 'Doe het maar,' raadde Bonnet hun aan, 'het kan nog wel een jaar duren voor terugkeer naar Bali mogelijk is.' Ook de vertegenwoordiger van de Nederlandse regering in Zuid-Celebes, mr. dr. Carel Lion Cachet, zoon van de bekende ontwerper Lion Cachet, bezwoer hun deze kans te grijpen, 'want je weet nooit wanneer zich weer een gelegenheid voordoet'.

Hofker was juist bezig aan het portret van Carel Lion Cachet. Maria noteerde: 'Wim schilderde als in trance, volkomen in zijn werk en toch innerlijk verscheurd tussen zijn wil om het werk af te maken en het verlangen naar Holland te gaan.'

Tijdens het poseren dacht Carel Cachet na hoe hij Willem en Maria verder kon helpen, en dat gaf zijn gezicht een innemende en milde indruk, heel anders dan de gestrenge Cachet die Hofker de voorgaande dagen had geobserveerd. Na een paar uur werd Willem bleek en dacht dat hij het portret bedorven had. Het leek inderdaad in niets meer op de eerste schetsen, maar Cachet was er zelf buitengewoon mee ingenomen en vond het zeer gelijkend.

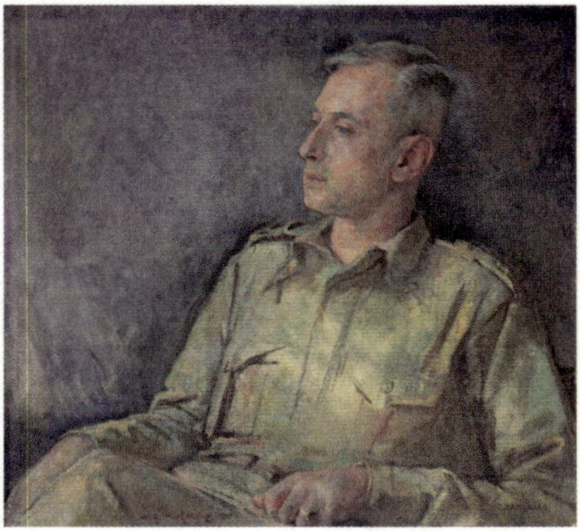

Willem Hofker, *Dr. Carel Lion Cachet*, 1946.

Cachet maakte de laatste reisdocumenten in orde voor de Hofkers, waarna ze de koffers konden gaan pakken. Binnen het uur was dat gepiept; ze hadden slechts een minimum aan kleren in de kast hangen, en het enige wat ze meenamen waren hun schilderijen, tekeningen en aquarellen.

Ze scheepten zich in aan boord van de Tegelberg. Ik ken de precieze datum: 9 februari 1946. Een zaterdag. De volgende dag schreef Olga haar laatste brief uit Makassar aan haar zus in Nederland, een brief van twaalf kantjes waarin ze over het vertrek van de Tegelberg vertelt, alsof het een generale repetitie was van wat haarzelf te wachten stond: vertrekken uit een land dat het jouwe is geworden en waarvan iedere kleur in je ogen en iedere geur in je neus is gaan zitten.

Bonnet hoefde niet te vrezen dat hij onder de wapenen zou worden geroepen, hij was zeven jaar ouder dan Hofker en zou op 30 maart 1946 zijn eenenvijftigste verjaardag vieren. Mannen boven de vijftig waren vrijgesteld.

Han was weer negen jaar jonger dan Hofker, en hij verkeerde in onzekerheid. Dat duurde tot begin 1947; toen werd hij als reservelegerpredikant met verlof gestuurd. De verlofpas bewaarde hij zorgvuldig, ik trof hem, samen met een brief van koningin Wilhelmina, in zijn nalatenschap aan. De reden voor verlof geeft het document niet; ik weet van mijn vader dat hij een verdere strijd tegen de nationalisten zinloos vond. Hij moet zijn nog broze gezondheid als excuus hebben aangevoerd om niet opnieuw als zielenherder aan het KNIL te worden toegevoegd. 'Vanaf dat moment,' vertelde hij me later, 'gold ik voor een niet gering aantal van mijn landgenoten in Makassar als communist, lafaard en landverrader.' Het scheen hem niet te deren, hij rekende er nog altijd op dat hij in Indië kon blijven. Niet in een door Nederlanders bestierd

Indië maar in een onafhankelijk Indonesië dat met steun van het voormalige moederland tot een krachtige en welvarende staat zou uitgroeien. Hij had zijn hoop op Mohammed Hatta en Soetan Sjahrir gevestigd, die niet alleen tegen het kolonialisme streden maar ook tegen het kapitalisme en het imperialisme. Sjahrir had bovendien geweigerd met de Japanners in zee te gaan, wat hem in Hans ogen onberispelijk maakte: tegen het fascisme, inclusief het gele fascisme, en tegen het kapitalisme. Zo bezien was de beschuldiging van communistische sympathieën niet helemaal uit de lucht gegrepen, ofschoon hij niets moest hebben van de 'rooien'. Han was echter niet vergeten hoe arm de bevolking van het eiland Selayar het had. Hij had het met eigen ogen gezien tijdens de vele weken en maanden die hij op het eiland ten zuiden van Celebes had doorgebracht, hij had meegemaakt hoe de vissers alle dagen van de week in hun kleine, ranke open bootjes uitvoeren, in hun blote bast, omdat ze geen geld hadden om een hemd te kopen dat hen tegen zon en zout zou beschermen. Hun huid was als gelooid leer. Toen velen van hen de islam inruilden voor het christendom, schreef hij in een rapport: 'Ik weet niet of het hen te doen is om een nieuw geloof of een nieuwe broek of hemd.' En omdat zijn opdrachtgevers dat misschien niet zouden begrijpen, ver weg als ze leefden van het dagelijkse bestaan van de plattelandsbevolking, voegde hij er aan toe: 'De armoe is groot.'

In zijn volgende standplaats Watansoppeng, honderdtachtig kilometer ten noordoosten van Makassar, was het niet veel beter geweest. De rijst- en pindaboeren hadden het even slecht als onder de feodale Boeginese vorsten die in 1910 van hun voorrechten hadden moeten afzien. Nog in het laatste schrijven dat hij aan de in oprichting zijnde Raad van Kerken van Oost-Indonesië richtte, stelde Han dat het de taak van de kerken was aan de zijde van de bevolking te staan, van al degenen die vrijwel zonder inkomsten waren, zonder medische zorg, zonder enige vorm van onderwijs, dus voorbestemd tot analfabetisme, en zonder een dak boven het hoofd dat niet lekte als een zeef.

Maar buiten die nobele overwegingen om heb ik het gevoel dat hij zich bovenal door persoonlijke overwegingen liet leiden. Hij wilde gewoon niet weg uit Indië, daarvoor was zijn jeugd in Nederland met een altijd zieke moeder en een altijd afwezige vader te erbarmelijk geweest.

Tot op de dag van vertrek bleef hij geloven dat zijn plaats in Makassar was, of in ieder geval op Celebes, en zelfs later nog: de gehele terugreis lang bleef hij geloven dat het een retourtje was en dat hij binnen een jaar weer in omgekeerde richting door het Suezkanaal zou varen.

'Je vader hield zijn wensen voor realiteit,' zou mijn moeder later zeggen. Veel eerder dan hij begreep ze dat men bezig was hem aan de kant te schuiven. Veel eerder ook legde ze zich daarbij neer. 'Je kunt tegen iedere stroom op roeien,' was haar mening, 'behalve tegen die van de geschiedenis.' Kwam die uitspraak uit een Makassaars of Boeginees geschrift dat ze had bestudeerd toen ze de taal leerde? Jawel, met dit verschil dat er in plaats van 'de geschiedenis', 'de goden' stond. En inderdaad, tegen de wil van de goden kun je het niet opnemen, net zomin als tegen de onverstoorbare gang van de lotgevallen die samenkomen in wat historie heet.

4

Net als mijn vader ontving Bonnet een brief van koningin Wilhelmina. De schilder schreef er vol trots over aan zijn moeder.

'Weet u van wie ik een brief kreeg? Dat raadt u nooit. Van de Koningin! Er stond boven: 's Gravenhage, 21 november 1945, en verder: aan de oud-geïnterneerden in de Mannenkampen. Het leek getypt en toen ik begon te lezen... "Het is mij een grote vreugde, na eerder pogen, thans de gelegenheid te hebben, u een bewijs van mijn medeleven te kunnen geven"... dacht ik, "hé, kijk eens aan", en keek ik naar de krachtige handtekening die er onder stond, en daar las ik: Wilhelmina. Zij schreef dan ongeveer hoe zij de jaren van bezetting en beproeving in gedachten bij ons is geweest en hoe zij na de capitulatie uit berichten vernam, dat het alles nog zwaarder was dan zij vreesde, dan nog meer over "bewondering voor volharding, trouw en moed over hen die het offer van hun leven brachten", enz., en aan het slot: "Ik dank u allen voor wat ge ten bate van ons koninkrijk hebt gedaan." De andere mannen uit mijn kamp hebben natuurlijk ook zo'n brief gekregen, maar op het ogenblik, dat je die brief las, leek het een persoonlijk schrijven en echt treffend. Te meer omdat we wisten met hoeveel vastberadenheid zij onze regering in Londen in die moeilijke tijd geleid heeft.'

Voor mijn vader stond Wilhelmina op een even hoog voetstuk, en ze zou daar nooit meer vanaf vallen, ook al had de vorstin Indië tijdens haar vijftigjarige regeerperiode nooit bezocht omdat ze het er veel te warm vond. De enige reden zal de brief zijn geweest: Wilhelmina toonde begrip. In tegenstelling tot haar dochter, Juliana, die de Japanse keizer in 1971 met alle egards op Paleis Soestdijk ontving en hem de hand drukte, dezelfde keizer Hirohito voor wie de gevangenen in de kampen zowel op het ochtend- als het avondappel hadden moeten buigen – als je het niet diep genoeg deed, kreeg je slaag. Ik hoorde mijn vader met instemming een lied van Wim Kan citeren: 'En toch leeft er nog altijd één die het navertellen kan/ die de geschiedenis kent als geen ander: de keizer van Japan.'

Curieus genoeg kwam ik op internet een schrijven uit 1946 tegen waarin ds. Brokken opriep de Japanse baptistische predikant S. Miyahari in Makassar toe te laten tot de toen in oprichting zijnde Raad van Kerken van Oost-Indonesië. Ja, een Japanse dominee. Het voorstel werd zowel met instemming als met hoon ontvangen. 'Brokken loopt te snel van stapel,' luidde de reactie van een pater die met mijn vader in het kamp had gezeten. En: 'Brokken wil altijd dertien dingen tegelijk en van twaalf vergeet hij dat hij ze voorgesteld heeft.' En de pijnlijkste: 'Brokken is zijn kamptijd wel heel snel te boven gekomen.'

Ik vermoed dat hij geschrokken is van de reacties. Ik heb hem er nooit over horen vertellen, terwijl die geste van hem – de oorlog is voorbij en nu gaan weer als normale mensen met elkaar om, want wij hebben geleden en zij met Hiroshima minstens evenzo hard – een goedbedoelde was, en een moedige.

Het enige wat hij nog wel een keer tegen me zei, was: 'Zonder die bom op Hiroshima – en dat is een trieste waarheid – zouden je moeder, je broers en ikzelf niet meer geleefd hebben.'

En zou ík nooit geboren zijn, maar die uitkomst zag hij over het hoofd.

Een half mensenleven later zou hij er toch nog iets over zeggen. Zijdelings. Juist die woorden zijn me bijgebleven. Zo rond mijn vijfendertigste raakte ik verzot op alles wat Japans was. Japanse prenten, films, sushi's, tempura, servies, mode, boompjes, struiken, architectuur. Hele zomers lang liep ik in ultramarijne overhemden van Yohji Yamamoto rond, zwoer bij films van Akira Kurosawa en op de omslag van mijn eerste roman liet ik een lugubere prent van Hokusai zetten, *Afgehakt vrouwenhoofd*. Van die illustratie gruwde mijn tweede broer, terwijl mijn oudste broer vroeg of ik binnenkort in een Toyota zou rijden. Want, voor als ik het nog niet wist: Toyota produceerde tijdens de Tweede Wereldoorlog uitsluitend vrachtwagens voor het leger die in heel Azië werden ingezet. 'Wij zijn in zo'n vrachtwagen afgevoerd naar het kamp, een vrachtwagen met maar één koplamp, want dan viel-ie minder op.' Boris kon zich dat onmogelijk herinneren, hij was drie jaar toen hij moest plaatsnemen in de laadbak van de vrachtwagen. Of misschien ook wel, alles wat met techniek te maken had trok zijn aandacht, en het waren dezelfde vrachtwagens die de gevangenen op 2, 3 en 4 mei 1943 van het eerste naar het tweede kamp overbrachten, van Malino naar Kampili, en toen was hij inmiddels dik vier.

Mijn vader zei er pas later iets over, toen hij oud en versleten was en de godganse dag in een hoekje van de bank zat, met stapels boeken om zich heen. Rustig aan zijn sigaretje trekkend zei hij in wolkjes rook: 'Die prent op je boek is goed gekozen. Op het hoofd van de vrouw, die op gruwelijke wijze aan haar eind is gekomen, loopt argeloos een salamandertje. Waanzin en onschuld liggen vaak dicht naast elkaar.'

Drie maanden na het vertrek van de Hofkers ontstond in Makassar weer een grote beweging die de controle over de lokale bevolking wilde verstevigen. De ene na de andere kampong werd geïnfiltreerd. Vaak kwamen de kampoudsten tot een snel vergelijk met de opstandelingen, soms, wanneer ze de macht niet direct uit handen wilden geven, ging het er hard aan toe. Mannen, vrouwen, kinderen werden onthoofd, in stukken gehakt. Ook onder Indo-Europeanen, Chinezen en Ambonezen vielen duizenden slachtoffers, zij wilden zich niet door de pemoeda's laten ringeloren en moesten sowieso niets hebben van Javanen. De opstand kreeg de trekken van een burgeroorlog.

Medio 1946 waren de Nederlandse troepen op sterkte en konden de Britten vertrekken. De strijd brak toen in alle heftigheid los. De resident, ja, mr. dr. Carel Anton Lion Cachet, zo mild geportretteerd door Hofker, smeekte de Nederlandse regering om hulp. En de regering stuurde Westerling.

Luitenant Raymond Westerling – toen nog luitenant, hij zou op Celebes bevorderd worden tot kapitein als waardering voor zijn uiterst efficiënte optreden en de koelbloedigheid waarmee hij duizenden Makassaren over de kling joeg – verscheen in juli 1946 op het toneel; hij kreeg het commando over het Depot Speciale Troepen, de gevreesde en meedogenloze DST.

De zuiveringsacties begonnen op Zuid-Celebes op 11 december 1946; een hel brak los, zeker ook doordat op diezelfde datum de Staat van Oorlog en Beleg werd afgekondigd, die recht gaf op het toepassen van standrecht op basis van het ongeschreven staatsnoodrecht. Vanaf dat moment konden de commando's van de DST vermeende onruststokers of overtuigde nationalisten die ze verdachten van steun of hulp aan pemoeda's direct en zonder enige vorm van proces standrechtelijk executeren. Voor het moorden op systematische schaal begon, werd het sein door de autoriteiten op groen gezet – aan de smerigste periode uit de Nederlandse geschiedenis ging een keurig document vooraf. De verschrikkingen op Zuidwest-Celebes waren legio. Een beestachtige moordmachine kwam op gang.

'Goddank,' zei mijn vader, 'hoefden we dat niet meer met eigen ogen te aanschouwen.'

Het gouvernement stuurde Han met verlof. Na zes dienstjaren had hij recht op zes maanden verlof, hij verbleef inmiddels twaalf jaar in de tropen en kon dus voor de duur van twaalf maanden vertrekken. Hij dacht medio 1948 weer terug te zijn in Makassar, maar het eerste bericht dat hij in Nederland ontving, op het adres van mijn grootouders, was zijn ontslagbrief.

Hij had de pech dat hij niet gereformeerd was maar hervormd. De gereformeerden hadden een eigen zendingsbond waarvan de leiding in 1948 overging in Indonesische handen en die getolereerd werd door het nieuwe regime. De hervormden maakten deel uit van de Indische Kerk, een staatskerk die ophield te bestaan toen Indië niet langer Nederlands was. De ontslagbrief die mijn vader ontving kwam van het ministerie van Koloniën en Overzeese Gebiedsdelen.

Voor de oorlog was een van zijn beste vrienden de gereformeerde dominee Henny van den Brink geweest. Olga was dol op hem; 'zo'n leuke vent,' schreef ze in een brief, 'het gereformeerde is er op de boot naar Indië afgewaaid.' Hij werkte sinds 1933 in Makassar en vertrok eind 1939 met zijn vrouw Nel en zijn kinderen Gonnie en Ronnie naar Nederland voor verlof. Door het uitbreken van de oorlog kon hij zes maanden later niet naar Celebes terugkeren. Hij vond onderdak bij familie, keerde in 1947 naar Makassar terug en bleef daar, in dienst van de Gereja Protestan Indonesia, de Indonesische protestantse kerk, tot aan zijn pensioen in 1966. Iets dergelijks had mijn vader gewild, maar dat was hem dus niet vergund.

Han, Olga, Boris en Michiel stapten aan boord van een mailschip naar Java en gingen in Tandjong Priok aan boord van het ms Indrapoera met bestemming Rotterdam. Een datum van vertrek weet ik niet. Ik kwam nog een brief van mijn vader aan zijn collega's in Oost-Indonesië tegen die vanuit Makassar is verstuurd en gedateerd is 24 juli 1947. Het is bepaald geen afscheidsbrief, hij roept op 'tot oecumenische samenwerking in Indonesisch verband'. De order op te krassen moet vrij abrupt zijn gekomen, ik vermoed begin augustus.

Michiel herinnerde zich dat er een cordon rond Makassar was gelegd en dat het bijna onmogelijk was Java per boot te bereiken. Dankzij de goede contacten van mijn vader konden ze aan boord van een Boeginese schoener naar Tandjonk Priok varen. Boris bestreed deze versie, volgens hem hadden ze de mailboot van de KPM genomen die de reguliere verbinding met Java onderhield. Voor beide versies valt iets te zeggen: de acties van de DST bereikten in februari 1947 niet alleen het dramatisch dieptepunt, de aanval werd toen op Makassar ingezet en de havenstad werd systematisch van 'verdachte elementen' gezuiverd.

Het vertrek moet hoe dan ook veel soberder zijn verlopen dan dat van Dien Verdenius en haar drie kinderen en van

Willem en Maria Hofker in februari 1946. Toen stonden er nog tientallen mensen op de kade om hen uit te zwaaien, nu, in 1947, was het enige dat er nog geboden was haast. Haast om weg te komen, haast om het vege lijf te redden. Overal in de stad klonken explosies.

5

De reis aan boord van Indrapoera was een precaire omdat het schip overvol was en voortdurend slagzij maakte door een lek in de stabilisatietanks. Soms vielen de motoren uit en dreef het schip in een doodse stilte waar de stromingen het heen voerden. Op de Rode Zee woedde een storm en verdreef een ijzig koude tegenwind de laatste restjes tropische warmte. In Ataka, een tentenkamp langs het Suezkanaal, kregen Han en Olga winterkleren van het Rode Kruis en Boris en Michiel onderbroeken, want die hadden ze ook niet meer. Ik hoor het mijn broers nog vertellen, het waren belachelijk ouderwetse onderbroeken met poepkleppen. De kleding was gratis, maar jaren na de oorlog kwam er alsnog een rekening van het Rode Kruis.

Met uit Indië terugkerende zendingspredikanten konden ze in Nederland de dijken dichten. Ze hadden eigenlijk maar één baantje voor Han: legerpredikant in algemene dienst. Hij deed toen het stomste wat hij doen kon, hij accepteerde dat. Met als gevolg dat hij weer jaren gescheiden van zijn gezin leefde.

Hij kreeg als speciale opdracht geestelijke bijstand te verlenen aan dienstweigeraars. Negen van de tien gewetensbezwaarden waren jongens die weigerden naar Indië te gaan om deel te nemen aan de politionele acties. Kwam dat niet even mooi uit? Ds. Brokken kon ze vertellen hoe prachtig Insulinde was en welke reusachtige kans ze misten als ze daar niet heen zouden gaan. Dat was hij niet van plan, hij wilde de jongens zo goed en zo kwaad als dat ging helpen om de penibele gevolgen van hun moedig besluit te trotseren.

Dienstweigeraars moesten zich voor de Krijgsraad verantwoorden en mochten tijdens hun proces niet bijgestaan worden door een advocaat, alleen door een legerpredikant of een aalmoezenier. Het enige wat die naar voren kon brengen, was dat ze uit principiële overwegingen tot hun besluit waren gekomen en niet uit lafheid. Wat werd weggehoond. Voor de leden van de Krijgsraad, twee officieren van de krijgsmacht en één burgerrechter, waren ze 'deserteurs', 'landverraders', 'schijtebroeken die de kastanjes door anderen uit het vuur laten halen'. Vrijgesproken werden ze nooit, tenzij ze zwaar geesteszieк waren, maar dan zouden ze niet door de medische keuring zijn gekomen. De meesten waren slechts frenetiek in hun volharden. De straf die ze kregen bestond uit een paar jaar cel plus het ontnemen van de burgerrechten, waardoor ze niet meer in overheidsdienst konden treden. Han trof bij de Nederlandse militairen en juristen een meedogenloosheid aan die hem tot vertwijfeling bracht.

Zijn standplaats was de Havenkazerne in Schoonhoven. Van daaruit reed hij het hele land door, in een jeep met chauffeur, om bij de families van de dienstweigeraars te onderzoeken of hun gewetensbezwaren komedie waren of gegrond. In bijna alle gevallen ging het om het laatste. Hij was de ene dag in Amsterdam, waar communisten hem de deur uit vloekten, en de volgende dag in Tholen, waar hij voor moest gaan in gebed voor hij een vraag kon stellen. Alleen op zaterdag kwam hij naar Oegstgeest, waar mijn moeder samen met de kinderen haar intrek had genomen bij haar ouders. Op zondag moest hij de godsdienstoefening in de kazerne leiden.

Iedere week zag hij er slechter uit. Hij ging roken als een schoorsteen, drinken als een dragonder, omdat hij weigerde wat er van hem verlangd werd: jongens van amper achttien om te praten en toch de wapens op te nemen, het vaderland te dienen en naar Indië te gaan. De naam van de strafinrichting luidde niet voor niets Detachement Nazending Indië. Door te tarten, te drillen, te vernederen en te hersenspoelen moest men de jongens er op een gegeven moment naar doen snakken om nagezonden te worden naar de kolonie.

De meesten van de dienstweigeraars – het waren er tussen vier- en zesduizend – kwamen uit communistische of pacifistische kring. Ook leden van de pinkstergemeente weigerden de wapens op te nemen, en een niet gering aantal jongens uit orthodox protestantse kringen, die het Bijbelse gebod 'Gij zult niet doden' letterlijk namen. In alle gevallen waren ze principieel en niet bereid van gedachten te veranderen. De juristen hielden de weigeraars voor dat ze een gevangenisstraf van misschien wel vijftien jaar riskeerden vanwege desertie. In afwachting van hun behandeling door de Krijgsraad kregen de dienstweigeraars drie maanden lang een militaire training die niet onderdeed voor de opleiding bij de commandotroepen. Wéér in de hoop dat ze overstag zouden gaan en alsnog zouden deelnemen aan de koloniale oorlog in Indië. De sergeants lieten de weigeraars de zwaarste oefeningen doen, zes dagen in de week van zeven uur 's ochtends tot negen uur 's avonds. Ze leerden wat gewone soldaten ook moesten leren, maar dan in verhevigde vorm. Week in, week uit werden ze afgemat op de stormbaan en getraind in vechten met het geweer. Terwijl ze over de stormbaan kropen, floten de losse flodders boven hun hoofd. Geregeld werden ze uit bed gehaald voor nachtelijke oefeningen. Het plein achter de kazerne was het exercitieterrein; de weigeraars moesten er exerceren tot ze erbij neervielen. De sergeants deelden lijfstraffen uit. Han zag weinig verschil met de Japanse bewakers.

Nauwelijks terug in Nederland kreeg hij alweer een gloeiende hekel aan zijn geboorteland, een even grote hekel als toen hij langs de kades van Rotterdam zwierf omdat zijn vader weer eens met een stuk in zijn kraag was thuisgekomen.

Vanuit de verte zag mijn moeder het met lede ogen aan. Later zou ze mopperen dat alle slechte eigenschappen bij mijn vader in de Havenkazerne naar boven waren gekomen en dat hij daar gewoontes had aangeleerd die hij in zijn vorige leven verwerpelijk had gevonden. Nog een geluk dat hij niet alle avonden in de officiersmess doorbracht, anders zou hij direct al aan de alcohol ten onder zijn gegaan.

In de directeur van de Hollandia Melkfabriek vond hij de ideale schaakpartner. Vier van de vijf avonden zat Han aan het schaakbord tegenover Bram den Hollander, zoals hij in het kamp tegenover Han Verdenius had gezeten of tegenover Jan van Driest. Tijdens het spel zei Bram nooit veel, maar na een gewonnen partij kon hij toch brommen: 'Waar zit je mee, Han?' Han zei in die periode nog minder dan hij later zou doen. Tot hij het op een avond niet langer voor zich kon houden: 'Ik zit hier te dicht bij de Satan.'

Mijn vader – hij was inmiddels mijn vader geworden – besloot in oktober 1949 zijn uniform in de mottenkast te hangen en naar een andere baan om te zien. 'Ik ga liever op de trein kaartjes knippen,' schijnt hij te hebben gezegd. Na een laatste smerige streek die de militairen leverden, was hij het meer dan beu. De strijd in Indië was zo goed als gestreden, de onafhankelijkheid was nog slechts een kwestie van weken, en niettemin werd besloten om de dienstweigeraars op de boot naar Indië te zetten en ze daar voor de Krijgsraad te laten verschijnen. Dus niet in Nederland, maar in Batavia. In de kazerne vlogen de potkachels door de ramen, twaalf marechaussees moesten met getrokken machinepistool de orde herstellen. Door misleiding en onder grote psychische druk lieten honderdzestig weigeraars zich alsnog inschepen. Mijn vader verdedigde de dertig overgebleven weigeraars, die tussen de drie en de vier jaar gevangenisstraf kregen. Het enige wat hij af en toe bereikte was dat hij een of twee jaar van de geëiste straf wist af te knibbelen. Maar volgens een van de dienstweigeraars stond hij meer in dienst van het Koninkrijk der Nederlanden dan van het Koninkrijk Gods, een verwijt dat hem als een messteek in de ziel zal hebben getroffen.

In de geschiedenis, de grote geschiedenis van machten in opkomst of verval, ben je als in een bootje op de wijde zee. Je bent afhankelijk van gebarsten hemels, grondzeeën, winden, hozen en de stroom. De keren dat je naar de riemen kunt grijpen en je eigen koers kunt bepalen, zijn gering. In de periode dat ik geboren werd, moet mijn vader meer dan wanhopig zijn geweest. Hij was als *Le Bateau ivre* van Rimbaud.

Op een dag werd het hem te veel, trok hij zijn uniform uit, legde het in een dekenkist tussen de mottenballen en vertrok naar Emmen, waar hij een baan als ziekenhuispredikant had aangenomen.

Op 27 december 1949 vond de soevereiniteitsoverdracht aan Indonesië plaats, op 1 januari 1950 verhuisde ons gezin naar Emmen. Van de eerste tien jaar van hun leven hadden mijn broers mijn vader een kleine vier jaar niet gezien en ruim twee jaar slechts één zaterdag in de week. Zes jaar lang zo goed als afwezig. Hij was een vreemde voor hen geworden en hij zou dat zijn hele verdere leven blijven.

Hij had niettemin één geluk: hij had mij. Op alle foto's die in Emmen zijn genomen, in het bungalowtje met het rieten dak, aan de rand van de bossen, in 1950, 1951, 1952, zit ik op zijn schoot. Nooit op die van mijn moeder, altijd op de zijne. Ik, dat kleine manneke met een bolle snoet, werd zijn reden om er toch maar het beste van te maken in het leven. Die rol zou ik een kleine tien jaar blijven vervullen, tot mijn vader definitief weggleed in het inktzwarte water van zijn nachtmerries. De oorlog zou voor hem nooit voorbijgaan, hij bleef altijd ergens zweven tussen Bodjo en Bolong, zonder dat te willen en zonder er ooit met één woord over te reppen. Ik weet niet wat hij in zijn angstdromen zag. Misschien niet eens iets verschrikkelijks. Misschien was het alleen dit: dat hij, die van mensen hield, zijn hoop, geloof, vertrouwen niet meer in mensen durfde te stellen. Hij was de gevangene van zichzelf geworden.

6

Bonnet zat niet bij de pakken neer. Moest hij voorlopig in Makassar blijven? Dan bleef hij voorlopig in Makassar. Eens kijken wat er te doen viel – zo was zijn mentaliteit. Geen geklaag, geen gezeur, er valt altijd wel ergens wat te schilderen. Voor de overheid? Binnenlands Bestuur? Een opdracht voor een muurschildering in het gouvernementshuis in Makassar? Waarom niet! Hij maakte meteen maar drie schilderingen waarop hij de beroepsbevolking van Celebes weergaf: de Boeginezen als handelaren en zeevaarders, de Toradja's als landarbeiders en de Makassaren als vissers. Het was krachtig, sociaal realistisch werk dat over de nieuwe tijd vertelde, waarin de inlanders geen inlanders meer waren maar trotse Indonesiërs die de grondslag legden voor een eigen, welvarende, onafhankelijke staat.

De volgende opdracht kwam van het Grand Hotel in Makassar. *Grand Hotel Makassar, Hoogepad 5, 47 kamers, 14 kamers met aangebouwde badkamer,* lees ik in een advertentie uit 1939. Het hotel wilde moderniseren. Kennelijk was er in 1946/47 nog voldoende clientèle voor een hotel in het centrum van de stad, maakte niemand zich zorgen over de schietpartijen. Bonnet werd om een schilderij voor de eetzaal gevraagd. Hij pakte groot uit, een doek van vier meter breed en bijna twee

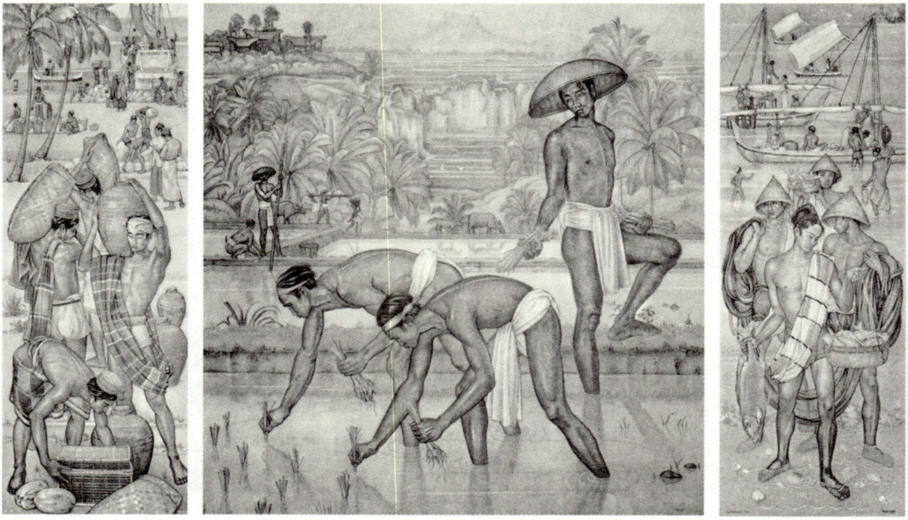

Rudolf Bonnet, (zwart-witfoto van) *De drie bevolkingsgroepen van Zuid-Celebes; Boeginezen als schippers en handelaren, Toradja's als boeren, Vissers uit Makassar*, 1946.

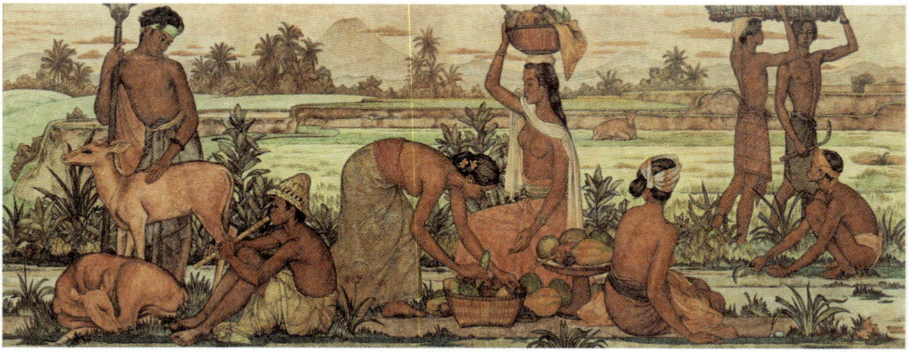

Rudolf Bonnet, *Marktscène*, 1948.

meter hoog, met als titel *Marktscène*. Aan een vriend vertelde hij dat hij er tweeduizend gulden voor had bedongen, hetgeen hem weer enigszins boven Jan hielp.

'Ik weet niet wat hij ervan gedacht zou hebben,' vroeg zijn achterneef Arend de Roever zich driekwart eeuw later af, 'als hij geweten had dat de betreffende tekening in 2016 op een veiling in Hongkong 3 149 596 euro heeft opgebracht.' Arend schatte zijn reactie in op: 'Wat zou mijn vader daar trots op zijn geweest.'

Het duurde allemaal vreselijk lang; in het nieuwe jaar werd zelfs de geduldige Bonnet onrustig. 'Hoe graag zou ik me weer wijden aan mijn werk op Bali,' schreef hij op 26 maart 1946 aan een vriend. 'Weer een rustige omgeving zien en de verloren jaren inhalen, weer het contact kunnen herstellen met de mooie kunst van de Baliërs.'

Hij moest nog een vol jaar wachten. Maar in april 1947 kon Bonnet dan toch eindelijk naar Bali terugkeren, waar de onafhankelijkheidsstrijd in alle hevigheid was losgebarsten maar weinig schade toebracht aan tempels en heiligdommen. 'Wat doet het me goed weer op het land te zijn en uit te kunnen zien over de sawa's en weer eens frisse lucht in te ademen. Goed doet het me ook om me nu weer thuis te voelen,' schrijft hij twee weken na aankomst.

Hoe het weerzien met Bali verliep, vertelt hij in een lange brief aan Hofker. 'Ik ben eerst tien dagen in Denpasar gebleven om naar onze *barang* [huisraad] te speuren. Het was wel een beetje spijtig te moeten vernemen, dat alles pas na de bezetting door ons eigen leger en eigen soldaten gestolen en vernield was. De Jap had alles opgeborgen en zelfs met etiketjes gecatalogiseerd. Uit de *goedang* [opslag], waar het treurige restje als oud vuil op een hoop lag, kon ik nog iets opvissen, de mooie

Chinese portretten met een gat erin, een afgescheurd stuk van dat Chinese Keizersportret, een kakemono [een schilderij op papier of zijde dat op een rond stuk hout opgerold kan worden] en jouw Lusthof schilderij met je vrienden, dat lag als een vod in een hoek, bijna onherkenbaar.'

Het schilderij waar Bonnet op doelt is *Bruiloftsfeest* of *Tuinfeest,* dat Hofker tussen 1925 en 1929 schilderde ter gelegenheid van het huwelijk van zijn oudste en beste vriend van de Rijksacademie, de beeldhouwer Frits van Hall. Hij had het meegenomen naar Bali omdat het een groepsportret was van de jonge kunstenaars met wie hij in Amsterdam was omgegaan – beeldhouwers, schilders, musici. Dat juist dat portret door 'onze jongens' vernietigd was tijdens de eerste politionele actie op Bali, moet hem verdriet hebben gedaan. 'Het wordt wel tijd,' moppert ook Bonnet, 'dat onze mensen eindelijk een beetje beschaving wordt bijgebracht.'

In een woonhuis trof Bonnet nog een 'zeer aantrekkelijk' schilderij van Hofker aan dat slechts licht beschadigd was. En nog een tekening van een *canang*, een offerande gemaakt van jong kokosblad met een bloem en een blad van de schroefpalm. Licht beschroomd laat hij Hofker weten 'dat alles hier wel weer heerlijk is, bijna als vroeger'. Misschien had hij hem toch moeten aanraden om net als hijzelf naar Bali terug te keren.

In vergelijking met andere eilanden 'heeft Dewa Agung het in zijn rijkje rustig weten te houden'. De vorst van Klungung, de belangrijkste van de negen koninkrijkjes die Bali telt, stond volgens Bonnet 'als een rots in de branding'.

Om de draad weer op te pakken besloot Bonnet naar eigen ontwerp een huis en een atelier in Campuan te bouwen, op een koele plek boven op een heuvel. In zijn denken is hij nog zo Balinees dat hij eerst op een hoge plek een 'goden- of altaarhuis' neerzet en dan wat lager een atelier en een bamboe woonhuis. Indachtig het lot van Walter Spies, want Balinezen beschouwden het voormalige huis van Spies als een 'ongelukshuis' omdat het hoger lag dan de tempel en dus niet in de gunst van de goden kon worden opgenomen.

Precies een jaar na Bonnets terugkeer worden huis en atelier 'gereinigd' op een inwijdingsfeest volgens Balinese riten. 's Avonds beschijnen olielampjes de Balinese dansers en danseressen die een nieuwe *gabor*-dans uitvoeren.

Door gewelddadige acties van Balinese onafhankelijkheidsstrijders, die reageerden op de martelingen en executies waarmee de Nederlandse troepen de orde probeerden te herstellen, wordt de toestand in 1947 explosief. 'Er gaat geen week voorbij zonder een paar moorden,' schrijft hij in een brief. *Een paar* moet een eufemisme zijn geweest, tussen de twee- en vierduizend Balinezen lieten het leven. Maar eind '48 keert de rust terug en gaat Bali voor Bonnet 'steeds meer op het vooroorlogse Bali lijken'.

In 1951, twee jaar na de onafhankelijkheid, acht Bonnet de tijd rijp voor de oprichting van een vereniging die op dezelfde leest is geschoeid als de vooroorlogse Pita Maha. Met de schilders I Gusti Nyoman Lempad, Anak Agung Gde Soberat en Ida Bagusd Made vormt hij het bestuur. Tevreden constateert hij dat de hoge kwaliteit van de Balinese schilderkunst terug is. In de brieven die hij naar Nederland stuurt merk je nauwelijks dat Nederlands-Indië bij het grofvuil van de geschiedenis is gezet en dat de Republik Indonesia, met zestienduizend eilanden 's werelds grootste eilandstaat, blakend van zelfvertrouwen van start is gegaan.

Hij zoekt het in de kleine geneugten. Met een kop koffie begint hij iedere morgen op het terras de dag en geniet van de zonsopgang. Voor mijn vader was dat ook het mooiste moment van de dag. Twintig, dertig jaar na zijn vertrek uit Makassar stond hij nog vroeg in de morgen op en dronk zwarte koffie terwijl hij naar buiten staarde. Met dit verschil dat de koffie een koud restje van de vorige dag was en dat het buiten vrijwel iedere morgen grijs en grauw was. Ik vermoed dat hij dat niet merkte, dat hij in gedachten op de galerij in Makassar zat of op het bordes van een huis in Rantepao.

De ochtend was er voor Bonnet voor zijn eigen kunst. Beneden bij de trap zette hij een bediende neer die ongewenste gasten moest tegenhouden. Algauw waren de welgestelde Amerikanen terug op het eiland, en tegen hun dollars was de Balinees niet altijd bestand. Meer dan eens hoorde Bonnet een paar Amerikanen rond zijn atelier scharrelen; hij stak dan zijn hoofd uit het raam en riep: 'Ik heb u toch laten zeggen dat ik vanmorgen niet thuis ben!'

Het kamp was nog niet helemaal weg bij Bonnet – misschien wel uit zijn geest, maar niet uit zijn lichaam. Hij voelde zich in 1951 steeds sneller moe worden en besloot een paar maanden naar Nederland te gaan om aan te sterken.

Na zijn moeder, met wie hij haar achtentachtigste verjaardag vierde, waren Willem en Maria Hofker de eersten die Bonnet in Nederland opzocht. Ze waren evenmin in goeden doen en Bonnet stelde voor om met zijn drieën naar Italië te vertrekken. Weken brachten ze door in Venetië, in Rome, in het kunstenaarsdorp Anticoli Corrado, waar Bonnet nog zoveel vrienden had. Op de foto's ogen ze alle drie gelukkig, alsof ze er, dankzij elkaar of door elkaar, dan eindelijk in slagen de kampervaringen als een afgesloten hoofdstuk te beschouwen.

'Het is alsof ik na dit intermezzo in Holland en Italië weer een nieuwe periode in mijn leven tegemoet ga,' schreef Bonnet na terugkomst op Bali, begin 1952. Hij besloot dat dit het moment was om uitvoering te geven aan zijn grote wens een museum voor moderne Balinese kunst in Ubud te bouwen. Hij stak er al zijn energie in, al zijn liefde voor de Balinezen. En hij slaagde. Een gebouw en een tuin in Balinese stijl, beide door Bonnet ontworpen. Het hoofdgebouw kwam in 1956 gereed, het museum kreeg de naam Puri Lukisan, 'Paleis van de Schilderkunst'. Met de bijgebouwen moest bij gebrek aan financiële middelen nog enige tijd gewacht worden. Puri Lukisan ging in 1958 officieel open, maar Bonnet was er niet meer bij. Hij was het land uit gezet.

Voor Hofker pakte het allemaal anders uit. Hem wachtte in Nederland een koele ontvangst – wie was Hofker ook alweer? – en teleurstelling. Het artistieke klimaat was totaal veranderd. COBRA dicteerde de smaak, het figuratieve werk van Hofker ondervond nog slechts waardering bij een oudere generatie die de zekerheden van vroeger verkoos boven de vragen van vandaag.

Na een jaar bij haar ouders te hebben gewoond, betrokken Maria en Willem Hofker een atelierwoning aan de Zomerdijkstraat in Amsterdam en bleven daar twintig jaar wonen. Hun buren waren bekende kunstenaars – Charlotte van Pallandt, Jan Wolkers, Jaap Hillenius, Piet Esser, Ro Mogendorff – maar Hofker zelf was een figuur aan de zijlijn geworden. Hij portretteerde in opdracht bankdirecteuren, rectores magnifici, bekende hoogleraren of leden van de Hoge Raad, schilderde Amsterdamse stadsgezichten; zelf omschreef hij die als 'portretten van huizen en grachten'. Werken was wat hij het liefste deed en wat hem de meeste lust gaf in het leven. Het ging hem erom te kunnen blijven schilderen, al het andere was bijzaak. Hij bleef trouw aan zijn eigen stijl, kreeg opdrachten voor illustraties van boeken over Amsterdamse poortjes of grachten, hij genoot van werken buiten, maar diep in zijn binnenste zal het hem toch van spijt en weemoed hebben vervuld dat steeds minder mensen zich hem herinnerden als de Grote Schilder van Bali.

Hofker overleed op 30 april 1981 op achtenzeventigjarige leeftijd – twee dagen later zou hij negenenzeventig zijn geworden. Pas een jaar of tien na zijn dood ontstond een run op zijn werk uit de Balinese periode. Zijn prenten en krijttekeningen van Balinese danseressen brachten algauw tussen de 35 000 en 50 000 euro op, een topprijs voor een werk op papier. De schilderijen brachten het tienvoudige op. Een olieverfportret van *Ni Noneh* ging op een veiling in Jakarta weg voor 2,6 miljard roepia, circa 345 000 euro. *Ni Dablig past prada*, 'Het kleden voor het feest', behaalde in 2013 een recordbedrag van 750 000 euro. Daarmee was de top voorlopig bereikt, het schitterende portret *Ni Sadri* werd in 2021 door het Zeeuws Veilinghuis afgehamerd voor 590 000 euro, maar het dubbelportret 'Balische zusjes op 't tempelfeest', een schilderij dat Hofker in december 1940 voltooide, bracht in mei 2022 ruim anderhalf miljoen euro op tijdens een veiling.

De kopers zijn in alle gevallen welgestelde Indonesische Chinezen of Chinese ondernemers in Singapore. Al het werk dat in Nederland onder de hamer kwam, keerde naar Azië terug en kwam in privécollecties terecht in Jakarta en Singapore. Werk van Hofker hangt in de musea van Bali, in het Agung Rai Museum of Art (ARMA), het Neka Art Museum in Ubud en het Pasifica-museum in Nua Dua.

Van de portrettekeningen die Hofker in het kamp heeft gemaakt, bleven er vele in de familie van de geportretteerde en kwam een enkele bij particulieren terecht. De kampcollectie van Hofker zelf is in de collectie van het Teylers Museum in Haarlem ondergebracht.

Maria mocht nog meemaken dat het tij voor Hofker keerde en dat zijn Balinese werk opnieuw in de belangstelling kwam te staan. Dat de waarde rap steeg, kon haar niet zoveel meer schelen, ze had met weinig leren leven en bewaarde zelfs gebruikte lucifers om ze nog een keer bij het gasvlammetje te houden en er een waxinelichtje mee aan te steken. Maria overleefde Willem achttien jaar en overleed een paar dagen voor de twintigste eeuw ten einde liep, op 16 december 1999. Ze werd zevenennegentig jaar oud, maakte eenenvijftig jaarboeken over haar tuin, waarvan er één werd gepubliceerd, en kreeg de meeste eer in Frankrijk, waar het boek over haar volkstuin in Amsterdam verscheen onder de betoverende titel *Le jardin enchanté de Maria Hofker*. Het boek, *De schatten van mijn tuin*, verscheen ook in het Zweeds. Het Rijksmuseum kocht een van haar jaarboeken aan voor de collectie van het prentenkabinet, als bewijs van wat ze altijd met grote stelligheid beweerd had: 'De natuur is mijn atelier.'

Van alle buitenlandse kunstenaars zou Bonnet het langst op Bali blijven. Hij verkocht veertien werken aan Soekarno, de eerste toen Soekarno nog maar net president van Indonesië was geworden. Diens moeder, Ni Nyoman Rai Siremben, een Balinese, was vóór haar huwelijk tempeldanseres in Buleleng geweest. Soekarno bewonderde het werk van Bonnet, zowel de portretten van ambachtslieden en boeren als die van dansers en danseressen. 'Bonnet is de enige schilder die Indonesië aanvoelt,' zei Soekarno in 1951, en in hetzelfde jaar zocht hij hem op in zijn atelier in Bali. Buiten stond een menigte aan hoogwaardigheidsbekleders, persfotografen en padvinders die

Soekarno moesten bewaken; binnen zaten de president en de schilder rustig een uur met elkaar te praten. Af en toe stond Soekarno op, liep naar een schilderij aan de wand en bleef er een tijdje naar staan kijken, dan weer nam hij op een krukje plaats en praatte verder.

'Het menselijke element boeit hem in de eerste plaats in de kunst,' constateerde Bonnet. Dat klinkt een beetje stijf. Soekarno was ook een buitengewoon grappige man, iedere keer wanneer een Nederlander aan hem vroeg: Hoe maakt u het?, antwoordde hij met een brede lach: 'Ik voel mij kiplekker!' Dat had hij op de Europese Lagere School in Surabaya geleerd. Hij knapte er altijd zienderogen van op om Hollanders te plagen. 'Als alle Indonesiërs één keer in zee spuwen, staat Nederland onder water.' Bonnet mocht dat montere sarcasme wel, tot Soekarno als een blad aan een boom omdraaide.

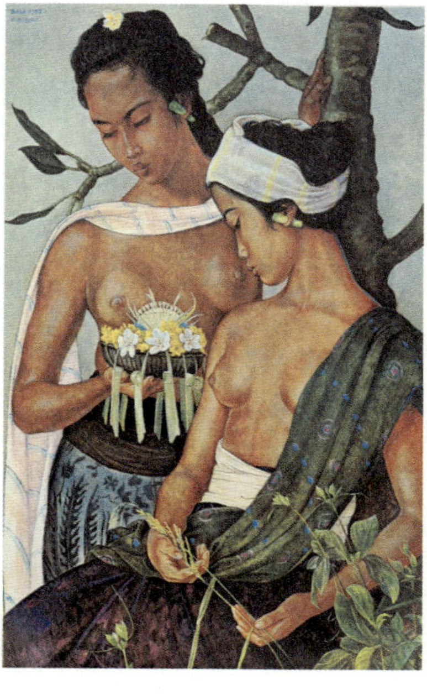

Rudolf Bonnet,
Dua orang gadis, 1955.

De immer joviale president zette Bonnet in 1958 het land uit omdat hij weigerde een portret van Soekarno in vol ornaat te maken. Tenminste, dat wordt aangenomen. Bonnet gruwde van staatsieportretten. De diepliggende reden was dat Soekarno zo'n beetje het alleenrecht opeiste bij de aankoop van het werk van Bonnet. Omdat Bonnet als kunstenaar volstrekt autonoom wilde blijven, weigerde hij dat. En ja, vond Soekarno, hij had niets te weigeren, hij moest *Bung Karno*, de vader des vaderlands, gewoon gehoorzamen. Je zou bijna denken dat bij Soekarno de ware aard weer bovenkwam, die van de onverdroten opstandelingenleider, en bij Bonnet idem dito, die van de goedwillende koloniaal naar wie je uiteindelijk wel moest luisteren. Maar het lag gecompliceerder.

Bonnet had altijd ongelooflijk goed verkocht. Op zijn eerste verkooptentoonstelling, met werk uit Italië, inde hij al tienduizend gulden, een enorm bedrag in 1921. Het had hem eigenlijk nooit aan inkomsten ontbroken, met uitzondering van de eerste maanden na de oorlog in Makassar, maar zelfs toen wist hij de grote opdracht van het Grand Hotel binnen te halen. Hij hechtte aan zijn onafhankelijkheid, niemand kon hem vertellen wat hij moest doen, niet in de kunst althans en eigenlijk ook niet in zijn privéleven. En wat hij zeker niet wilde, was de vazal van iemand worden, daar was hij veel te trots voor. Soekarno eiste het alleenrecht op. 'Als U een groot stuk weer gereed hebt, stuur dan direct een foto ervan naar mij, met opgave van afmetingen, vóórdat anderen er beslag op kunnen leggen.' Alle grote stukken die Bonnet van 1951 tot 1958 op Bali maakte, kwamen in de verzameling van Soekarno terecht. Bonnet was wel degelijk de Schilder van de President geworden.

Soekarno, die opgeleid was tot architect, tekende, aquarelleerde en schilderde zelf graag. In zijn jonge jaren blonk hij uit in dromerige landschappen in waterig pastel; later legde hij zich onder invloed van Bonnet en Kusuma Affandi toe op expressionistische schilderijen. Kusuma Affandi was een goede vriend van Soekarno; hij zou uitgroeien tot de grootste van de moderne Indonesische schilders. Terwijl Bonnet zijn inspiratie op Bali zocht, liet Affandi zich beïnvloeden door het werk van de Noorse schilder Edvard Munch. 'Ik schilder het lijden,' zei hij zelf over zijn werk, 'ik schilder een oude vrouw, een bedelaar, een donkere berg.' Als hij een zonnebloem schilderde, dan was het een verlepte.

Soekarno zag Bonnet en Affandi als zijn leermeesters. In Bonnet bewonderde hij de academische schilder die alles keurig onder controle hield, in Affandi de durfal die zich aan geen enkele conventie stoorde. Naast de Balinese werken kocht hij van Bonnet ook een tempera op doek van een Italiaanse familie, het prachtige werk *Famiglia d'Anticole,* dat zich nog altijd in de Collectie President Soekarno bevindt. En een olieverfschilderij van Italiaanse geitenhoeders. Soekarno had een brede smaak en stond open voor invloeden van buiten. 'Ik ben blij dat de Italiaanse stukken binnenkort in Paleis Merdeka zullen hangen,' schreef hij duidelijk verheugd aan Bonnet toen de koop was beslecht. Maar hij vond ook dat Bonnet hem dankbaar moest zijn.

Soekarno wilde de Balinese cultuur tot de moedercultuur van Indonesië maken en tot het visitekaartje van de eenheidsstaat. Zijn hele streven was erop gericht van de zestienduizend eilanden, waarvan de meeste met een eigen taal en een eigen cultuur, een krachtige eenheidsstaat te maken met een veelzijdige cultuur. Dat hem dat is gelukt, is een formidabele prestatie. In zijn kunstcollectie, die zou uitgroeien tot drieduizend werken, moesten alle facetten van de Indonesi-

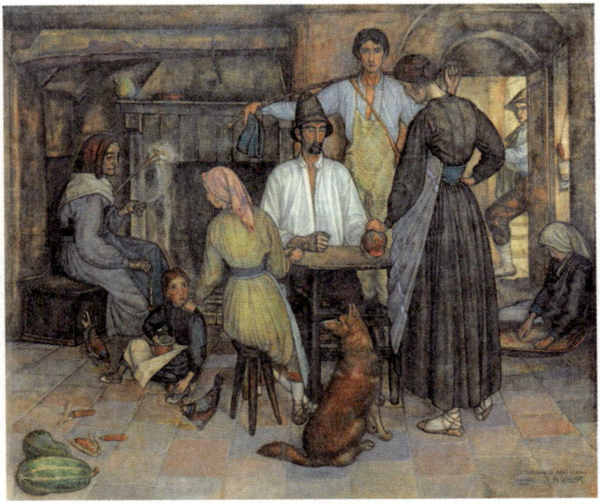

Rudolf Bonnet, *Famiglia d'Anticoli*, 1925.

sche kunst naar voren komen. Tot op de dag van vandaag is zijn collectie de grootste kunstverzameling van het land.

Soekarno was een gematigde moslim, het geloof van zijn vader, maar hij vergat de hindoeïstische achtergrond van zijn moeder niet, liet de vrijheid van godsdienst in de grondwet opnemen en specificeerde dat de islam, het hindoeïsme, het boeddhisme, het protestantse en het katholieke geloof tot de erkende godsdiensten behoorden. Later werden daar de traditionele geloven aan toegevoegd. Soekarno's beeld van Indonesië was een tolerante, fijnzinnige en hoogst beschaafde samenleving, een Bali in het groot. In het midden van de jaren vijftig kreeg het enge nationalisme hem echter in de greep en verloor hij zijn vroegere idealen.

De uitwijzing van Bonnet stond niet op zichzelf; eerder, in 1957, kregen al drie kunstenaars op Bali de aanmaning te vertrekken. Op 11 november schreef Bonnet nog een vriendelijke brief aan Soekarno, in december volgde het bevel zo spoedig mogelijk op te krassen. Over de precieze achtergronden is Bonnet blijven zwijgen. Hij vond het verschrikkelijk Bali te verlaten maar raadde zijn Balinese collega's aan niet tegen zijn uitwijzing te protesteren, omdat een dergelijke actie zich tegen hen zou keren. 'De tijden zijn veranderd.' Dat was alles wat hij zei.

In maart 1958 ging hij aan boord van het overvolle en inmiddels behoorlijk roestige ms Johan van Oldenbarnevelt, hetzelfde schip dat Han en Olga in 1935 naar Indië had gebracht. Een jaar later zou Bonnet Nederland alweer verlaten, want hij kon niet tegen de grauwe nattigheid. Hij zocht zijn geluk opnieuw in Italië, in het kunstenaarsdorp Anticoli Corrado, waar hij eerder zoveel jaren had verbleven.

Een van de eersten die hem daar bezochten was de Indonesische ambassadeur in Rome. Hij vroeg of Bonnet bereid was naar Bali terug te keren om de bouw van het museumcomplex in Ubud te voltooien. Bonnet vroeg om een aantal garanties, vertrouwde het niet en zag zijn scepsis gerechtvaardigd toen in 1965 een golf van geweld het eiland overspoelde. De dagen van Soekarno waren geteld; de president moest de macht aan generaal Soeharto overdragen en het leger opende de jacht op communisten. In heel Indonesië vielen om en nabij een miljoen slachtoffers; met name op Bali, Centraal- en Oost-Java nam de afrekening van het leger met haar communistische tegenstanders de vorm aan van een massaslachting.

Bonnet reisde pas in 1972, toen de rust was weergekeerd, naar Bali om de openingstentoonstelling van het Museum Puri Lukisan Ratna Wartha te organiseren, het museum voor Balinese schilder- en houtsnijkunst. Nog één keer bezocht hij de plaatsen waar hij gewoond en gewerkt had, nog één keer bezocht hij zijn oude schildersvrienden. Bij wijze van afscheid van een leven dat een halve eeuw in het teken van Bali had gestaan.

Na zijn dood in 1978 werd zijn as naar Bali overgebracht, waar ze nogmaals werd verbrand, samen met de as van zijn Balinese vriend Cokorda Gde Agung Sukawati, de vorst van Ubud.

In het jaar van de dubbele crematie van Rudolf Bonnet en de vorst van Ubud was ik op Bali. De ceremonie duurde drie dagen en vond eind januari plaats; ik arriveerde vier maanden later op het eiland, woonde een crematie bij en zag hoe de sarcofaag door de dragers in de rondte werd getold, zodat de ziel van de overledene de weg terug naar de aarde niet kon vinden en opging in het oneindige. De sarcofaag waarin de as van Bonnet werd verbrand had de vorm van een reusachtige leeuw, de sarcofaag die ik zag tijdens de crematie had de vorm van een vis, het symbool van de laagste kaste. Tijdens het rondtollen klonk de gamelan als een op hol geslagen carillon. Nooit en nergens meer zou ik een uitvaartplechtigheid zien die zo kleurig was, zo opgewekt en zo uitzinnig. De dood is het einde van het zoeken, leerde ik op Bali, en het begin van het begrijpen.

7

Willem Hofker had met mijn vader gemeen dat hij nooit een reünie bezocht. Maria Hofker deed dat evenmin, zij zag nog wel eens vrouwen van Kampili, zeker toen ze bekendheid kreeg en er artikelen over haar werk verschenen, maar ze zocht het niet per se op. Hofker dacht zonder de geringste wrok aan zijn jaren in Parepare, Bodjo en Bolong terug. Slechts twee keer gestoord door bommen had hij er in relatieve rust kunnen werken – tenminste, zo liet hij het zelf voorkomen, terwijl hij genoeg ellende had meegemaakt en de putjes in zijn lijf aangaven waar de zweren bij hem waren leeggeschraapt door de kamparts. Maar hij had zijn werk bij de hand, iets wat hij op alle anderen voorhad, hij raakte niet uit zijn ritme en evenmin uit zijn doen, was altijd bezig met het *verwerken* van de werkelijkheid, hoe dramatisch die ook was.

Aanvankelijk keken de gevangenen nogal vreemd tegen hem aan omdat ze nooit in de nabijheid van een kunstenaar hadden vertoefd, ze noemden hem wel eens spottend 'onze Rembrandt'; tegelijk klonk er respect in door. Allengs vonden ze het een hele eer door hem geportretteerd te worden en keken ze in bewondering toe hoe hij op een stuk lelijk geribbeld papier een tekening maakte die ze, op de dag dat ze weer een eigen huis zouden hebben, zo aan de wand konden hangen.

Ook in het kamp leefde Hofker een teruggetrokken leven, uit het zicht van de Japanse bewakers, de heiho's en van zijn medegevangenen. Niettemin had hij de indruk dat hij nergens zo gewaardeerd werd als dáár. Door die erkenning kwam een opmerkelijk soort rust in zijn portretten. Het was alsof hij in één oogopslag kon zien wie hij voor zich had of wat zich achter huid en haar van het gezicht verborg.

Natuurlijk kregen zijn portretten ook diepte door de geïnterneerden, die zoveel vernederingen hadden doorstaan en geen enkele behoefte meer voelden een masker voor te houden.

Bonnet had het moeilijker. Het was te druk om hem heen. 'In het kamp met al die mensen om me heen heb ik niet veel kunnen doen,' schreef hij na de oorlog aan zijn moeder, 'en ik deed dan maar mee met de corveeploegen.' Zonder zich op zijn kunst te kunnen concentreren, kreeg hij last van alle denkbare ziektes en kwalen.

Ook al wilde hij midden in de wereld staan, Bonnet had afstand nodig om tot een goed en zinnig werk te komen. Af en toe greep hij naar een potlood en maakte een schets, en hij zou die uitgewerkt hebben als niet, om de een of andere reden, of als gevolg van een stompzinnig commando, weer zoveel mannen om hem heen dromden. De rust vond hij eigenlijk alleen in de ziekenbarak. Maar zelfs het zelfportret dat hij daar in april 1944 tekende, bleek naderhand geen zelfportret te zijn. Recent onderzoek wees uit dat het door de medegevangene Aafko Mulder was gemaakt, een handelsagent van Ternate, die vier maanden na de voltooiing van het portret aan dysenterie bezweek, veertig jaar oud. Bonnet tekende zichzelf pas weer in 1946 in Makassar, toen hij weer enigszins aangesterkt was en er naar eigen gevoel toonbaar uitzag.

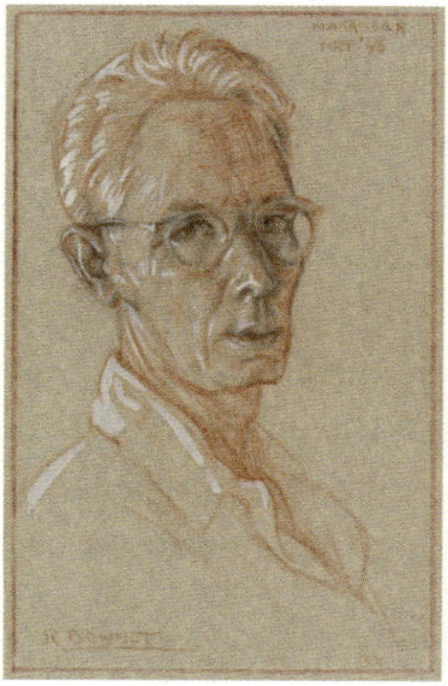

Rudolf Bonnet, *Zelfportret*, maart 1946.

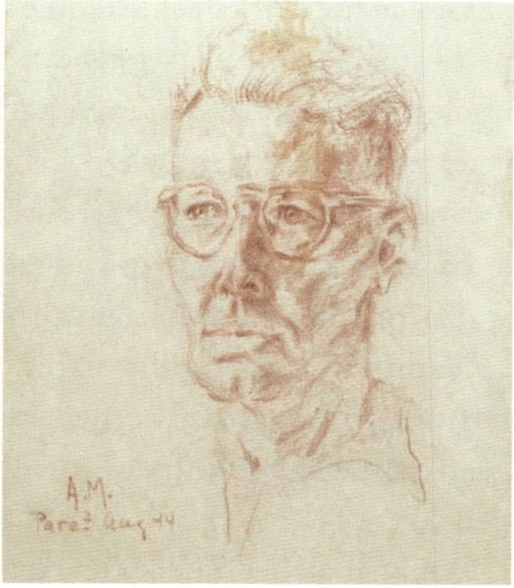

Aafko Mulder, *Portret van Rudolf Bonnet*, april 1944.

Toch hielp de kunst hem. Hij stelde zijn hoop op de dag dat hij weer in een besloten ruimte, wie weet een atelier, in de buurt van Ubud of op een hoger gelegen deel van Bali, een jongen met naakte schouders op papier kon zetten, met half-lang, sluik zwart haar, glanzend als satijn, met een brede witte band rond het voorhoofd, met de mooist denkbare volle lippen en een intens melancholieke blik in de donkere ogen, precies zoals hij dat, en dat wist hij eigenlijk al in de ziekenboeg van Bolong, in 1949 zou doen: het portret van I Tjemul. Want hoe de politieke situatie ook zou veranderen, Bali bleef voor Bonnet het Elysium, en niemand kon hem wijsmaken dat hij daardoor een slecht mens was of een neokoloniaal met valse intenties.

'Oorlog is beestachtig,' preekte dominee Bikker in het kamp. 'Maar het beest woont in onszelf. Zonder kracht van Boven temt niemand het.'

Hofker temde het door te tekenen.

Toch zei hij na de oorlog dat het niet zijn kunst was geweest die hem erdoorheen had getrokken. Het meest hoopvolle van de jaren in het kamp dat hij zich zou herinneren was de muziek geweest.

La musica, de fleur van het leven.

'Ik denk nu ineens terug aan een ochtend voor Pasen. Om zes uur gaat ginds de zon op en toen was er door de zanggroep van het kamp afgesproken in de stille morgen paasliederen te zingen. Die liederen hoorden we over de vlakte in de ochtendnevel. Och, wat was dat mooi...'

Een paar instrumenten waren het kamp binnengekomen. Een viool die langzamerhand kromgetrokken was van het vocht. Een hobo. Een paar blokfluiten. Begeleid door dat kleine ensemble zong het koor *Dona nobis pacem* uit de *Hohe Messe* van Johann Sebastian Bach. *Dona nobis pacem* – 'Geef ons vrede'.

Hofker speelde viool. Als jongen had hij les gehad van de beste docenten. Hij bezat een altviool die niet bijzonder was en een viool uit de late zeventiende eeuw van de Amsterdamse vioolbouwer Willem Cornelis van der Sijde. Alleen kroonprinses Juliana had ook zo'n Van der Sijde. Of hij een van de instrumenten heeft kunnen meenemen naar het kamp, heb ik nergens bevestigd gekregen. De Van der Sijde denk ik niet, die was veel te kostbaar om hem aan het vochtige tropische klimaat bloot te stellen; ik vermoed dat die in Nederland is achtergebleven toen de Hofkers aan hun Indische avontuur begonnen. Maar die altviool had hij kunnen meenemen. Per slot van rekening gingen ook zijn schildersspullen mee van Bali naar het kamp.

Misschien was hij het wel die het koor begeleidde toen het *Dona nobis pacem* zong. In dat geval zal hij mijn vader een hart onder de riem hebben gestoken. Bach had hem tot het geloof gebracht, en zijn hele leven lang zag hij in Bach het baken waarop hij kon varen. *Mache dich, mein Herze, rein*; ik vermoed dat hij het zelfs in de seconde voor zijn dood gehoord heeft, mooi ingehouden gezongen, als afscheid van een leven dat getekend was geweest door de oorlog.

Muziek hielp ook Maria Hofker-Rueter door de kampjaren. Zij had haar man leren kennen tijdens de pauze van een concert in het Amsterdamse Concertgebouw. Als ze ook maar ergens muziek hoorde, was ze weer bij die eerste momenten met Wim.

'We hebben in Kampili genoten van een voordracht of een lezing. Maar muziek ging bovenal. Het Russische Koor. The Russian Choir! Het was omgeven door een bijzonder aureool. Olga, ik noem haar Olga, had een groep om zich heen verzameld van een vijfentwintig musicerende vrouwen en meisjes. Zij was de ziel van alles en de ziel van allen, zij dirigeerde van achter het kleine handorgeltje van de nonnen. In het donker zaten we in de open schuurachtige eetzaal, onze partijen op elk willekeurig vodje papier, spaarzaam bijgelicht door een oliepitje en in het duister wetend, de velen die kwamen luisteren, doodstil.'

Zo beschreef ze het in haar herinneringen. Ik las het als een nagelaten boodschap. Die Olga, achter het orgeltje van de nonnen, kon niemand anders zijn geweest dan mijn moeder.

Verantwoording en bronnen

Belksma had zijn komst van tevoren aangekondigd. Tijdens mijn lezing in Oegstgeest zat hij op de eerste rij. Met een kaarsrechte rug en schijnbaar onbewogen luisterde hij naar de passages die ik voorlas uit *De tuinen van Buitenzorg*. Als sluitstuk van de avond vertelde ik hoe mijn moeder en broers door Japanse militairen waren gearresteerd en in een vrachtwagen weggevoerd naar een interneringskamp. Belksma veegde met zijn rechterhand over zijn kale schedel en schermde met zijn linkerhand zijn ogen af. Het duurde slechts even, toen keek hij weer strak voor zich uit.

Na afloop kwam hij enigszins beschroomd op me af. Zijn vrouw hield zijn arm stevig vast, alsof ze bang was dat hij, forsgebouwd en stevig als hij was, zou omvallen. Hij gaf me een dikke A4-envelop en mompelde: 'Hier, nog wat informatie, als je het niet kunt gebruiken, gooi je het maar in de papierversnipperaar.' Thuis maakte ik de envelop open. Kopieën van zijn geboortebewijs dat na de oorlog was afgegeven, want het origineel was bij het bombardement van Kampili in vlammen opgegaan, van voedselbonnen en het passagebiljet voor de terugtocht aan boord van het ms Indrapoera. Een plattegrond van het kamp Bodjo en een foto van wat er in 1994, toen Ton Belksma met zijn vrouw naar Celebes was teruggekeerd, van het kamp Bolong was overgebleven: één gebarsten tegel. De vader van Ton was in Bolong overleden. Hijzelf had met zijn moeder, broer en zus in Kampili gezeten, in dezelfde loods 10 als mijn moeder en broers. Hij was een van de jongsten in die loods; Ton was op 3 januari 1942 geboren. Uit de envelop kwamen losse aantekeningen en krantenknipsels uit 1945 en 1946. Verslagen van de Temporaire Krijgsraad, aankondiging van de film *Since You Went Away* die voor de Australische troepen en de ingezetenen van Makassar in de YMCA-bioscoop wordt vertoond, berichten over 'schermutselingen' en over 'Nationalistisch Indonesië', dat 'als een schip zonder roer' is ('Ir. Soekarno geraakt langzamerhand op de achtergrond, terwijl het kabinet van Soeran Sjahrir nog geen bewijs heeft gegeven dat het gezag kan uitoefenen op de Indonesische extremisten'). En de keurig uitgeknipte aankondiging van godsdienstoefeningen: 9.30 Hollandse dienst, voorganger: Ds. J. Brokken, 10.30 Maleise dienst, voorganger: Ds. J. Brokken.

'Leven je broers niet meer?' Ik geloof dat dat het enige was dat Belksma werkelijk schokte op die avond in Oegstgeest. Hij had verwacht dat mijn broers op de eerste rij zouden zitten en dat hij nog kort een herinnering met hen had kunnen uitwisselen.

Wie ook op de lezing was, een lezing met muziek, met delen uit de *Java Suite* van Leopold Godowsky, uitgevoerd door pianist Tobias Borsboom, was Seline Hofker. Ik had haar eerder uitvoerig gesproken over haar oom en tante (haar grootvader, de bioloog Jan Hofker, was de broer van de schilder), had tientallen mails met haar gewisseld. Luisterend naar de door de gamelan geïnspireerde muziek was Seline plotseling te binnen geschoten dat haar oom Wim in zijn jeugd jarenlang vioolles had genoten van de allerbeste docenten, van Mieke Scager en Tineke van Regteren Altena, en dat hij een bijzonder instrument had bezeten. De volgende dag stuurde Seline me meer informatie over zijn viool. Seline Hofker herinnerde zich ook dat haar tante Maria voor de oorlog in het Toonkunstkoor zong dat onder leiding stond van Willem Mengelberg en vaak met het Concertgebouworkest optrad in Amsterdam. Ook zong Maria in een koortje van de componiste Rosy Wertheim. Het kan verklaren waarom ze zo totaal opging in het zingen met het Russische Koor in Kampili.

Na het verschijnen van *De tuinen van Buitenzorg* kreeg ik veel van zulke reacties, per mail, per brief of na afloop van een lezing. Al die reacties tezamen legden de basis voor *De kampschilders*. Ik dank allen die me op deze manier geholpen hebben, ook hen die liever niet bij naam en toenaam genoemd wilden worden, maar die niettemin een substantiële bijdrage leverden. Ik kreeg informatie die – ik citeer uit een brief – 'noch mijn moeder, noch mijn broers en zussen, zelf ooit in de openbaarheid hebben gebracht'. Met die 'gevoelige zaken van persoonlijke aard' ben ik zo secuur mogelijk omgegaan. Sommige informanten wilden 'graag iets kwijt wat me al lang als een steen op het hart ligt' maar wilden tegelijkertijd 'verdwijnen in de anonimiteit'.

Anneke van der Stoel maakte me deelgenoot van haar archief. Ze schreef *De sieraden van Lai Kaloea. Geschiedenis van een zendingsfamilie tussen Holland en Celebes* (Soest 2019) over de familie Belksma. Abraham (Bram) Belksma zat in het kamp van mijn vader, Riek Belksma-Bronsveld en haar drie kinderen (onder wie dus Ton) in het kamp van mijn moeder. Riek Belksma-van der Woude was de tweede vrouw van Brams vader Johannes Belksma. Zij zat in loods 11. In 1948 hield Riek Belksma-van der Woude een lezing over haar kampervaringen voor de Basler Mission in Zwitserland. Ik kreeg van Anneke een typoscript.

De herinneringen van Riek zijn scherp, precies en nuchter.

Anneke van der Stoel verraste me voorts met twaalf seconden film van het eerste bezoek dat mijn ouders medio 1938 aan Rantepao brachten. Ze had die zwart-witbeelden geknipt uit een familiefilmpje van zendingsarts Jouke Goslinga en zijn vrouw Jo Goslinga-Gerritsen. Ik ken mijn vader Han en mijn moeder Olga uit de Indische fotoalbums, maar had er geen idee van dat ze zo beweeglijk en spontaan waren. En zo mooi in hun enthousiasme, vier jaar voor de zwaarste beproeving uit hun leven aanving.

Het volledige verslag van mevrouw J.C. Valderpoort-Wierts van Coehoorn is terug te vinden op indischekamparchieven.nl nr. 400/3061 Bij Koninklijk Besluit van 11-11-1950 no. 21 kreeg mevrouw Valderpoort de Verzetsster Oost-Azië uitgereikt. 'Door haar fiere, onverzettelijke en toch tactvolle houding tegen de Japanners heeft zij veel voor haar lotgenoten weten te bereiken.' Nadrukkelijk werd ook vermeld dat zij had weten te voorkomen dat honderdvijftig jonge vrouwen uit het kamp 'ter beschikking van de Japanners werden gesteld'.

De kampleidster van Kampili, mevrouw A.H. Joustra, werkte mee aan *Nederlandsch-Indië onder Japanse bezetting; gegevens en documenten over de jaren 1942-1945*, samengesteld onder leiding van prof. dr. I.J. Brugmans, door dr. H.J. De Graaf, A.H. Joustra en A.G. Vromans, 2e verbeterde druk 1960, uitgeverij T. Wever, Franeker. Na haar Indische tijd gaf mevrouw Joustra jarenlang leiding aan de Indische afdeling van het Rijksinstituut voor Oorlogsdocumentatie (RIOD), dat later het Nederlands Instituut voor Oorlogsdocumentatie (NIOD) zou gaan heten. In die hoedanigheid interviewde ik haar in augustus 1975 voor dagblad *Trouw*. Ze was in alles wat ze zei voorzichtig, alsof ze nog steeds leiding gaf aan het kamp. In het archief trof ik dagboeken, herinneringen en aantekenboekjes aan van geïnterneerden van de vrouwenkampen Malino en Kampili en de mannenkampen Parepare, Bodjo en Bolong. Qua informatie vullen ze elkaar aan of spreken elkaar tegen. Wie de puzzelstukjes geduldig naast elkaar legt, kan een eind komen, hoewel het vrijwel onmogelijk blijft een onweerlegbare historische waarheid vast te stellen. Geschiedenis bestaat uit een veelheid aan geschiedenissen; het is goed om dat steeds weer te beseffen.

Uit de dagboeken is door Tineke Stolk en Pim Seth Paul de bundel *Hoe het ons verging* samengesteld, die in 1994 in eigen beheer verscheen. Van de tekst is op internet de Engelse vertaling te vinden, onder de titel *The Way We Were*. Belangrijk voor mij waren vooral de dagboeken van J. Chabot-Kortmann, C.E.G. Voskuil-Limborgh, Pim Seth Paul, C.F. Booy, L. Lindeboom. In *Hoe het ons verging* trof ik ook, bijna onopvallend, een tekening aan van de bergen aan de verre horizon van het kamp, ondertekend door M.H.R.

De getekende briefkaarten die Maria Hofker-Rueter naar haar man verstuurde, zijn afgedrukt in *Maria Hofker's Indische impressies* (Haarlem, 1994), samengesteld door Jan Schilt. Haar tekening *'s Ochtends vroeg over de sawahs bij Kampili* bevindt zich in de collectie Huis Marseille. Het commentaar dat ze bij die tekening schreef, nam Seline Hofker op in haar beschouwing *Een kunstenaarsechtpaar in Indië*, die in veertien afleveringen verscheen in het tijdschrift *Pelita* in 2016.

De studie van de Japanse historica Kaori Maekawa, *The emergence of camp Commander Yamaji Tadashi's story*, opgenomen in *Forgotten Captives in Japanese-Occupied Asia* (Routledge, Londen, New York 2008) beslaat slechts eenentwintig pagina's, maar voor het eerste deel van *De kampschilders* was ieder woord van belang. De speelfilm *Blanke huid, gele com-*

mandant werd in 1960 internationaal uitgebracht maar pas op 11 januari 2007 voor het eerst in Nederland vertoond, op het literaire festival Winternachten in Den Haag. Kaori Maekawa gaf de toelichting. Het NIOD vertoonde de film op 16 maart 2007 tijdens een besloten voorstelling in Amsterdam. De historicus Remco Raben was toen degene die de achtergronden belichtte. Remco Raben werkte mee aan *Forgotten Captives in Japanese-Occupied Asia* en schreef de inleiding.

De journalist Rik Valkenburg stelde *Djoenkeng Owari, Het appel is afgelopen* samen. Het verscheen in 1977 bij Uitgeverij J.P. Van den Tol in Dordrecht. In het boek zijn enkele herinneringen van W.G. Hofker opgenomen en delen uit *Blijvende waarden*, de terugblik die Maria Hofker-Rueter in 1946 over haar kampervaringen schreef. Even belangrijk is het uitvoerige interview met mevrouw J.C. Valderpoort-Wiets van Coehoorn dat in het boek is afgedrukt.

De memoires van J. van Baal, *Ontglipt verleden; verhaal van mijn jaren in een wereld die voorbijging*, verschenen in twee delen bij Uitgeverij T. Wever in Franeker (1986 en 1989). Ik heb vooral uit het eerste deel geput: *Tot 1947: Indisch bestuursambtenaar in vrede en oorlog*. Het manuscript van het kampverslag van Frater Geroldus bevindt zich op de Indische afdeling van het NIOD. Het draagt de titel *Ons kampleven in Makassar. Pare Pare, Bodjo en Bolong, manuscript van Fr. M. Geroldus, 1945*; ik kon er vrijelijk uit putten. Enkele gegevens over Hendrik Bergema en een citaat haalde ik uit *Een rechtvaardig mens plant een levensboom. Over het leven en werk van Hendrik Bergema*, onder redactie van Ineke Bergema en Chris de Jong, Zoetermeer 2006.

Ik maakte gebruik van het rijkgeïllustreerde boek dat Bruce Carpenter schreef in samenwerking met Maria Hofker-Reuter. *1902-1981 Willem Hofker – Schilder van Bali*, Pictures Publishers, Wijk en Aalburg 1993.

Seline Hofker schreef met G. Orsini het standaardwerk *Willem Gerard Hofker (1902-1981)*, dat in 2013 bij uitgeverij De Kunst in Zwolle verscheen. Seline Hofker schreef ook de brochure *Ni Sadri, A Masterpiece Revealed* voor het Zeeuws Veilinghuis / Zeeland Auctioneers, november 2021.

Ik heb tevens gegevens ontleend aan *Artists on Bali* van Ruud Spruit, met monografieën over W.O.J. Nieuwenkamp, Rudolf Bonnet, Walter Spies, Willem Hofker, A.J. Le Mayeur en Arie Smit, The Pepin Press, Amsterdam 1995.

H. de Roever Bonnet portretteerde *Rudolf Bonnet, Een Zondagskind. Zijn Leven en zijn Werk*. Het voorwoord is van Maria Hofker-Rueter, Wijk en Aalburg Pictures Publishers 1993. Dr. Hilly de Roever-Bonnet was parasitoloog bij het Koninklijk Instituut voor de Tropen in Amsterdam. Tijdens de laatste jaren van haar leven legde ze zich toe op de bestudering van het werk en het leven van haar oom Rudolf Bonnet. De historicus Arend de Roever is haar zoon. Hij beheert het archief van Rudolf Bonnet en hielp me aan brieven en documenten die voor dit boek van belang waren. Tijdens een lang gesprek schetste hij een haarscherp beeld van zijn oom. Ik heb voorts gebruikgemaakt van Helena Spanjaard, *Pioneers of Balinese Painting, the Rudolf Bonnet Collection*, KIT Publishers, Amsterdam 2007.

Het leven van Walter Spies is pakkend beschreven door Hans Rhodius, *Schönheit und Reichtum des Lebens, Walter Spies (Maler und Musiker auf Bali 1895-1942)*, Den Haag 1965, en door *John Stowell, Walter Spies, a life in art*, Jakarta 2011. Veel informatie over de arrestatie van Walter Spies haalde ik uit het voortreffelijk gedocumenteerde artikel van Frans Leidelmeijer, *De vervolging van homoseksuelen in Indië in 1938*, in *Indische Letteren*, jaargang 22, 2007.

Walter Spies schreef het standaardwerk over het Balinese theater, *Dance and Drama in Bali*, dat in 1937 bij Faber & Faber in Londen verscheen. Zijn medeauteur was Beryl de Zoete, een getalenteerde Engelse schrijfster uit de Bloomsburygroep die het heldere proza van dit boek leverde. Zelfs de Australische onderzoeker Adrian Vickers, die alles haat wat westers is aan de kennis van Bali, kan weinig tegen dit boek inbrengen. Adrian Vickers moet daarentegen niets hebben van Rudolf Bonnet, 'een vaderlijke, zo niet paternalistische Nederlandse kunstenaar, wiens meeste werk bestond uit behoorlijk droge en academische portretten, en die waarschijnlijk door de geschiedenis niet zou zijn opgemerkt als hij niet bevriend was geweest met Spies, en niet zo actief Balinese kunstenaars had gesteund en naar voren geschoven'. Niettemin zorgt zijn *Bali – a Paradise Created*, dat in 1989 bij Penguin Books Australia verscheen, voor een krachtig tegengeluid en snijdt het een paar mysterieuze sluiers die rond Bali hangen aan flarden. Het is ook een van de weinige boeken die de wrede periode 1965-1975 beschrijven. De Nederlandse vertaling, *Bali, een gecreëerd paradijs*, verscheen in 1997 bij Uitgeverij Signature, Nieuwegein. Het standaardwerk over de strijd om Bali schreef Anne-Lot Hoek, *De strijd om Bali – Imperialisme, verzet en onafhankelijkheid 1846-1950*, De Bezige Bij, Amsterdam 2021.

Ofschoon de verteller van de roman de schilder Rudolf Bonnet is, heb ik zo min mogelijk gebruikgemaakt van Nigel Barley, *Island of Demons*, Monsoon Books, Singapore, 2009. De feiten kloppen slechts bij benadering of zijn verzinsels. 'I am not Bonnet,' verontschuldigt Nigel Barley zich in het voorwoord, maar hij voert in zijn boek Bonnet wel onder zijn eigen naam op en in de eerste persoon enkelvoud. Bij vlagen is het een grappig boek, het is ook gepast vilein tegenover al die goedgelovige Europese kunstenaars die zich door Bali laten verleiden, maar als bron onbruikbaar. Door *Island of Demons* trad Rudolf Bonnet wel uit de schaduw van Walter Spies en kreeg hij het gezicht van de immer alerte observator.

Ik maakte gebruik van de nieuwe Nederlandse uitgave van *Liefde en dood op Bali* van Vicki Baum, die in 2002 in de serie De Twintigste Eeuw bij uitgeverij Atlas in Amsterdam verscheen, van de autobiografie van Vicki Baum, *It Was All Quite Different* (1964), en van de voortreffelijke biografie van Nicole Nottelmann, *Die Karrieren der Vicki Baum, eine Biographie*, Kiepenheuer & Witsch, Köln 2007.

Colin McPhee, *A House in Bali*, New York, 1946, is in 1981 opnieuw uitgegeven, in Oxford ditmaal. Colin McPhee, *Music in Bali – a Study in Form and Instrumental Organization in Balinese Orchestral Music*, New Haven 1957, behoort met Jaap Kunst, *De toonkunst van Bali*, Weltevreden 1925, tot de standaardwerken over de Balinese muziek.

Island of Bali van Miguel Covarrubias blijft de beste introductie op leven en kunst in Bali. Van het boek verschijnen regelmatig nieuwe edities, een mooie bijvoorbeeld is die van Routledge in Londen uit 1986, die in 2008 in een nieuw jasje is gestoken en door Adrian Vickers van een voorwoord is voorzien.

Seline Hofker spoorde Denis Burger op en vroeg hem naar zijn kampherinneringen. Hij schreef ze in het Engels, Seline vertaalde, redigeerde en publiceerde een van die herinneringen onder de titel *De eendenhoeder van Bodjo* in twee afleveringen in *Pelitanieuws*, oktober 2016 en december 2016. Seline Hofker woonde menige reünie van Kampili en Parepare bij om van oud-geïnterneerden de ervaringen in het kamp te horen, 'omdat zij door hetzelfde zijn gegaan als mijn oom en tante en om in contact te komen met door W.G. Hofker geportretteerde personen'. Zo kwam zij in contact met Parepare-overlevenden Jan van Driest, Just Roele, Joost Logeman, Freddy de la Fuente. En met Willem Wijker, die haar onder andere precies vertelde hoe Hofker hem had getekend in het kamp. Via hem trad ze in contact met zijn zus Elize Wijker, die door Hofker in december 1945 in Makassar werd geportretteerd. Ik mocht van haar aantekeningen gebruikmaken. Alsook van Selines typoscript van het zeer moeilijk leesbare dagboek van Jan van Driest en van notities van Rudolf Bonnet.

Tonny Ligthart-Visser en Vincent Ligthart maakten voor familie en vrienden het boek *De tekening, het verhaal over de man op de tekening en over de tekening zelf*, Bovenkarspel 2008. Pater Antoon Hinke, die W.G. Hofker in Kamp Bodjo tekende, was de oom van Tonny. Onder het portret schreef Hofker: *horloge- en brillemaker*, en hij voegde er een kruis aan toe: kort na de voltooiing van het portret overleed pater Hinke aan dysenterie.

Op het schilderij *Bruiloftsfeest* of *Tuinfeest* of *Kunstenaars Warande* dat Willem Hofker tussen 1925 en 1929 schilderde ter gelegenheid van het huwelijk van beeldhouwer Frits van Hall met schilderes Jeannetje Brandsma staan, naast Frits en Jeannetje, afgebeeld: Hofker zelf, beeldhouwer Mari Andriessen, zijn vrouw Netty, beeldhouwer Jan Bronner, dichter Cees Kelk, violiste Mieke Scager, pianiste Thea Diepenbrock, voordrachtskunstenaar Johanna Diepenbrock, schilder Hubert van Baar, pianiste Cilia Witteman-Andriessen, haar man mr. Piet Witteman, schilder Alex Emil de Savornin Lohman en schilderes Nel Vaarzon Morel. Het doek is op Bali vernietigd door Nederlandse militairen, zoals Bonnet op 10 augustus 1947 in een brief aan Hofker liet weten. Extra pijnlijk was voor Hofker dat zijn vriend Frits van Hall op 18 januari 1945, na de ontruiming van Auschwitz en een zestien dagen durende dodenmars, door een ss'er was doodgeschoten. Van Hall, overtuigd communist, had volop deelgenomen aan het kunstenaarsverzet.

Ad van Liempt schreef de tekst bij de indringende documentaire *Indië-weigeraars*, die *Andere Tijden* op 25 januari 2001 uitzond. Jan Maarten Fiedeldij Dop en Yvonne Simons schreven de doctoraalscriptie *Al weer iets groots verricht. Hoe Nederland zijn Indië-deserteurs tot de laatste man berechtte*, Amsterdam 1983.

Mijn vrouw Marie-Claude Hamonic behoedde me voor terugkeer naar Bali. Terecht wees ze me erop dat het eiland waar ik samen met haar geruime tijd in 1979 verbleef, veel dichter bij het Bali van Hofker en Bonnet lag dan het Bali van nu. Haar omvangrijke documentatie van het eiland (zoals het toen was) had ze gelukkig bewaard, alsmede het dagboek van onze omzwervingen dat we samen bijhielden.

Nies Marseille verschafte me aanvullende informatie over zijn vader, dokter Marseille, de kamparts van Kampili. Maria Hofker-Rueter maakte de schets met als onderschrift '3 sept. 44 's ochtends vroeg, dokter Marseille sapoet (=veegt) voor de polikliniek'. Op 3 september 1944 werd dokter Marseille achtendertig jaar, de schets was een verjaarscadeautje. Op de achterzijde, want papier was schaars, staat de in het eerste deel afgebeelde schets *'s Ochtends vroeg over de sawahs bij Kampili*.

Ik dank Boudewijn Chabot, die me nadere informatie verschafte over zijn markante moeder en Lidwien Meijer die me inzage gaf in het archief van haar tante Luud.

Vincent Ligthart, Tonny Ligthart-Visser, Marianne Wieberdink en Hugo van Zoest maakten, samen met Suzanne Wieberdink, de prachtige documentaire *Rudolf Bonnet, tekenaar en schilder (1895-1978)*, die in 2008 gereedkwam. Met beelden van de hernieuwde crematie van Bonnet in 1979 in Bali.

Marre van Dantzig las de drie versies van het manuscript kritisch en deed waardevolle suggesties. Seline Hofker behoedde me voor tal van fouten en gaf me bij iedere in dit boek afgebeelde tekening of schilderij aanvullende informatie. Marcella van der Kruk, sinds 1 juli 2021 mijn uitgever, was mijn steun en toeverlaat bij zowel de inhoud als de uitvoering van dit prachtig geïllustreerde boek. Elk detail kon rekenen op haar kritische aandacht en haar altijd positieve benadering. Een feest om met haar samen te werken, zeker in een tijd dat elke vorm van organisatie moeilijk was door de covidpandemie. Theo Veenhof was mijn immer accurate persklaarmaker, Barend van der Have regelde de beeldrechten van de illustraties, Marjet Knake verzorgde de pr.

Ik draag dit boek op aan Emile Brugman en Ellen Schalker, in dank voor hun vriendschap en voor alle keren dat ze me met raad en redactionele daad hebben bijgestaan, vanaf het allereerste idee voor een boek tot de laatste drukproeven. *De kampschilders* is mijn drieëndertigste boek dat mede dankzij hun aanmoediging het licht ziet. Ook deze keer verwonderde ik me over hun belezenheid, kennis en eruditie. Het aantal boeken uit de bibliotheek van Emile en Ellen dat door mijn handen is gegaan, is ontelbaar.

Martje Saveur ten slotte stuurde me *Het koffertje van mijn moeder, herinneringen aan Indië* en kopieën van de liedteksten die het Russische koor in Kampili zong. Ze had die met de hand uitgeschreven teksten in het koffertje van haar moeder aangetroffen. Zo gaat uiteindelijk niets verloren, op voorwaarde dat het wordt opgemerkt.

Lacanau-Océan, mei 2019 – juni 2022

Verantwoording illustraties

Eerste schutblad. Privécollectie. Hofker Archief, Seline Hofker 2022. © Erven Hofker, c/o Pictoright Amsterdam 2022.

Tweede schutblad. Collectie Museon, Den Haag. Hofker Archief, Seline Hofker 2022. © Erven Hofker, c/o Pictoright Amsterdam 2022.

Pagina 11. Herkomst onbekend.

Pagina 44. Collectie Teylers Museum, Haarlem. Hofker Archief, Seline Hofker 2022. © Erven Hofker, c/o Pictoright Amsterdam 2022.

Pagina 51. Privécollectie. Hofker Archief, Seline Hofker 2022. © Erven Hofker, c/o Pictoright Amsterdam 2022.

Pagina 77. Collectie Marseille. Hofker Archief, Seline Hofker 2022. © Erven Hofker, c/o Pictoright Amsterdam 2022.

Pagina 111. Collectie Neka museum, Ubud. Hofker Archief, Seline Hofker 2022. © Erven Hofker, c/o Pictoright Amsterdam 2022.

Pagina 114. Collectie Teylers Museum, Haarlem. Hofker Archief, Seline Hofker 2022. © Erven Hofker, c/o Pictoright Amsterdam 2022.

Pagina 126. Collectie Teylers Museum, Haarlem. Hofker Archief, Seline Hofker 2022. © Erven Hofker, c/o Pictoright Amsterdam 2022.

Pagina 139. Getekend naar een foto op Maria Rueters verjaardag, 4 juli 1944. Privécollectie. Hofker Archief, Seline Hofker 2022. © Erven Hofker, c/o Pictoright Amsterdam 2022.

Pagina 152. Privécollectie. Hofker Archief, Seline Hofker 2022. © Erven Hofker, c/o Pictoright Amsterdam 2022.

Pagina 160. Privécollectie. Hofker Archief, Seline Hofker 2022. © Erven Hofker, c/o Pictoright Amsterdam 2022.

Pagina 162. Collectie Teylers Museum, Haarlem. Hofker Archief, Seline Hofker 2022. © Erven Hofker, c/o Pictoright Amsterdam 2022.

Pagina 170. Collectie Museum voor Volkenkunde, Leiden.

Pagina 184 (links). Privécollectie. © Erven Bonnet.

Pagina 184 (rechts). Privécollectie. Hofker Archief, Seline Hofker 2022. © Erven Bonnet.

Pagina 185. Privécollectie. Hofker Archief, Seline Hofker 2022. © Erven Bonnet.

Pagina 203. © Erven Bonnet.

Pagina 206. Collectie Hans Rhodius.

Pagina 214. Privécollectie. Hofker Archief, Seline Hofker 2022. © Erven Hofker, c/o Pictoright Amsterdam 2022.

Pagina 226. Privécollectie. Hofker Archief, Seline Hofker 2022. © Erven Hofker, c/o Pictoright Amsterdam 2022.

Pagina 231. Privécollectie. Hofker Archief, Seline Hofker 2022. © Erven Hofker, c/o Pictoright Amsterdam 2022.

Pagina 234. Privécollectie. Hofker Archief, Seline Hofker 2022. © Erven Hofker, c/o Pictoright Amsterdam 2022.

Pagina 236. Collectie Teylers Museum, Haarlem. Hofker Archief, Seline Hofker 2022. © Erven Hofker, c/o Pictoright Amsterdam 2022.

Pagina 239. Collectie Rijksprentenkabinet. Hofker Archief, Seline Hofker 2022. © Erven Hofker, c/o Pictoright Amsterdam 2022.

Pagina 241 (linksboven). Collectie Teylers Museum, Haarlem. Hofker Archief, Seline Hofker 2022. © Erven Hofker, c/o Pictoright Amsterdam 2022.

Pagina 241 (rechtsboven). Privécollectie. Hofker Archief, Seline Hofker 2022. © Erven Hofker, c/o Pictoright Amsterdam 2022.

Pagina 241 (linksonder). Privécollectie. Hofker Archief, Seline Hofker 2022. © Erven Hofker, c/o Pictoright Amsterdam 2022.

Pagina 241 (rechtsonder). Privécollectie. Hofker Archief, Seline Hofker 2022. © Erven Hofker, c/o Pictoright Amsterdam 2022.

Pagina 243. © Erven Bonnet.

Pagina 250. Privécollectie. Hofker Archief, Seline Hofker 2022. © Erven Hofker, c/o Pictoright Amsterdam 2022.

Pagina 254. Collectie Rijksprentenkabinet. Hofker Archief, Seline Hofker 2022. © Erven Hofker, c/o Pictoright Amsterdam 2022.

Pagina 264. Privécollectie. Hofker Archief, Seline Hofker 2022. © Erven Hofker, c/o Pictoright Amsterdam 2022.

Pagina 265. Collectie Teylers Museum, Haarlem. Hofker Archief, Seline Hofker 2022. © Erven Hofker, c/o Pictoright Amsterdam 2022.

Pagina 266. Privécollectie. Hofker Archief, Seline Hofker 2022. © Erven Hofker, c/o Pictoright Amsterdam 2022.

Pagina 284 (boven). Muurschilderingen voor het gouvernementshuis in Makassar. © Erven Bonnet.

Pagina 284 (onder). © Erven Bonnet.

Pagina 292. Collectie Sukarno. © Erven Bonnet.

Pagina 295. Collectie Sukarno. © Erven Bonnet.

Pagina 300 (links). Privécollectie. © Erven Bonnet.

Pagina 300 (rechts). Herkomst onbekend.

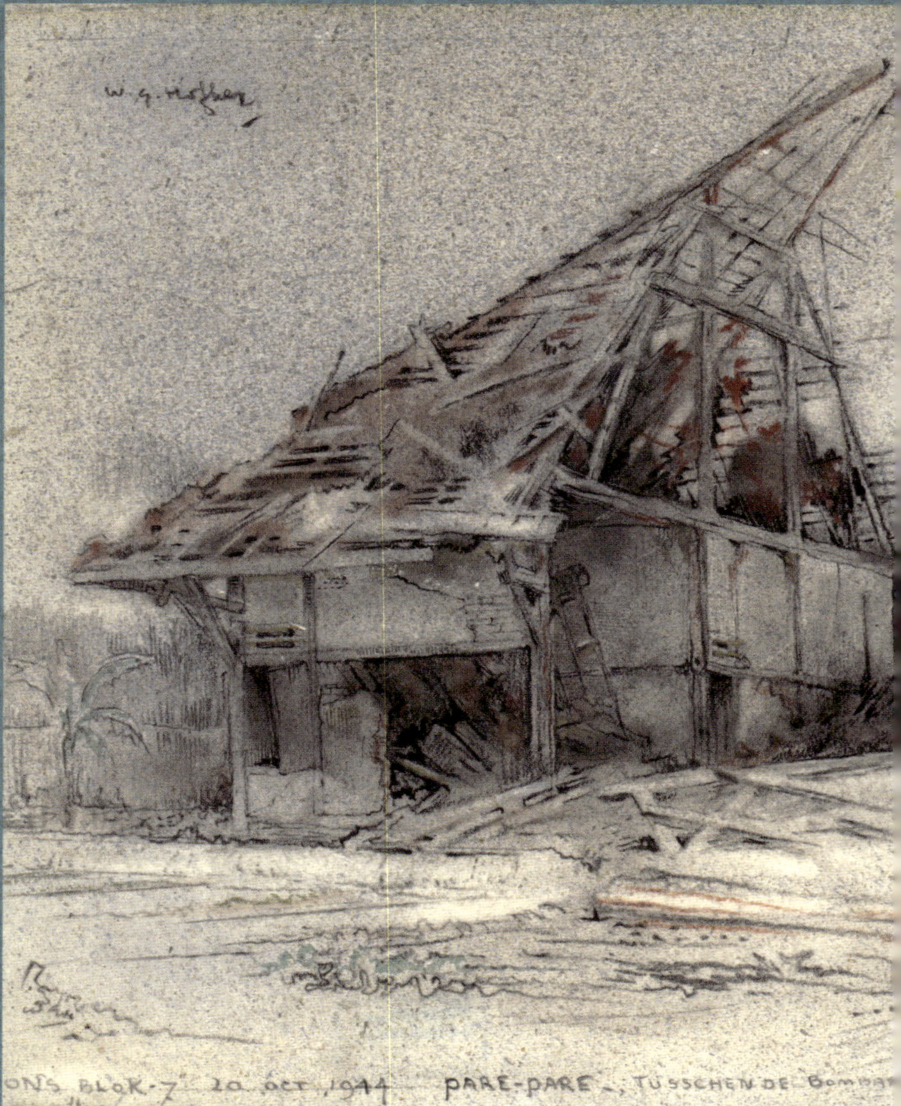
W. G. Hofker
ONS BLOK-7 20 OCT. 1944 PARE-PARE -, TUSSCHEN DE